井田 良
IDA Makoto

変革の
時代における
Strafrechtsdogmatik in
Zeiten des sozialen Wandels
理論刑法学

慶應義塾大学出版会

はしがき

　本書は，私がこの10年ほどの間に書いた，刑法総論のテーマに関する14編の論文を（ほぼ初出の形のまま）まとめた論文集である。収録された論文は，最近の刑事立法をテーマとするもの，学説の役割および学説と実務の関係について論じるもの，違法論と責任論の基本問題に関わるもの，量刑をめぐる最近の諸問題を取り上げるものという4つに分類できる。新たに「序章」として，それぞれの論文についての簡単なコメントないし解題にあたるものを書いた。そこには，各論文の学問的内容とは無関係であるはずの余談やエピソードなども含まれているが，学術書にこの種の記述は不要なものとお感じの読者にはその部分を読み飛ばしていただければ幸いである。今から12年前に，同じように刑法理論の基礎的諸問題に関する論文を集めた『犯罪論の現在と目的的行為論』（成文堂，1995年）を出版することができた。それと比べて少しでも進歩の跡が見られるかどうかについては読者の判定に委ねるほかない。

　本書を，恩師である宮澤浩一先生に献呈させていただきたい。私は，1978年に大学院に進学し，中谷瑾子先生の下で本格的な研究を開始した。同時に，宮澤先生の知遇を得て，親しく指導を受ける恩恵に浴せたことが，私の人生において決定的な意味を持った。先生からは，今の大学院生には想像が困難であろうと思われるほどの，ギルド的な親方・徒弟関係の中で学問の手ほどきを受けた。そして，いつしかドイツ刑法学について開眼させられた。思えば，『犯罪論の現在と目的的行為論』は私の教授昇任論文であったが，教授会で昇任が議決された日，先生は私の自宅宛てに，「お祝い」と書かれたカードの添えられた高価な花束とともに，詳細な昇任審査報告書のコピーを送って下さった。本書もまた，先生の厳しい審査にパスすることができればと願っている。そして，今後とも（先生のように「一匹狼」として）たゆまずこの道を歩み続けていくことをお誓いしたい。

はしがき

　末筆ながら，この場を借りて，慶應義塾大学出版会編集部の岡田智武氏に対し心から感謝申し上げる。岡田氏は，論文集をまとめることをご提案下さったばかりでなく，踏み切れないでいる私の背を押して下さり，さらに，原稿の整理から，書名の決定，活字の選択，各頁のレイアウト，校正作業，表紙のデザインに至るまで，周到にお世話下さった。今の私には，ただただ厚くお礼申し上げることしかできない。

　2007（平成19）年6月

井田　良

Inhalt 目次
Strafrechtsdogmatik in Zeiten des sozialen Wandels

はしがき

序　章　変革の時代における理論刑法学
　　　　――著者による解題――――――――――――――――――――1
　Ⅰ　はじめに ………………………………………………………………1
　Ⅱ　刑事立法の動向 ………………………………………………………2
　Ⅲ　刑法における学説と実務 ……………………………………………3
　Ⅳ　違法論と責任論の基礎 ………………………………………………6
　Ⅴ　量刑をめぐって ………………………………………………………9

第1章　社会の変化と刑法 ――――――――――――――――――――11
　Ⅰ　問題の所在 ……………………………………………………………11
　Ⅱ　刑法学のパラダイム転換？ …………………………………………13
　Ⅲ　社会構造と社会意識の変化 …………………………………………18
　Ⅳ　いま刑法学に求められるもの ………………………………………20
　Ⅴ　おわりに ………………………………………………………………24

第2章　最近における刑事立法の活性化とその評価
　　　　――ドイツとの比較を中心に――――――――――――――――27
　Ⅰ　はじめに ………………………………………………………………27
　Ⅱ　ドイツ――「消えゆく法治国家」…………………………………28
　　1　実体刑法の機能低下　28
　　2　特に重罰化の傾向　29

目　次

　　Ⅲ　処罰の早期化をめぐる論点 ……………………………………………31
　　　1　比較の困難さ　31
　　　2　法益概念のジレンマ　32
　　　3　刑罰法規の機能の多元化　34
　　　4　法益と倫理　36
　　Ⅳ　特殊原理の一般化──「市民刑法と敵刑法」……………………………37
　　Ⅴ　国際化，ヨーロッパ化 …………………………………………………38
　　Ⅵ　おわりに …………………………………………………………………39

第3章　犯罪論と刑事法学の歩み
　　　　──戦後50年の回顧と展望────────────────41
　　Ⅰ　はじめに …………………………………………………………………41
　　Ⅱ　方法論・基本思想の変化 ………………………………………………42
　　Ⅲ　戦後犯罪論における主要な論争 ………………………………………46
　　　1　構成要件概念とその機能　47
　　　2　行為論をめぐる論争　48
　　　3　行為無価値論か結果無価値論か　51
　　　4　責任概念をめぐる論争　54
　　Ⅳ　おわりに …………………………………………………………………58

第4章　刑法と判例と学説
　　　　──刑法判例の読み方────────────────────59
　　Ⅰ　刑「法」と判例 …………………………………………………………59
　　Ⅱ　判例とは何か ……………………………………………………………61
　　　1　判例の「拘束力」の根拠　61
　　　2　判例と傍論　63
　　Ⅲ　判例と学説 ………………………………………………………………69
　　　1　判例と事実関係　69

2　思考方法の違い　71

第5章　犯罪論をめぐる学説と実務
　　　　──ドイツの状況を中心として──────────75
　Ⅰ　本稿の目的 …………………………………………………………75
　Ⅱ　体系論の意義と機能 ………………………………………………77
　　1　意　　義　77
　　2　機　　能　79
　　3　充たすべき条件　80
　Ⅲ　存在論と機能主義 …………………………………………………81
　　1　存　在　論　81
　　2　機能主義（目的合理主義）　84
　Ⅳ　現在の諸傾向とその評価 …………………………………………87
　　1　機能主義の誇張　87
　　2　社会科学的概念構成　89
　　3　抽象性の高い概念からの演繹　91
　　4　規範理論の混迷　92
　Ⅴ　結　　語 …………………………………………………………94

第6章　刑事実体法分野における実務と学説 ──────97
　Ⅰ　はじめに …………………………………………………………97
　Ⅱ　学説と実務のギャップ …………………………………………97
　　1　学説の思考方法　97
　　2　コミュニケーション・ギャップの原因，具体例　99
　　3　実りある対話を可能とするためには　102
　Ⅲ　刑法学の本質的任務と現在の問題 ……………………………104
　　1　学際科学としての刑法学　104
　　2　刑法学の危機　108

第7章　いわゆる違法二元論をめぐる一考察 ―――111
　Ⅰ　はじめに ……………………………………………………………111
　Ⅱ　刑罰論と犯罪論 ……………………………………………………112
　Ⅲ　一元的行為無価値論への疑問 ……………………………………114
　　1　違法論における応報思想の意味　114
　　2　主観的行為無価値論の批判　115
　　3　刑罰論の反映としての違法論　117
　Ⅳ　従来の違法二元論への疑問 ………………………………………118
　　1　片面的理論構成の批判　118
　　2　規範論的功利主義　119
　Ⅴ　結果無価値論への疑問 ……………………………………………121
　　1　結果無価値論の基本思想　121
　　2　因果的違法論の批判　123

第8章　緊急避難の本質をめぐって ―――127
　Ⅰ　本稿の目的 …………………………………………………………127
　Ⅱ　正当防衛との関係 …………………………………………………128
　Ⅲ　違法性阻却事由説と二分説 ………………………………………132
　Ⅳ　刑法37条の解釈 ……………………………………………………140
　Ⅴ　いわゆる強要緊急避難 ……………………………………………143

第9章　過失犯理論の現状とその評価 ―――147
　Ⅰ　はじめに ……………………………………………………………147
　Ⅱ　過失犯理論の発展 …………………………………………………147
　　1　旧過失論と新過失論　147
　　2　新・新過失論　150
　　3　小　括　151

    Ⅲ　予見可能性の内実と位置づけ ……………………………………152
    Ⅳ　結果回避義務と行動準則 ……………………………………………155
    Ⅴ　過失犯の実行行為 ……………………………………………………156

第10章　薬害エイズ帝京大学病院事件第一審無罪判決をめぐって ―――159

    Ⅰ　はじめに …………………………………………………………………159
    Ⅱ　事件の概要と判決要旨 …………………………………………………160
      1　事実と争点　160
      2　判決理由の要旨　162
        ⑴　検討に当たっての基本的視点　(162)
        ⑵　業務上過失致死罪の前提となる被告人の立場　(162)
        ⑶　本件被害者のエイズ発症・死亡原因　(163)
        ⑷　結果予見可能性　(163)
        ⑸　結果回避義務違反　(164)
        ⑹　被告人の刑事責任について　(165)
    Ⅲ　本判決の意義と評価 ……………………………………………………166
      1　基本的な理論構成――過失構造論との関係　166
        ⑴　過失判断の枠組み　(166)
        ⑵　結果回避義務の意義　(167)
        ⑶　予見可能性の結果回避義務関連性　(169)
        ⑷　過失判断の対象　(172)
      2　予見可能性の有無と程度　173
        ⑴　本判決における判断方法　(173)
        ⑵　基準とされるべき法則的知識　(174)
      3　結果回避の義務づけをめぐる論点　176
        ⑴　結果回避義務違反の判断方法　(176)
        ⑵　過失判断の標準と行為当時の行動基準　(177)
        ⑶　結果回避義務の相対化　(179)
    Ⅳ　結びにかえて ……………………………………………………………180

目　次

第11章　過失犯における「注意義務の標準」をめぐって ―― 183

- I　本稿の目的 …………………………………………………………183
- II　問題の提起――「一般通常人」の意義 …………………………184
- III　客観的注意の主観化 ………………………………………………185
- IV　「下」に向かっての主観化の限界？ ……………………………187
  - 1　主観的違法論か？　188
  - 2　「主観的注意能力」の考慮？　189
  - 3　見解の対立の意味　190
- V　「上」に向かっての主観化の限界――本人の注意能力が一般通常人を上回る場合 ……………………………………………………191

第12章　カール・ポパーの非決定論と刑事責任論 ―― 197

- I　課題の設定 …………………………………………………………197
- II　刑事責任論のジレンマ ……………………………………………197
  - 1　非決定論と刑事責任　197
  - 2　決定論と刑事責任　200
- III　ポパーの非決定論 …………………………………………………203
  - 1　「柔軟規制」の理論とその問題点　204
  - 2　ポパー哲学が示唆するもの　205

第13章　量刑をめぐる最近の諸問題 ―― 209

- I　はじめに ……………………………………………………………209
- II　危険運転致死傷罪の新設 …………………………………………211
- III　法定刑上限の引上げ ………………………………………………213
  - 1　概　要　213
  - 2　一般的な自由刑上限の引上げ　214

3　個別規定ごとの法定刑上限引上げ　216
　Ⅳ　量刑判断の基本的枠組み……………………………………………217
　Ⅴ　幅の理論……………………………………………………………221
　Ⅵ　法定刑と量刑実務…………………………………………………223
　　1　量刑枠論と量刑スケール論　223
　　2　量刑相場の法的性格　225
　Ⅶ　裁判員制度の下での量刑……………………………………………226

第14章　併合罪と量刑
　　　　──「新潟女性監禁事件」最高裁判決をめぐって ────229
　Ⅰ　はじめに………………………………………………………………229
　Ⅱ　事件の概要と最高裁判決……………………………………………230
　　1　第一審判決　230
　　2　控訴審判決　232
　　3　最高裁判決　234
　Ⅲ　検　　討……………………………………………………………235
　　1　問題の所在　235
　　2　第一審判決の理解　235
　　3　控訴審判決の論理　237
　　4　最高裁判決の評価　240
　Ⅳ　結　　語……………………………………………………………241

初出一覧────────────────────────243

■ 序　章

変革の時代における理論刑法学
―― 著者による解題

　　　　　　　　　　　　　　　　　Ⅰ　はじめに
　　　　　　　　　　　　　　　　Ⅱ　刑事立法の動向
　　　　　　　　　　　　　Ⅲ　刑法における学説と実務
　　　　　　　　　　　　Ⅳ　違法論と責任論の基礎
　　　　　　　　　　　　　　　Ⅴ　量刑をめぐって

Ⅰ　はじめに

　私のような戦後世代（もはやこの言葉自体が死語であるかもしれない）の刑法学研究者から見ると，特にここ10年ほどの間，刑事法は「変革の時代」と呼ばれるのにふさわしい時期を迎えている。本書に収められた諸論文は，このような時代的変化への対応を心がけつつも，同時に，なお放棄することの許されない在来の刑法学の基本思想・諸原則・理論構造を明らかにしようとする意図で書かれたものである。それは，伝統的な理論刑法学（Strafrechtsdogmatik）の構成部分の中で，社会構造と社会意識の変化に応じて変わっていくべきものと，それでも動かしてはならないものを選り分けようとする「手探りの試み」と称することもできよう。そのようなモチーフを明らかにするため，書名を（故・田宮裕博士の『変革のなかの刑事法』〔2000年，有斐閣〕とオーバーラップするので躊躇を感じつつも）「変革の時代における理論刑法学」とした。

　14編の論文は，最近の刑事立法をテーマとするもの（1章・2章），学説の役割，その実務との関係について論じるもの（3章から6章），違法論と責任論の基本問題に関わるもの（7章から12章），量刑をめぐる最近の諸問題を取り上げるもの（13章・14章）という4つのグループに大別することができる。以下では，これらの論文についての著者自身による解題ないしコメントを（それぞれの論文の学問的内容とは無関係な，執筆の際のエピソードにあたることを含めて）書き記しておくこととしたい。

II 刑事立法の動向

　本書の第1章と第2章は，最近の刑事立法の動向について種々の角度から検討を加えたものである。最初にこのテーマについて論及したのは，法律時報誌上で「最近の刑事立法の動きとその評価——刑事実体法を中心に——」という特集を企画し[1]，その冒頭に「刑事立法の活性化とそのゆくえ」という小文[2]を書いたときであった。その後，少し考察を進め，国際化傾向との関係に焦点を絞って，「越境犯罪と刑法の国際化——問題の素描——」[3]を書いた。**第1章「社会の変化と刑法」**は，刑事立法につき一般的に論じたもっとも新しい論文であり[4]，現段階において私がこの困難なテーマにつき語り得る精一杯のところをまとめたものであるので，これを本書の冒頭に収録することとした[5]。

　現在の立法と司法の実務における「刑罰積極主義」の傾向に対しては，在来の刑法の諸原則を固持して，全面的に批判的な態度を採ることも1つの行き方であろう。しかしながら，私は，一方で，社会状況の変化にはやはり顕著なものがあると考えるし，他方で，現在の刑法学の理論的基礎が何らの修正も不要なほどに堅固なものであるとは思わない。学説がこの傾向に背を向ければ，現

---

[1]　当時，私は法律時報誌の編集委員であった。
[2]　法律時報75巻2号（2003年）4頁以下。
[3]　『神山敏雄先生古稀祝賀論文集・第1巻』（2006年，成文堂）669頁以下。なお，本論文のドイツ語バージョンは，Was bringt die sog. Internationalisierung des Strafrechts? - Eine Problembetrachtung aus japanischer Perspektive, in: Junichi Murakami/Hans-Peter Marutschke/Karl Riesenhuber (Hrsg.), Globalisierung und Recht - Beiträge Japans und Deutschlands zu einer internationalen Rechtsordnung im 21. Jahrhundert, 2007, S. 219 ff. として発表されている。
[4]　ただし，本稿は，ドイツ・テュッセン財団が主催し，2007年2月23日・24日にソウルで開かれた「グローバリゼーションと国家連合の発展：法律家の視点」に関する国際会議（International Conference on Emergence of Globalization and Blocs: Lawyer's Perspective）における私のドイツ語による報告「社会の変化と刑法」(Sozialer Wandel und Strafrecht) の日本語バージョンである。
[5]　ちなみに，この第1論文において言及している「法システムのパッチワーク化」という見方については，私のオリジナルな表現ではなく，誰かがどこかでそのように表現しているのを読み，それが私の頭に残っていて，意識せずに借用している可能性がある。私がこの表現をはじめて使用したのは，井田良「法システムの『パッチワーク化』に抗う——古くて新しいドイツ法の魅力」三田評論1078号（2005年4月号）26頁以下においてである。

実から離れてしまい，社会への影響力を喪失するおそれもある。この第1論文は，社会の側の啓蒙も重要であるものの，刑法学にも自己変革の必要があるとする立場から書かれた。これに対しては，刑法学がその歴史の中で蓄積してきたものを安易に放棄するひ弱な現実妥協主義・日和見主義(オプティミズム)であるとの批判が可能であるかもしれない。今後も，社会構造と社会意識の変化の内実を慎重に確認しつつ，真に刑法学に求められているものは何かを見極める努力をしていきたい（なお，立法に関わる個別的な論点については，第13章「量刑をめぐる最近の諸問題」においても触れている）。

第2章「最近における刑事立法の活性化とその評価――ドイツとの比較を中心に」は，もともと日本刑法学会第81回大会での共同研究「刑事立法の新動向と実体刑法の在り方」[6]における私の報告の内容をそのまま論文としたものである。ドイツにおいても刑罰積極主義の立場からの刑事立法の活性化現象が見られるところから，立法の動向と文献における議論を整理して紹介しつつ，日本における状況との共通点と相違点を浮かび上がらせることをねらいとした。短い論稿ではあるが，原稿を準備する過程で，日本とドイツの実定法の間には大小さまざまな違いがあり，単純な比較を許すものではないことを思い知らされ[7]，生産的な比較法研究のためにどうすればよいかをめぐりあれこれ考え，かつ（少し大げさにいえば）悩み苦しんだ記憶がある。本論文が客観的に何に値するかは分からないが，この程度の比較法研究であっても，これがいま私が生み出し得るギリギリのところである。

III 刑法における学説と実務

第3章から第6章までは，刑法の分野における学説の在り方，特にその実務との関係を主題として論究した4つの論文を，発表時期の早いものから順番に配列した。**第3章「犯罪論と刑事法学の歩み――戦後50年の回顧と展望」**は，

---

(6) 2003年5月24日に日本大学で行われ，コーディネーターは川端博教授であった。刑法雑誌43巻2号（2004年）264頁以下を参照。
(7) たとえば，このとき，日本法と異なり横領罪の客体には不動産が含まれないことを知って驚いた記憶がある。

タイトルが示す通り，戦後50年間の理論刑法学の通史を(限られたスペースの中で)まとめるという(かなり思い切った)試みである。その内容は，戦後刑法学の流れを，団藤説と平野説の対立を基軸として(強引に)整理し，そのいずれも等しく問題をはらむと断じるものであったから，わが国の大多数の刑法学研究者には，主観的・独断的な学説史把握として映じたものと推測される。そのことは，本論文が公刊後にまったくといってよいほど引用されなかったという事実にも示されている。しかし，それにもかかわらず，私は，現在でもこの論文による学説整理の基本部分には修正の必要がないと考えており，そればかりか，その後の刑法学および時代思潮の変化に照らして，本稿が各学説に向けた評価のそれぞれが必ずしも的外れではなかったことが確証されつつあると感じている。

第4章「刑法と判例と学説——刑法判例の読み方」は，雑誌・法学教室のために書いた，法学部学生を主たる対象とする解説論文であり，刑法の判例を読む際に留意すべき事項をまとめたものである。ただ，この小論を書いたおかげで，これを書かなければ(少なくともこの時点で)読むことはなかったであろう文献を読み，また，これを書かなければ思い至ることはなかったであろう，いくつかの(ささやかな)洞察に到達することもできた。とりわけ，学説と判例実務(したがって，研究者と裁判官)の間の思考方法の違いについて(些か図式的なものであるとしても)整理できたことが私にとり収穫だったと思っている(最近の第6論文においても同じことに再度言及している)。

なお，日本のように，判例に対して広い範囲で法形成の機能を認めることが，一般市民にとり法の内容を「不可視的なもの」とするという意味でのマイナス面を持つとする見方は，この論文を書く頃に抱きはじめ，そして現在に至るまで私を去ることがない。この国では，刑法の内容を可能な限り制定法の形で客観化しようとする発想が一向に強くならないが，それは，われわれ専門家が「刑法はプロのもの」という強固な偏見にとらわれているからだと感じている。

第5章「犯罪論をめぐる学説と実務——ドイツの状況を中心として」は，ドイツのフンボルト財団が主催した国際シンポジウム「刑事法および刑事法学の危機？(Krise des Strafrechts und der Kriminalwissenschaften?)」(2000年10月)において私が行った報告の原稿をベースとして書いたものである[8]。主催者側が私に与えた課題は，外国人研究者の目でドイツの理論刑法学の現状を批判的に検討す

ることであり，それは私にとり（本書第3章と比べてもさらにそれ以上に）無謀な企てであった。逃げることの許されなかった私は[9]，自分の思うところをストレートに語るほかはないと考えた。そこで，基礎的な方法論のレベルでは，ドイツにおいて有力な機能主義的（ないし目的合理主義的）アプローチは，存在論的アプローチに取って代わり得るものではなく，「存在論と機能主義のジンテーゼ，より正確には後者による前者の補完」のみが問題となり得ると主張した。また，現在のドイツの犯罪論の個別的問題点としては，機能主義の誇張，社会科学的概念構成，抽象性の高い概念からの演繹，規範理論の混迷という，4つの批判されるべき傾向があると指摘した[10]。当時，この報告の日本語バージョンを書いた時点では，ドイツの学説傾向に強く影響されたわが国の犯罪論に対しても，多かれ少なかれ同じ批判が可能であると考えていた。日本の学説が，実務との乖離をきたす原因となる，そのようなドイツ刑法学のトレンドに棹さす理由はないと思ったのである。

しかしながら，その後，私の問題意識は異なった方向にシフトした。すなわち，いま日本の刑法学が置かれている状況において真に求められているのは「制約なき思考」であり，むしろ批判されるべきところは，学説が，実務との関係で適度な距離をとることができず，実務の問題意識にとらわれた研究に終始していることであると考えるに至った。この点について論じているのが，**第6章「刑事実体法分野における実務と学説」**であり，本書の中でも，第1論文と並んでもっとも新しく書かれた部分である。

---

(8) 本論文のドイツ語バージョンは，Welche neuen praxisrelevanten Ergebnisse bringen die gegenwärtig zum materiellen Strafrecht diskutierten neuen systematischen Konzepte?, in: Hans Joachim Hirsch (Hrsg.), Krise des Strafrechts und der Kriminalwissenschaften?, 2001, S. 137 ff. として発表されている。

(9) 当時，ドイツにおける恩師であるヒルシュ教授から私信をいただき，そこには「主催者の依頼を断ってはならない」という一文が含まれていたことを記憶している。

(10) ただ，イェシェック，ヒルシュ，ロクシン，ヤコブス，ゲッセル，エーザー，ナウケ，ティーデマン，シューネマンといった，錚々たるドイツの教授たちを前にして全体会議においてこの報告を行うことができたことは，報告内容に関し賛否両論があったにせよ，私にとりこの上なく晴れがましい経験であった。これも余談であるが，そのうちの1人は私の報告を形容して「カミカゼ」と述べた。

Ⅳ　違法論と責任論の基礎

　第7章から第12章までは，違法論と責任論の根本に関わる6編の論文から成る。最初の**第7章「いわゆる違法二元論をめぐる一考察」**は，もともと日本刑法学会第80回大会におけるワークショップ「犯罪論における結果の意義」[11]における私の「話題提供」の原稿をベースとしてこれを論文としたものである。私の支持する形の違法二元論の内容とその理論的根拠を提示するとともに，一元的行為無価値論，従来の違法二元論，結果無価値論のそれぞれに対する批判的所見を明らかにしている。私が妥当だと考える違法二元論は，規範論的一般予防論に立脚して行為無価値の第一次的重要性を説き，しかし，応報的処罰の要請にも然るべき地位を与え，結果無価値にも違法論の枠内で重要な意味を認めるものである。このような考え方に立脚するとき犯罪論の全体がどのようなものとなるかについては，単行書である『刑法総論の理論構造』(2005年，成文堂)において明らかにすることを試みたが，違法二元論の理論的根拠づけを(他の諸説との関係で)もっとも詳細に展開したのは本論文である。

　第8章「緊急避難の本質をめぐって」は，違法性阻却事由説と二分説の間の見解の対立を取り上げ，少数説である二分説に与すべきことを論じたものである。ただし，緊急避難が問題となる事例を，行為者と被害者とがともに危難に遭遇しているかどうかにより2つの類型(第1類型と第2類型)に分け，かつこれに加えて攻撃的緊急避難と防衛的緊急避難の区別をあわせ考慮した上で，法益衡量の要件を異なったものと考えるべきだとした(さらに，民法720条2項にあたる場合〔物を客体とする防衛的緊急避難の場合〕には，補充性および法益衡量の要件を不要とした)。それは，かなり複雑な理論構成であり，現行の37条の解釈として主張することには明らかに無理があるとも思われよう。しかし，実はこの結論自体は，ドイツ法の下での通説の解釈と一致するものである。私の見るところ，ドイツ刑法学の中でも，緊急避難論は，研究がもっとも高度に発展している領域の1つであり，関連する諸事例の包括的な相互比較と検討を経て，精緻な体系的理論が構築されている。それは，「自然法的な拘束力」を認めたくなるほどの論理

---

[11]　2002年5月19日に南山大学で行われ，オーガナイザーは松原芳博教授であった。刑法雑誌42巻3号(2003年)377頁以下を参照。

的な厳密さと事例解決の具体的妥当性を兼ね備えている。本論文のモチーフは，そのようなドイツの理論状況に学んで，従来の日本の学説における大まかな事例の検討とは一線を画し，よりきめ細かな事例と評価基準の分類を前提とした緊急避難論の1つの姿を提示するところにあった。それが成功しているかどうかについては読者の判定に委ねるほかない。

　第9章から第11章までは，過失犯理論をテーマとするものであり，いわゆる新過失論の立場を採ることを旗幟鮮明にした上で，書かれたものである。**第9章「過失犯理論の現状とその評価」**は，3編の中ではもっとも新しい論文であり，新過失論の立場から，過失犯理論の発展と現在における問題状況を総括的にスケッチしたものである。学説において新過失論が支持者を減らしている（少なくとも劣勢に回っている）現状にあって，その理論的基礎とそこから導かれる帰結を再確認し，現代における理論としての有用性を探ることを目的としている。

　第10章「薬害エイズ帝京大学病院事件第一審無罪判決をめぐって」は，平成13（2001）年3月28日の東京地裁判決についての判例批評である[12]。私は，行為規範論ないし行動準則論を新過失論の主張の核心部分と理解しており，その基本思想を推し進め，そこから導かれる帰結を明らかにするねらいで，「過失結果犯における規範の内容と機能」と題するドイツ語の論文[13]を書き，さらに，この考え方を過失犯論全般に展開して「過失犯の基礎理論」という論文[14]にまとめた。これらは机上の議論の域を出るものではなかったが，この東京地裁判決が行動準則論を基礎におき，その具体的事例への適用の在り方を提示したことにより大いに勇気づけられるとともに，この理論が実務的にも重要な意味を持ち得ることを確信することができたのである。

　第11章「過失犯における『注意義務の標準』をめぐって」は，第10論文においてはその検討が不十分であった注意義務の標準の問題に焦点を当てて論じたものである。個人的感慨に言及することが許されれば，この問題は，もともと

---

[12]　ただし，この判例批判を執筆した時点では，判決内容の要旨しか公表されていなかった。

[13]　Inhalt und Funktion der Norm beim fahrlässigen Erfolgsdelikt, Thomas Weigend/Georg Küpper (Hrsg.), Festschrift für Hans Joachim Hirsch, 1999, S. 225 ff.

[14]　「過失犯の基礎理論」現代刑事法1巻8号（1999年）72頁以下。その後，若干加筆した上で，私の『刑法総論の理論構造』（2005年，成文堂）111頁以下に収録した。

古くから争われる刑法学の難問中の難問であり，私自身，大学に残って間もない助手の時代から，幾度か研究論文において取り上げることを試みつつ，そのつど道半ばで挫折を味わってきたものであった。本稿は，日本刑法学会第80回大会での共同研究「薬害と過失」[15]における報告を割り当てられた機会にまとめた小論にすぎないが，長い時間をかけて自分では納得できる考え方に到達できたことには些かの満足感を覚えている。

　第12章「カール・ポパーの非決定論と刑事責任論」は，日本ポパー哲学研究会の第5次年次研究大会（1994年7月2日）における私の報告をそのまま論文としたものである。自由意思論は，責任論の基礎に関わる本質的論点であり，いまだその重要性を少しも失っていない。たしかに，哲学の分野でなお執拗に議論されている問題に一定の解決を与えない限り刑法学の責任論を始められない，とするのはおかしいという意見もある。しかし，法律家が「責任」とか「非難」とかの語を用いようとするとき，やはり哲学上の自由意思論に対し（どのようなものであるにせよ）一定の態度決定を行うほかはない。むしろ私は，刑法学が自由意思論を介して哲学（やその他の人文科学および関連する自然科学）と接点を持っていることを幸運なことと考えるべきだと思う（この点については，本書第6章104頁以下を参照）。ただ，それにしても，本論文は，時期的に古いものであり，また主張の内容も熟しておらず，本書に収録することにかなり躊躇した[16]。結局，これを加えることにしたのは（「13編」の論文ということでは縁起が悪いということではなく），将来に向けての課題を明確にする趣旨である。最近の欧米においては自由意思をめぐって種々の新しい議論があるので，これらを参考としつつ，いつか根本的に考え直してみたいと思っている。

---

(15) 2002年5月18日に南山大学で行われ，コーディネーターは林幹人教授であった。刑法雑誌42巻3号（2003年）329頁以下を参照。

(16) ただ，本論文に示した考え方をベースとして，「責任論の基礎」現代刑事法2巻8号（2000年）83頁以下を書き，その後，『刑法総論の理論構造』（2005年，成文堂）219頁以下に収録した。

V　量刑をめぐって

　第13章と第14章は，量刑の分野での最近の重要論点を取り上げている。現在，量刑は，学界と実務界のいずれにおいてももっとも盛んに議論されている刑事法のテーマの１つである。しかも，実務家の側では，原田國男判事や大阪刑事実務研究会の研究に代表されるように，学説における諸見解を広く参照し，進んで「学説との対話」を行おうとする姿勢を明確にしている。学説としては積極的に対話に応じるべきであって，この量刑研究の隆盛を一過的な現象にしてはならないであろう。私は，大学院時代に「量刑事情の範囲とその帰責原理に関する基礎的考察」と題する論文[17]を書いて以来，量刑についてはささやかな発言を続けてきたが[18]，本書に収めた２つの論文も，量刑理論の立場から実務との相互理解を深めるという態度で書いたものである。

　第13章「量刑をめぐる最近の諸問題」は，最近書いた２つの論文[19]を（内容的に重複する部分があったため）合わせて１つの論文にしたものである。量刑をめぐる最近の主要な問題について，理論と実務の共通の基盤を求めるという一貫した姿勢で検討を加えたつもりである。そこでは，法定刑とその引上げ，量刑判断の基本的枠組み，幅の理論の意義と当否，量刑相場の法的性格，裁判員制度の下における量刑の在り方などの論点が取り上げられている。ただ，いずれも表面的な検討に終始しており，本格的な問題分析にはほど遠いというべきであろう。

---

[17]　法学研究55巻（1982年）10号67頁以下，11号34頁以下，12号81頁以下，56巻（1983年）１号62頁以下，２号60頁以下。

[18]　主なものとしては，「量刑理論の体系化のための覚書」法学研究69巻２号（1996年）293頁以下，「量刑理論と量刑事情」現代刑事法３巻１号（2001年）35頁以下，「量刑をめぐる理論と実務」司法研修所論集113号（2004年）203頁以下がある。

[19]　１つは，韓国刑事法学会と刑事政策研究院の共催で開かれた国際シンポジウム「21世紀の刑罰と量刑」（於・ソウル国立大学）の第１日目（2006年12月14日）に，私が行った報告の原稿に若干の補正を加えた「わが国における量刑法改革の動向」（慶應法学７号〔2007年〕１頁以下）であり，もう１つは，読者として実務家を念頭に置いて書いた「量刑をめぐる最近の諸問題」（研修702号〔2006年〕３頁以下）である。なお，これらの論文を書くにあたっては，最高裁判所事務総局（刑事局）の裁判官の諸氏との共同研究から，多大の示唆を得たこともここに付言しておきたい。

第14章「併合罪と量刑――『新潟女性監禁事件』最高裁判決をめぐって」は，いわゆる新潟女性監禁事件に関する，平成15 (2003) 年7月10日の最高裁判決についての判例批評である。本判決は，マスコミ報道でも大きく取り上げられたが，判例批評としては，判決後，もっとも早い時点で公表されたものの1つであったであろう。その後，多くの判例批評や論文が書かれたが，私の考え方はまったく変わっていない。すなわち，最高裁判決の現行法解釈は，まさに「優等生的」ではあるが，量刑理論の立場から見れば，行為主義および責任主義の原則，量刑判断の法化と合理化の要請に背馳するものであり，否定的に評価されるほかはない。

　ちなみに，その後に出された大阪地判平成16・10・1判例時報1882号159頁＝判例タイムズ1175号306頁が興味深い。それは，約2か月の間に5人の被害者に対し強姦，強姦未遂，強盗の犯行に及んだ被告人に対し，各犯行に対する刑を合算すると懲役17年6か月を下回ることはなく，「併合の利益」を考慮するとしても検察官の求刑である懲役12年は軽すぎるとして，懲役14年の刑を言い渡した。そこでは，最高裁の採った「全体的アプローチ」の対極にある「分析的アプローチ」が採られた結果として，求刑を超える重い刑が言い渡されている[20]。

---

[20] この判決については，城下裕二「併合罪における量刑判断」法学教室294号別冊付録「判例セレクト2004」（2005年）33頁を参照。

■ 第1章

社会の変化と刑法

Ⅰ　問題の所在
Ⅱ　刑法学のパラダイム転換？
Ⅲ　社会構造と社会意識の変化
Ⅳ　いま刑法学に求められるもの
Ⅴ　おわりに

Ⅰ　問題の所在

　刑法学者が社会と刑法の関わりを特に強く意識するのは，刑法が社会構造および社会意識の変化に付いていくことができず，現行法が（部分的に，そればかりか全体として）「時代遅れ」となっているときである⑴。しかし，今わが国の刑法学が直面しているのは，そのような状況ではないだろう。むしろ，現在，社会構造と社会意識が大きく変化することにより刑法が立法上・解釈上大きな変貌を遂げつつあるが，刑法学はそのような方向に刑法が変化しなければならない必然性に懐疑的であるか，または少なくともそのような変化に対応する理論面における用意ができていないのである。ここにおいては，社会と刑法との間にではなく，社会意識と刑法学との間に生じている乖離が顕著なものとなっている。

　現在の日本の立法・司法の実務において強く現れている傾向は，社会秩序維持のためこれまで以上に刑罰を積極的に用いようとする犯罪化と重罰化の傾向，すなわち刑罰積極主義（Punitivismus）である。戦後の刑法学は，刑罰権発動を必要悪としその範囲を可能な限り狭くしようとする刑罰消極主義を基調としてきた。それは，当時の実定法および司法実務の基本的立場にも合致し，それ

⑴　いま深刻化している問題の中から一例のみを挙げれば，社会において「官から民」への動き，すなわち民営化が進行する時代にあって，「公」と「私」とを種々の形で区別している現行刑法は，いま根本的な見直しを必要としているというべきであろう。

なりの説得力を持つものでもあった。これに対し，今の立法と司法のトレンドは，より早い時点から刑罰権の介入を認めるとともに（「処罰の早期化」の現象），実害が生じたときにはより重く厳しい刑罰を科そうとするものであり，戦後刑法学のパラダイムに向けた「挑戦」を含んでいる[2]。私は，本稿において，この変化を，応報思想のルネッサンス，法益概念の機能喪失，刑法原理の二元化（さらには多元化）という3つの基本傾向として要約し，それぞれについて説明するところから始めたい（後述Ⅱ）。そして，そのような変化の要因として，いかなる社会の側の変化が存在するかを指摘し（後述Ⅲ），最後に，このような状況下において刑法学の果たすべき役割について検討することとしたい（後述Ⅳ）。日本刑法の最近の変化には，国際化とグローバリゼーションの傾向が大きく関係しており[3]，また，諸外国においても類似の傾向が認められる[4]。以下の検討は，日本法を念頭に置いたものであるが，日本独自の社会構造とか日本人の国民性とかの日本固有の要素を強調するのではなく，より普遍的な側面に注目したい。それは，国際的な議論のために共通の基盤を確保したいと思うからである[5]。

---

[2] 私は，本稿のテーマに関連して，これまで以下の論文を発表している。井田良「刑事立法の活性化とそのゆくえ」法律時報75巻2号（2003年）4頁以下，同「最近における刑事立法の活性化とその評価――ドイツとの比較を中心に」刑法雑誌43巻2号（2004年）268頁以下（本書第2章27頁以下），同「越境犯罪と刑法の国際化――問題の素描――」『神山敏雄先生古稀祝賀論文集・第1巻』（2006年）669頁以下。
[3] この点について，井田「越境犯罪と刑法の国際化」（前掲注2）669頁以下を参照。
[4] 最近のドイツの文献の中から，たとえば，Thomas Weigend, Strafrecht und Zeitgeist, in: Ulrich Sieber und Hans-Jörg Albrecht, Strafrecht und Kriminologie unter einem Dach, 2006, S. 55 ff., 59, 64 を参照。ドイツでも「厳罰化・重罰化」の傾向があることは，Franz Streng, „Demokratisches Strafrecht" in einem vereinigten Europa - Zum Verhältnis von Konsens und technokratischem Oktroy im Strafrecht, in: Opferschutz, Richterrecht, Strafprozessreform, 28. Strafverteidigertag 2004, 2005, S. 85 ff. が指摘しており，その背景として，とりわけ守られるべき価値と規範に関する基本的コンセンサスが揺らいだことがあるとする。
[5] なお，本稿は，2007年2月23日・24日にソウルで開催された「グローバリゼーションと国家連合の発展：法律家の視点」に関する国際会議（International Conference on Emergence of Globalization and Blocs: Lawyer's Perspective）における私のドイツ語による報告の日本語バージョンである。

Ⅱ　刑法学のパラダイム転換？

　第1の基本傾向は，これを応報思想のルネッサンスと呼ぶことができる。1960年代後半以降の日本の刑法学においては，英米やドイツの刑法思想の影響を受け，個人主義的功利主義ないしプラグマティズムを基調とし，刑罰の展望的側面に主眼を置き，科刑の根拠を将来の予防目的，とりわけ特別予防目的に求める見解が有力となった[6]。応報ないし責任の観念は維持されたが，それは予防的考慮の行き過ぎに歯止めをかけるための消極的な防壁にすぎないものと理解された（いわゆる消極的責任主義）。実務においては，戦前から応報刑ないし罪刑均衡の思想が基調であり，予防的考慮が前面に出されることはなかったが，しかし，諸外国と比べても量刑は一般的に寛大であり，起訴猶予や執行猶予の制度が多用されるなど，いわば「寛容の精神により緩和された応報刑思想」が実践されていたといえよう。学説と実務の間にはギャップがあったが，応報を自己目的とする絶対的応報刑論および重い刑の持つ威嚇効果により犯罪抑止を期待する素朴な一般予防論を斥けるという点においては共通の基盤が存在したのである。

　ところが，1990年代以降，犯罪被害者の権利保護の必要性が強調されるにともない，人身犯罪に対し科せられる刑が軽すぎることが社会の側から強く批判されるという事態が生じるに至った。それは，まず実務における量刑水準の上昇として現れ，次いで21世紀に入ってから，一連の刑法一部改正による人身犯罪に対する法定刑の大幅な引上げをもたらした。すなわち，2001年には，飲酒運転等の危険運転行為の危険が死亡結果に現実化したときに最高15年の懲役（現在では20年の懲役）を科すことを可能にする危険運転致死傷罪の処罰規定（刑法208条の2）が新設された[7]。そして，2004年と2005年の刑法一部改正により，基本的には1907年制定当時のままであった現行刑法典の法定刑（自由刑）が全体として

---

[6]　この点につき，井田良「量刑をめぐる理論と実務」司法研修所論集113号（2004年）213頁以下を参照。

[7]　危険運転致死傷罪の処罰規定の新設の立法論的背景およびその解釈については，井田良「危険運転致死傷罪の立法論的・解釈論的検討」法律時報75巻2号（2003年）31頁以下およびそこに引用された文献を参照。

かなり大幅に引き上げられた。2004年の改正[8]により，殺人罪，傷害罪，強姦罪等の法定刑（その上限または下限）が引き上げられ，また，一般的に，有期自由刑の最上限が20年（これまでは15年）となり，併合罪等の場合に加重するときにはこれを30年（これまでは20年）にまで上げることができるようになった（12条～14条）[9]。2005年の改正[10]は，人身の自由の刑法的保護を強めるため，人身売買罪（226条の2）を新設し，従来の監禁罪および略取誘拐罪の法定刑を引き上げた。

注目すべきことは，量刑水準の上昇や法定刑の引上げが，必ずしも実態としての犯罪の増加や凶悪化を背景に持つことなく行われたことである。そのことがとりわけ明白なのは人身犯罪の代表である殺人罪の場合であり，その犯罪動向は安定しており，諸外国と比べても良好であって，治安の悪化を語り得ない状況にあるのに，裁判所ではますます重罰が科される傾向にあり[11]，それに対応して法定刑の引上げが行われた。同じように，立法上・解釈上の重罰化の傾向を示しているのは，自動車事故による死傷事件の場合である。その量刑においては，被害感情という構成要件外の結果を重視する「新結果主義」の傾向が

---

[8] この改正については，たとえば，髙﨑秀雄「凶悪・重大犯罪に対処するための刑事法の整備に関する要綱（骨子）」ジュリスト1276号（2004年）46頁以下を参照。

[9] 他方において，強盗致傷罪（240条前段）の法定刑の下限は懲役6年とされ，酌量減軽（66条）を行えば，刑の執行を猶予することが可能となった。

[10] この改正については，たとえば，島戸純「『刑法等の一部を改正する法律』について」刑事法ジャーナル1号（2005年）77頁以下を参照。これは，2000年に国際連合で採択された国際組織犯罪防止条約（TOC条約）を補足する議定書（「国際的な組織犯罪の防止に関する国際連合条約を補足する人（特に女性及び児童）の取引を防止し，抑止し及び処罰するための議定書」）の締結にともなう国内法整備の一環として行われた。なお，TOC条約については，日本も署名ずみであり，国会でも承認されているものの，国内法整備のための刑法および組織的犯罪処罰法の改正が実現されておらず，批准には至っていない。

[11] この点につき，井田良「法定刑の引上げとその正当化根拠」『小林充先生・佐藤文哉先生古稀祝賀刑事裁判論集・上巻』（2006年）269頁以下を参照。より詳しくは，Makoto Ida, Tötungsdelikte in Japan aus kriminalistischer, kriminologischer und rechtspolitischer Sicht, Zeitschrift für Japanisches Recht, 11. Jahrgang (2006), Nr. 21, S. 171 ff. において述べた。ちなみに，殺人については，加害者・被害者ともに高齢化する顕著な傾向が見られる。20歳から39歳までの年齢の人が殺人に出る割合は，そのグループの人口比で見てもかなり減少しており，逆に，50歳以上の年齢グループの人が殺人を犯す割合が増えている。この点につき，長谷川眞理子「日本における若者の殺人率の減少」学術の動向2005年10月号22頁以下も参照。

生じているとする分析もある⑿。社会的風潮に促されると同時に，量刑水準の上昇傾向を確認する意味を持ったのが近年における法改正であった。

　刑罰論に対する学説のスタンスも変化した。特別予防ないし犯人の再社会化に対する楽観的な見方が影を潜め，予防の中でも一般予防が注目されるようになった。応報刑論は学説の一部で支持を得ていたにすぎなかったが，最近では，若い世代の研究者たちの中に，はっきりと（積極的）応報刑論を支持する人たちが現れてきている⒀。

　第2の基本傾向は，法益概念の機能喪失とでも呼ぶべき変化である。戦後の刑法学においては，個人の行動が法益侵害性を有するときにのみ処罰が正当化されるとする法益保護原則ないし侵害原理（harm principle）が基本原則として（反対の見解もあったが，多数説により）承認されてきた。とりわけ，この考え方にもとづき，法と道徳・倫理とが分離され，純然たる価値判断の領域への国家権力の不介入が実現されるべきものと考えられた。ところが，近年の日本では，その法益侵害性が（いまだ）明らかではない行為を広く刑罰により抑止しようとする立法的傾向が目立っている⒁。行政刑法の領域においてかねてからその肥大化傾向があり，そこでは単なる行政犯に対し自由刑を含むかなり重い刑が（少なくとも文面上は）予定されているのであるが，現在では刑事刑法の領域でも，処罰の早期化・前倒しとともに，危険犯処罰の立法的重要性が高まり，その限りで，刑罰は実害惹起に対応した反動としての性格を弱めている。また，解釈論上，もともと危険犯であるものが，法益概念の操作により実害犯として把握される傾向も生じている。前述のような応報的重罰主義と，処罰の早期化にともなう侵害原理からの離反という，逆ベクトルの傾向が同居していることが，現在の日本刑法の1つの特色ということができる。

　一例を提供するのは，高度の技術を悪用した経済犯罪に対する規制の領域で

⑿　原田國男「実務の視点からみた交通犯罪」刑法雑誌44巻3号（2005年）420頁以下を参照。

⒀　議論の状況について，たとえば，「特集・犯罪論と刑罰論」刑法雑誌46巻2号（2007年）222頁以下を参照。

⒁　このような傾向を批判的に考察した最近の論文として，曽根威彦「現代刑法と法益論の変容」『阿部純二先生古稀祝賀論文集・刑事法学の現代的課題』（2004年）45頁以下，松原芳博「国民の意識が生み出す犯罪と刑罰」世界761号（2007年2月号）54頁以下がある。

ある。2001年の刑法一部改正により，クレジットカード等の支払用カード，とりわけその磁気記録部分が，通貨に次ぐ手厚い刑法的保護を受けるようになった[15]。新設の処罰規定のなかには，カード情報の不正取得という作成準備行為のさらにその未遂（いわば「予備の未遂」）を処罰する規定も入っている[16]。ネット犯罪やサイバー犯罪の領域でも，処罰の早期化の傾向が見られる。不正アクセス行為そのもの，さらにはIDやパスワードの提供によりそれを助長する行為を処罰する規定[17]や，近く刑法典に導入されるであろうコンピュータウイルス作成罪の処罰規定などもその顕著な例となるであろう。そのほか，かなり早期における刑法的介入の傾向が認められるのは，環境犯罪や生命操作の領域，そして，組織犯罪の防遏が問題となる領域である。

　現代においては個人の行動の持つ法益侵害のポテンシャルがそれだけ拡大しており，今それを禁止しなければ，後にはもはや手遅れになるような事態が問題となっていることからすれば，これらの領域における早期の刑法的介入に合理性があることは否定できない。そうであるとするならば，刑法的規制を正当化する原理として承認されてきた法益保護原則ないし侵害原理は，もはや立法と解釈における一元的ガイドラインとしての性格をすでに失っているということを意味する。ここでは，刑法的規制を合理的に限界づけるための，法益概念に替わる（あるいはそれを補充する）立法上・解釈上の原則とはいかなるものであるべきかが問われざるを得ないであろう。

　第3の傾向は，これを刑法原理の二元化（さらには多元化）と呼ぶことができる。一国の刑法のなかに矛盾する2つ（以上）の原理が同居するという現象がそれである。以前は「法秩序の統一性」の理念の下に回避されてきた現象がますます目立つようになってきている。1つが一般的原理で，他が特殊原理だとすれば，ここには，特殊原理による一般原理の侵食という現象が生じる。そのような現象が見られるのはとりわけ組織犯罪への対応の領域である。国際協力による組織犯罪対策の推進が，刑法の内部にそのような大きな緊張をもたらしている[18]。

---

(15)　刑法163条の2以下を参照。
(16)　刑法163条の4第1項，163条の5を参照。
(17)　「不正アクセス行為の禁止等に関する法律」3条1項，4条，8条1号，9条を参照。
(18)　これらの点について，井田「越境犯罪と刑法の国際化」（前掲注2）675頁以下を参照。

伝統的な刑法は個人の行為に対する個人責任の追及を中心とするものであったが，それでは，組織的な犯罪の持つポテンシャルに十分対応できない。また，従来の刑法が共存する社会構成員の存在を前提としていたのに対し，組織犯罪においては，単に価値観が違うというだけでなく，もはや一般市民と共存することがおよそ不可能なほど，根本的価値観を異にする人々から成る犯罪組織，宗教団体，政治集団等を相手としなければならない。現代の組織犯罪に対しては，より効果的な対応という点からも，また，最初から共存を拒否する人々であるということからも，従来のような刑罰権介入の厳格な制限自体が根拠を欠くものと感じられる。ここから，刑法は，共存可能な個々の市民を相手にする場合と，共存を拒否する組織的犯罪者を相手にする場合とで基本的に異なった原理に支配されるものとなる（前者は立場の交換可能性を前提とし，後者はそれを前提としない）[19]というように二元化する。誤解を避けるため強調したいのは，ここでは「二元化すべきである」という私の規範的主張を述べているのではなく，現行法がすでにそうなっており，さらにその傾向を強めているという事実の確認を行ったにすぎない。そのような現実に対しどのように対応すればよいかが問われているのである[20]。

　特に難問を提起するのは，ここにおいて，組織的な犯罪集団への対応を目的として設けられた，従来よりも制約の緩やかな刑罰法規が，組織犯罪の局面に限らず，一般的な犯罪にも適用範囲を拡大するという現象が生じることである。もともと組織の活動として実行される犯罪を予定した処罰規定であっても，適用を別にすることの技術的困難さから，また，取扱いの平等の見地から，さらには，立証の困難を救済し，規定の実効性を保つため，組織の活動として行われることを適用の要件としないことが多い。組織犯罪を予定した立法に見られる例外的な原理が，通常の刑法の領域を支配する一般原理を侵食するという危険が生じ，これをどうくいとめるかが問題となる[21]。

---

[19]　この点につき，松原「国民の意識が生み出す犯罪と刑罰」（前掲注14）58頁を参照。

[20]　私には，ドイツにおいて，ヤコブスが「市民刑法」と「敵刑法」とを対置して提起している問題の最も重要なポイントはここにあるように思われる。たとえば, Günther Jakobs, Das Selbstverständnis der Strafrechtswissenschaft vor den Herausforderungen der Gegenwart (Kommentar), in: Albin Eser/Winfried Hassemer/Björn Burkhardt (Hrsg.), Die deutsche Strafrechtswissenschaft vor der Jahrtausendwende, 2000, S. 51 ff. を参照。

組織的犯罪処罰法に規定されたマネーロンダリング罪 (すなわち, 犯罪収益等隠匿・収受罪) がその一例であろう[22]。同罪の適用要件は, 刑法の盗品等に関する罪 (刑法256条) と比較して相当に緩やかであり, 組織犯罪とはいえない通常の犯罪に適用することが可能であるから, その処罰の範囲は必要以上に広いものとなっている[23]。いま1つの例は, 国連で2000年に採択された国際組織犯罪防止条約 (TOC条約) を批准するため, かなり広い範囲で導入することが必要だとされている共謀罪規定である。重大犯罪の実行の共謀のみで処罰する共謀罪の処罰規定は, 組織犯罪集団への対応のための規定でありながら, より広い適用領域を持ち得る点で問題とされ, 現在, 法改正の是非をめぐり盛んな議論が行われている。ここにおいても, 刑法原理の二元化にともなう困難な問題が提起されているのである。

Ⅲ　社会構造と社会意識の変化

立法と司法の分野に見られる刑罰積極主義の背景には, 社会構造および社会意識の変化があると推測できる。まず指摘できることは, 現代において, 刑事政策に関わる国家意思の形成のメカニズムに大きな変化が生じたように思われることである。犯罪被害者の権利保護, そして市民の側からする刑法による安全保護への要求がメディアを通じてダイレクトに国に向けられるようになり, 政治や行政・司法の機構はこれに応じることを迫られることとなった。そのことは, 国家機関による刑事政策分野での意思決定が, 専門的学識を持たない一般市民および一般知識人の意見により動かされる時代になったことを意味する。そこでは, 白か黒かで割り切ろうとする二項対立的な思考様式が特徴的であり, とりわけ犯罪問題への「特効薬」が求められる。専門家は, 単純明快な結論を求める社会の側からの期待に応えられずに発言力・影響力を失いつつあ

---

[21]　もちろん, これに対し, 組織犯罪対策を推進しようとする立場からは, 通常の刑法の領域を支配する一般原理がいわば桎梏になって組織犯罪に対し十分な対応ができない事態を問題とすることであろう。

[22]　組織的犯罪処罰法10条, 11条を参照。

[23]　この点につき, 井田「最近における刑事立法の活性化とその評価」(前掲注2) 278頁以下 (本書第2章37頁以下) を参照。

り，政策決定におけるポピュリズムの傾向が強まっている。刑事政策の分野だけでなく，一般的に見られる現象であるが，以前は知識人階層・専門家階層が担っていた「公共圏」[24]が大幅に世俗化しつつ拡散して社会に広がったということができるであろう。

　刑罰積極主義の要求は，社会意識の変化の現れ，より具体的には，現代社会に生きる人々の不安の現れとして解釈することが可能である。メディアにより，犯罪動向の現実の推移を反映しない選択的な犯罪報道，しかも，ますます生々しい形で行われる犯罪報道に接した一般市民は，日常的に目にする行動規律の弛緩，またみずからも経験する価値基準の不明確化を犯罪現象にも投影して不安に駆られ，厳しい刑罰により秩序維持のメカニズムを補完すべきことを求める[25]。

　他方，社会は巨大化・複雑化し，科学化・高度技術化（ハイテク化）の進行により，個人個人にとって，この社会は巨大なブラックボックスと化し，およそ主体的コントロールの不可能な存在となった。人々の生活は脆弱な技術的手段の集合体に大幅に依存しており，同時に，個人の行動の持つ損害惹起のポテンシャルが飛躍的に増大した。次の瞬間に何が起こるか予想もつかない未知の領域に人々が足を踏み入れる場面が頻繁に生じ，また，それ自体として些細な逸脱行動が甚大な被害を生じさせ得る領域が数多く出現するに至った。このような社会構造の変化が早期における刑法的介入を要求しており，そこに一定の理由があることも否定できないところであろう。そして，これらの事情が人々に対し必要以上に不安を抱かせ，また，合理的に冷静に対応すれば，何とかこの世の出来事は手中に収められる，という確信を失わせた。出来事を手中に収めるためには情報をもれなく収集することが必要であるが，情報量は爆発的に増大し，そのすべてを入手できないことから，結局，不十分な情報で対処するほかはなく，暗闇の中を手探りで進むしかないような不安感を人々は抱くことに

---

[24] 公共圏の観念に関する古典的著作として，ユルゲン・ハーバーマス（細谷貞雄＝山田正行訳）『公共性の構造転換［第2版］』（1994年）がある。
[25] 国民は，失業や疾病に由来する生存条件をめぐる社会的なセキュリティの低下を，治安をめぐる狭い意味でのセキュリティの強化を国に要求することにより埋め合わせようとしているとする見方もある。萱野稔人「国家の思惑と民衆の要求は，なぜ逆説的に一致するか」世界753号（2006年6月号）130頁以下。

なる。科学化が進行するとかえって非合理的な行動が一般的なものとなるという逆説的事態がここには生じる。

　刑罰という「劇薬」を用いてダイレクトに反社会的行為を抑止しようとする功利主義が，経験的証拠に関心を持たない非合理主義と同居するという現象が現れる。重い実害を引き起こした者は厳罰に処せられるのが当然であるとするところで思考停止が生じ，処罰が社会にもたらし得る諸作用（望ましい作用と望ましくない作用）の衡量には関心が向けられない。犯罪化と厳罰化を求める国民の声は，政治や行政・司法の機構を通じて，学問的検討のフィルターを経ることなく，立法や裁判の実務に反映していくおそれがある。ここでは法律専門家に対する社会的信頼が失われ，刑法学は学問としての危機に陥っていると私は感じている[26]。

　さらに，社会の複雑化と価値の多元化が法的ルールおよび規制的法原理の多元化の基礎となっており，一元的な法原理により法の全体が支配されるべきだとする思想の説得力を奪っているように思われる。社会が種々の異なった構成原理に支配される単位から成る「パッチワーク」と化していくに連れて，それに対応して法もパッチワーク化していかざるを得ない。それにより，法秩序そのものが統一的原理により体系的に構築されるという理念が根本から動揺する[27]。このように考えると，刑法原理の二元化，さらにはその多元化も，すでに社会の中にその基礎を持つものと推測することができる。

IV　いま刑法学に求められるもの

　このような困難な状況下での刑法学の役割を明らかにしようとするとき，最近における刑法の変化の背景に社会構造および社会意識の変化が存在するとすれば，社会構造の変化を踏まえつつ，専門的見地から社会意識に働きかけ，一

---

[26]　この点につき詳しくは，井田良「変革の時代における刑事法学の在り方」学術の動向2006年3月号56頁以下を参照（なお，これは日本学術会議のウェブサイト http://www.h4.dion.ne.jp/~jssf/text/doukousp/backnumber.html でダウンロード可能である）。
[27]　この点について，井田良「法システムの『パッチワーク化』に抗う」三田評論1078号（2005年）26頁以下も参照。

般国民を啓蒙すること以外には，刑法学と社会意識との乖離を狭めるための方法はないことに思い至る。まず，メディアの報道により歪められた印象が生じやすい犯罪情勢についての可能な限り正確な情報を国民に提供することに配慮しなければならない[28]。また，刑法の存在理由が，犯罪によって害された具体的被害者の救済ないし報復感情の満足のためではなく，刑法規範の有効性という公的な利益の保護のためにあることを理解させ，民法的な考慮がダイレクトに処罰に反映することを妨げるべきであろう。さらに，刑を重くすることが犯罪の減少に結びつくものではないことについても，実証的データにもとづいて社会を説得すべきである。

　他方において，現在の通説的な刑罰論の立場から，ただちに量刑水準の引上げに反対する視点は出てこないことも正しく認識する必要がある。社会意識の変化に対応して，侵害された法益の価値に相応すると考えられる程度の刑を科すべきだとすることは，責任による限定を無視しないのであれば，一般予防論（犯罪に対応する刑を科すことを原則とすることが一般予防効果を持ち得るとする形の一般予防論）とは全くもって整合的である。従来の科刑・量刑水準も基本的に慣行の集積にすぎず，確たる理論的根拠があるわけではないとすれば，そこから量刑水準の上昇に対して反対することもできない[29]。また，現在のような状況では，刑罰に期待された効果がないという消極面のみの指摘だけでは，それが学術的な基礎のあるものであったとしても社会の理解を得られない。たしかに，刑法学は合理性・科学性を生命とするものであり，刑事政策は科学的根拠にもとづく合理的なものでなければならない。しかし，新設が提案されている刑罰法規に関しその経験的効果の科学的証明を求め，それが提出されない限り，刑罰法規の新設は学問的に正当化されないと主張する者も，現状においてその刑罰法規を設けないことが社会にとってより有益性が高いことの科学的証拠を提示すべきことを迫られたとき，それに応えることは困難であろう。刑罰効果が証明

---

[28]　この点について，河合幹雄「犯罪統計の信頼性と透明性」学術の動向2005年10月号15頁を参照。
[29]　刑法学が，現在の重罰化・厳罰化の要求を前にして効果的な反論をなし得ないという事実そのものが，従来の刑法学の刑罰論・量刑論の理論的基盤が脆弱であったことを物語っているであろう。

できない限り刑罰を用いるべきでない（いわゆる「疑わしきは自由に」の原則）とまで論じることは明らかに行き過ぎである。刑罰を積極的に用いようとする側には「挙証責任」があるというかも知れないが，ここに挙証責任の分配という発想を持ち込むことは適切でない。刑罰効果の証明がないことを理由として刑罰使用を差し控えるとすれば，いずれとも明らかでないという，その不確実さから生じるリスクは，保護を求める市民に転嫁されることになってしまう。

刑罰消極主義の立場は，市民が安全の国家的保護を求めている領域に国が介入しないことを意味するが，それは，市民に対し安全保護を自己負担させる結果となる。富める者は警備業者の助けを借りて自己防衛をはかり，貧しい者は犯罪のリスクにさらされるということにもなりかねない。刑罰消極主義は，安全という価値を各自の経済力に従い社会的に不平等に分配し，社会をこの関係においても「格差社会」に変えてしまうという帰結を導くおそれがある。また，しばしば強調される「刑法の補充性」の原則，したがって民事法や行政法による保護では十分でない場合にはじめて刑法が用いられるべきだとする原則について見ても，市民的安全の保護を別の法領域の管轄へと追いやることにより，実際上，保護を求める市民への協力を拒絶する結果をもたらしかねない。刑法学者のそのような対応は，市民の目には専門家の中での「たらい回し」の印象を与えるであろう。今後の刑法学は，刑法という狭い分野を越えて学際的な見地から市民的安全の保護のための処方箋を書き得ない限り，学としての責任を果たしたことにならないと思われる。

ここにおいてとりわけ解明の必要性が痛感されるのは，事前的予防と事後的処罰との関係である。一般的にいえば，事後的処罰より事前的予防のほうが犯罪防止の上での有効性が高い。しかしながら，事前的予防は，事後的処罰と比較すると，よりコストがかかり，また，より広範囲の人々の自由や権利を（広く薄く）制約・侵害する度合いがより大きい。社会が治安の問題に関心を持つ今の時代は，チャンスでもある。犯罪防止のために事後的処罰が果たす役割が間接的であることが意識されれば，事前の犯罪対策のためにコストを配分する社会的雰囲気を醸成することにより[30]，事前の対応により犯罪を可能な限り減少させ，事後的処罰にこれ以上の負担をかけることを回避することが期待できるのである。もちろん，事前的予防はコストを要求し，それは一般市民の権利や

利益への侵害もともなうが，それは犯罪抑止のために社会構成員誰しもが払うべき自己犠牲として捉えられることとなる[30]。たとえば，警察による防犯カメラの設置による広く薄い人権への制約と引き換えに，検挙された窃盗犯人に対するより寛大な処罰が得られるのであれば，それがよりベターな選択肢と考えられる可能性があるということである。事前の犯罪対策のためのコストは節約する一方で，応報的処罰のみ厳しいものとしていくのでは，社会は不毛で，救いのないものへと変容していくおそれがある。とにかく峻厳な刑を科すことによって人々を犯罪から遠ざけ，さらには，犯罪者をひとしなみに敵とみなし，徹底的に排除すべきだとする発想が支配する社会に近づいていく。現在における刑法学の最大の任務は，このような方向への社会の発展を阻むことではないだろうか。

　侵害原理ないし法益保護原則について述べれば，それに替わる（ないしは補充する）処罰の歯止めは憲法上の基本権制限に関わる原則に求めざるを得ないと考えられる。刑罰権の行使が個人に向けた国家権力の行使のもっとも顕著な形態である以上は，それは憲法原則による規制の下に置かれなければならない。従来の刑法学においては，刑罰限定原理としての比例原則が詳細に展開されることはなかったが，法益概念の機能の限界が認識されるにともない，これまで主として憲法・行政法の領域において議論されてきた，この原則の刑法の領域における機能が注目されるようになるのである。比例原則とは，公権力の行使により得られるものと，それにより失われるものとがバランスを保たねばならないとする原則である。まず，当該価値の保護の必要性の有無と程度が確認されるべきである。そして，その行為を一般化したときにどのような事態が生じるかを勘案した上で(行為の有害性の予測)，その種の事態の防止のために刑罰が適性を持つものか，そして，刑罰以外の手段による代替が困難ないし不可能であ

---

(30)　現在，市民による事前の安全対策が強調される状況にあり，それが「自らの手ではどうにもならないものとしての災厄（＝「危険」）から，自らの行為で制御しうる／すべきものとしての災厄（＝「リスク」）に変化した」ことにもとづくことを指摘するのは，広田照幸「『安全対策』は私たちに安心をもたらすか——子どもの登校時の安全対策をめぐって」世界754号（2006年7月号）73頁である。
(31)　住環境でさえ犯罪防止と両立しないトレードオフの関係にあることについて，大野隆造「構築環境と犯罪」学術の動向2005年10月号19頁を参照。

るのかという見地からの吟味が行われることが要請される。少なくとも日本ではこれまで理論的には疎遠な関係にあった刑法と憲法との関係に新しい光が当てられなければならない。

　さらに，規制対象の複雑化に応じての刑法原理の二元化，さらには多元化についていえば，それは，おそらく不可避のことであり，刑法学がこのような傾向に抗うことは困難であろう。例外原理の支配する領域をなるべく狭く囲い込んで，一般的な原理への影響を極力少なくするという処方箋しか書くことはできない。前述のように，刑法原理の二元化・多元化の傾向は，より大きな危険性を孕んでいる。すなわち，国内法全体が，統一的原理・原則により，ある程度体系的に整序された法システムから，各領域ごとに異なった原理・原則に支配されたものに変容していくおそれがある。このような傾向は，法の国際化の傾向とは別にすでに存在しているが，社会の複雑化がこのような傾向を推し進めるとともに，国際的なスタンダード形成の影響が，そのような傾向をさらに助長・促進する可能性を持つ。刑法の国際化は，必ずしも従来の国内刑法の原理・原則と整合的でない処罰規定を設けざるを得ないこととなる傾向をともなっているからである[32]。

　しかし，そのことは，刑法学が，法規定を支える原理・原則の探究を諦めることの理由にはならない。刑法学は規定の基礎にある原理を明らかにし，他の原理との矛盾およびその程度を明らかにすべきである。刑法学が，矛盾が社会の変化と複雑性という事実に根拠を持つものであるのかどうかをそのつど明らかにするか，それとも「何でもあり」の態度をとるかは根本的な相違である。

V　おわりに

　日本では，これまで，刑法学の理論と実務の間にギャップがあることが問題視されてきた。しかし，学説の実務との関係は少しずつであるが確実に改善されている。しかも，学説と実務とは，相互に異なった立脚点から法にアプローチすることにより，刺激し合うべきもので，そのために多少距離があることこ

---

[32]　以上の点について，井田「越境犯罪と刑法の国際化」（前掲注２）675頁以下を参照。

V おわりに

そが望ましい。一定の距離を保ち，相互の向上のために相互に建設的な批判を交わしあうのが健全な関係なのである[33]。むしろ現在では，「学説」対「実務」という対抗軸から，「学説・実務」対「社会」という対立関係が際立っている。すなわち，法律専門家が考え，行っていることを社会にどう理解してもらうかが問題となってきている。ここでは専門家による社会の啓蒙がこれまで以上に重要な課題となる。他方で，刑法学は，社会の変化に対応して自己変革のメスを振るうことも求められている。社会との関連を意識しつつ，法分野の垣根を越え，かつ学問分野の境界を越えるという意味で，刑法の基礎についての制約なき思考を研ぎ澄まさなければならない。そこから本稿の結論を一言でまとめると次のようになるであろう。すなわち，いま刑法学が社会の側からの信頼を得て，刑法学と社会意識との間のギャップが埋められるためには，刑法学による社会の啓蒙と，社会を強く意識した刑法学の自己改革の双方が必要不可欠だということである。

---

[33] この点につき，井田良「刑事実体法分野における実務と学説」法律時報79巻1号（2007年）46頁（本書第6章104頁以下）を参照。

第2章
最近における
刑事立法の活性化とその評価
―― ドイツとの比較を中心に

Ⅰ　はじめに
Ⅱ　ドイツ――「消えゆく法治国家」
Ⅲ　処罰の早期化をめぐる論点
Ⅳ　特殊原理の一般化――「市民刑法と敵刑法」
Ⅴ　国際化，ヨーロッパ化
Ⅵ　おわりに

Ⅰ　はじめに

　以下においては，ドイツにおける最近の刑事立法の動向をやや詳しく紹介しつつ，それとの比較において，わが国の刑事立法の在り方を考える上での若干の問題点を指摘することにしたい。法改正は，社会の要請に応えようとするものであるが，それが理論の側から一定の否定的評価を受けるということがあり得るのは当然である。ただ，その際，立法批判の理論的前提とされているものが十分な根拠を欠いているということも考えられるところである。そこで，立法動向の検討を通じて，立法の在り方を評価するための視点だけでなく，学説の側の理論の在り方そのものを批判的に再検討するための視点が得られることも期待できる。以下の論究にあたっては，特にこの点に留意したいと思う。

　なお，日本とドイツの最近の立法動向の比較を中心的テーマとする本稿においては，その社会的背景にまで立ち入った検討が欠かせないと思われるが，紙幅の制限もあり，またそもそも私の能力を超えることでもあり，今回は諦めざるを得ない[1]。

Ⅱ　ドイツ——「消えゆく法治国家」

1　実体刑法の機能低下

　故フレーゼー教授の論文集が2003年に出版され，それには「消えゆく法治国家」というタイトルが付けられた[2]。この言葉は，現在のドイツ刑法を特徴づけるもっとも顕著な傾向を表現しているように思われる。法治国家の本質的内容の1つは，実体刑法の規定により処罰範囲がある程度明確に枠づけられること，そこから，刑罰が科されるかどうか，どのような刑罰が科されるかがある程度予測できるところにある。ドイツは，伝統的にこの原則が高度に実現されていた国であるといえるが，最近の刑事立法は，こういった処罰範囲を枠づける実体刑法の機能をはっきりと低下させる傾向にあるといえる。

　このような傾向を生じさせているものをより具体的に見ると，①従来よりも早い段階における処罰を可能とする危険犯の処罰規定の増加により処罰範囲が拡大していること，②不明確な構成要件を持つ刑罰法規が増えることにより処罰の限界が曖昧になっていること，③法定刑の引上げおよび刑の幅の拡張のため，科刑における裁量範囲が拡大していること，といった事情を指摘することができる。このような実体法の変化に加え，近年における刑事手続の大きな動き，とりわけ，起訴の前後を通じての手続打切りの多用，当事者の取引と合意による事件解決の普及という事情を考え合わせる必要がある。ドイツでは，刑事の弁護人には実体法の知識など必要ない，という話さえ聞くことがある。少し単純化していえば，伝統的に実体法が強く手続法の独立性が弱かったドイツでも，実体法の機能が低下し，手続法がますます実体法とは独立した重要なはたらきをするようになっているということである。このことは，比較法的には，ドイツ刑法が次第に日本刑法に近づいていることを示唆するものともいえよう[3]。

---

[1]　わが国の刑事立法の新動向の社会的背景については，思いつきの域を出ないものではあるが，井田良「刑事立法の活性化とそのゆくえ」法律時報75巻2号（2003年）4頁以下において若干の指摘を行った。社会理論の見地からの分析として，生田勝義『行為原理と刑事違法論』（2002年）15頁以下がある。

[2]　Detlev Frehsee, Der Rechtsstaat verschwindet, 2003, 503 S.

2 特に重罰化の傾向

 以上述べたことを前提として,わが国の状況との関係で注目されるのは,ドイツの刑事立法が著しい重罰化の傾向を示していることである。このような傾向は,1990年代に入る頃から目立ちはじめ,1998年の「第6次刑法改正法」による刑法各則の大改正[4]において1つの頂点を迎えた。これにより,傷害罪,放火罪,児童等に対する性犯罪の刑が加重され,また刑の幅が広げられた。たとえば,危険な方法による傷害の罪の法定刑の(原則的な)上限と下限はそれぞれ従来の2倍(6月以上10年以下)とされた。また,各則全般にわたり,結果的加重犯の規定の数が大幅に増やされた。このような傾向はその後も衰えず,2003年に入って与党議員により連邦議会に提出された法案[5]は,児童等を被害者とする性犯罪の処罰範囲を拡大し,また刑を大幅に引き上げるとともに,刑法138条の犯罪不告知罪のカタログのなかに強姦やその他の性犯罪を加えることを内容としている。ドイツでは,誰か他人による殺人や強盗,放火,通貨偽造等の計画または実行について知るに至りながらこれを警察等に届け出ないと,最高5年の自由刑を科されるが,この法案が通ると,さらに強姦や児童等に対する性的行為の罪についても,市民に「密告」が義務づけられることになる。ちなみに,裁判所の量刑について見ても,1990年代に入って以降,特に人身犯罪に関し明らかな重罰化の傾向があるといわれている[6]。

 ドイツにおける重罰化の背景には,暴力犯罪の増加や,子どもを被害者とする性犯罪の多発化が社会問題とされるに至ったということがあるが,一般予防的考慮とともに,とりわけ特別予防的発想が立法を動かしているという側面を

---

(3) しかし,ドイツがすでに日本を追い越しているところもある。たとえば,ドイツでは,起訴前の手続の打切りに際して高額の金銭の支払い等を法的に義務づけることができる。
(4) 詳しくは,上嶌一高「ドイツの第6次刑法改正法」刑法雑誌38巻2号(1999年)133頁以下,岡上雅美「ドイツ刑法学の5つの重点」刑法雑誌41巻2号(2002年)288頁以下を参照。
(5) Deutscher Bundestag, Drucksache 15/350 を参照。なお,ドイツ連邦議会に提出された法案と理由書は,連邦議会のウェブサイト(http://www.bundestag.de/)上でこれを見ることができる。データベースの検索のためのスタート画面は,http://dip.bundestag.de/parfors/parfors.htm にある。
(6) たとえば,Bernd-Dieter Meyer, Strafrechtliche Sanktionen, 2001, S. 211 ff., 347 ff. を参照。

見逃すことはできない。ドイツでは，再犯加重に関する総則規定は1986年に削除されているが，第6次刑法改正法により，14歳未満の児童に対する性的行為を処罰する各則規定につき，確定判決後5年以内の再犯の場合には自由刑の長期を10年から15年へと加重する規定が入れられた（ドイツ刑法176条a第1項）。また，1998年の刑法改正により，危険な方法による傷害の罪や，児童に対する性的行為の罪等を犯した犯人について保安監置処分を言い渡し得る要件が緩和され（66条3項），さらに2002年の刑法改正により，判決の時点ではこれらの犯罪を犯した犯人が社会にとって危険かどうか十分に確認できないというときには，刑を言渡すにあたり，刑の執行後に危険であれば保安監置にまわすことを留保できるという制度を導入した（66条a）。

このようなドイツの状況をどう評価するかということはわれわれの問題ではない。ここからは，日本の状況と関連させて考えてみたい。危険運転致死傷罪の新設において典型的に現れている傾向は，社会問題に対する対応として「重罰化・厳罰化」をもってするという点において，ドイツの刑事立法に見られる傾向と共通しているとはいえる[7]。その際，ドイツの状況に鑑みて指摘し得ることは，保護法益の価値に対応した刑を法定刑として示すべきだとする考え方はそれ自体として間違ったものとはいえないということであるように思われる。

第6次刑法改正法の眼目とされたのは，刑法典による財産の保護と比較したとき，人身の保護が不十分であり，とりわけ法定刑が軽きに失することから，バランスを取り戻すということであった。典型的な例として，ドイツでは器物損壊の未遂も可罰的であるが，これに対し，単純傷害罪[8]の未遂が処罰されないのは均衡を失する，つまり財産犯である器物損壊罪の未遂が処罰されるのに人身犯罪である傷害罪の未遂が処罰されないのはおかしい，として，単純傷害の未遂も可罰的としたことである（223条2項）。立法提案の段階で，ドイツの学

---

[7] 批判的見解として，たとえば，生田『行為原理と刑事違法論』（前掲注1）23頁以下，髙山佳奈子「刑事規制の変容と刑事法学の課題——実体法の見地から」刑法雑誌43巻1号（2003年）11頁以下，松原芳博「被害者保護と『厳罰化』」法律時報75巻2号（2003年）20頁以下を参照。

[8] ちなみに，ドイツの傷害罪の規定（223条1項）は，日本の傷害罪と暴行罪を合わせたような規定である。

説は，むしろ器物損壊等の未遂の方を不可罰とすべきことを主張してこれに反対した。しかし，学説も，「処罰のあり方は保護法益の価値と対応がとれていなければならない」という基本的考え方そのものを否定できなかったということは示唆的である。およそ刑を重くすることによりそれに対応する犯罪予防効果を達成することはできない，とする批判もあり得る。ただ，現行法は，より重大な法益侵害行為に対してはより重い刑を法定するという原理に従ってできている。法定刑の重さを決める重要な要因の1つが被害法益の価値であるとすれば，法益に対する評価が時代とともに変化するとき，それに対応して法定刑の重さを修正することに対しただちに反対することはできないはずなのである。

いわゆる重罰化・厳罰化をめぐる真の問題はむしろ別のところにあると思われる。私の考えでは，一般的な形での法定刑の引上げが具体的な行為者に生じ得るマイナス効果と，法益の価値に対応する法定刑を掲げることにより期待され得る一般予防効果との間のバランスをどこに求めるか，これがキーポイントである。ドイツで批判があるように，市民の不安を解消するためだけの刑事立法，あるいは政治の貧困から目をそらせるための刑事立法であってはならないであろう。しかし，刑罰法規により犯罪に対する一定の評価を示すことによる一般予防効果は，目に見えないもの・経験科学的に証明できないものであっても，それが刑法にとって本質的な機能に関わるものであり，これを軽視することもまたできないのである。私は，このような基本的考え方から，危険運転致死傷罪の処罰規定の新設は正当化され得る法改正であったと思っているが，この点についてはここで詳しく論じることはできない[9]。

III　処罰の早期化をめぐる論点

1　比較の困難さ

ドイツにおけるもう1つの際立った傾向である「処罰の早期化」の問題の検討に移りたいと思う。この点に関し，ドイツと日本の刑法を比較することは実はかなり困難である。というのは，ドイツ刑法は殺人や強盗の予備などは処罰

---

[9] 詳しくは，井田良「危険運転致死傷罪の立法論的・解釈論的検討」法律時報75巻2号（2003年）31頁以下を参照。

していないが，もともと重罪一般につき教唆未遂・幇助未遂を可罰的として実行従属性の原則を否定しており，また，重罪の共謀をそれだけで未遂と同じように処罰できるようにしている (30条)。さらに，前に触れたように，犯罪不告知罪という真正不作為犯をかなり広く処罰している。他方，ドイツでは，日本で広く行われているように純然たる行政違反に刑罰を科すことはもはや行われておらず，それらは「秩序違反法」に委ね，刑法は刑事刑法として純化されており，その純化された刑事刑法のなかで処罰の早期化が問題とされていることに注意する必要がある。ドイツの学説においては，たとえば，通貨偽造の予備まで処罰の対象とすべきではないとか，また，文書偽造に関し，文書を偽造しただけでは予備の段階なのであり，これを行使罪とともに既遂として処罰するのは不当であるという立法論的批判もかなり有力に行われているが[10]，そこでは純化された刑事刑法のイメージ，あえていいかえれば，秩序違反法のない日本では抱きようのないイメージが前提とされているのである。

2 法益概念のジレンマ

もちろん，ドイツにも日本にも見られる処罰の早期化現象は，多くのパラレルな問題を生じさせていることも事実である。ここではそのうちの3つだけを取り上げるが，それぞれ大きな問題であるから論点の指摘だけにとどめざるを得ない。

まずは，法益概念に生じるジレンマということである。これについては，ドイツでよく議論の対象となる補助金詐欺 (264条) を例として説明したいと思う。本罪においては，補助金の申請にあたり虚偽の事実を申し立てる等の行為を行うだけで既遂として可罰的なのであるから，詐欺の未遂段階の行為を独立の犯罪としたものとしてこれを理解することが可能である。ただ，詐欺罪と刑は同じであり，しかも，申告事実の虚偽性等に関しては故意がなくても重過失があれば，刑は軽くなるが犯罪にはなる。もし本罪の保護法益を被害者の財産であ

---

[10] たとえば，Klaus Geppert, Vorverlagerung der Strafbarkeit in den Bereich von Vorbereitung und Versuch unter besonderer Berücksichtigung moderner Gefährdungstatbestände (Einführung), in: Albin Eser/Keiichi Yamanaka (Hrsg.), Einflüsse deutschen Strafrechts auf Polen und Japan, 2001, S. 68 f. m.w.Nachw.

るとして，財産に対する危険犯として捉えるならば，詐欺罪と比較しての重い処罰は根拠づけがたいことになる。そこで，多くの見解は，「補助金行政の機能」といった独自の社会的法益を想定するが，そのことは，犯罪の実体を曖昧なものとしてしまい，処罰の限界を示せなくなるという批判を招いているのである。

このように，処罰の早期化にともない出てきている現象は，法益概念を具体的に捉えようとすると，処罰時期を早めること，それにもかかわらず比較的重い刑を規定することの理由が説明できない，逆に，法益を抽象化するならば，法益概念は解釈や立法を規制する機能を減少させてしまうというジレンマなのである。ドイツの経済刑法の分野の主要な処罰規定は，詐欺罪類似の規定ないし詐欺の前段階処罰の規定であるから，同様な問題は至るところに生じてくる。たとえば，刑法の投資詐欺 (264条 a) の規定についてもそうであるし，会社の粉飾決算の際に問題となる商法，株式会社法，証券取引法に含まれる刑罰法規についても類似のことが問題とされている。

同じ現象はわが国でも生じているところであるが，結局，処罰の早期化は社会的法益に対する罪の増加を意味するということになる。誤解を恐れずにいえば，具体的な法益保護のための刑法から抽象的な秩序維持のための刑法への移行をともなっているということである。経済刑法の領域についていえば，あくまでも法益の具体的な把握に執着する論者は，実質は財産犯の危険犯ないし予備罪であるものを「社会的法益に対する罪」という名目で処罰することは不当であるとするのである。

比較法的に重要なことは，ドイツには，行政刑法が存在しないし，刑法の財産犯の規定は民法に従属するものとして規定され，また解釈されているから，それだけ違和感が特に強く感じられるはずだということである。これに対し，わが国には行政刑法の多数の処罰規定が存在し，また財産犯規定とその解釈のなかに，民法とある程度独立した秩序維持の思想が入り込んでいることから，問題を強烈に意識するための前提に欠けているとさえいえるのである。

ただ，ドイツにおいて，経済刑法の領域において法益を抽象的に把握することに対し批判的な論者も，この領域における社会的法益に対する罪，たとえば，現行の偽造罪の処罰にはもちろん反対しない。論者が主張するのは，経済秩序ないしルールそのものの保護のために刑罰手段を用いることは例外的であるべ

きであって，その原則・例外のバランスを崩してはならない，ということにとどまるのである(11)。その意味で，このような批判はドイツの実定法を前提としてもそれほど強力なものではないことに注意する必要があるように思われる。

3　刑罰法規の機能の多元化

　もちろん，だからといって，社会的法益に対する抽象的危険犯を処罰することがつねに正当化されるわけではない。そこで，第2に，この種の犯罪を処罰する根拠が問題となり，そのことは刑罰法規の機能と密接に関係している。古典的な刑法のイメージは，「なされたこと」に対してその反動として刑罰を科すというものであった。しかし，抽象的危険犯については，一般的には，過去の出来事に対する反動というより，将来に向けられた危険防止の必要性にもとづく処罰の側面が前面に出ることを否定できないであろう。このように考えただけでも，刑罰には「過去の行為への反動」と「将来の危険防止」という側面が見られ，処罰の根拠ないし刑罰の機能が一元的でないことがわかる。わが国で見られる，結果の重大さに注目した重罰化・厳罰化の傾向と，処罰の早期化の傾向という一見矛盾する2つの傾向の同居は，そのような刑罰機能の多元性に対応したものということもできよう。

　さて，将来の危険防止ないし予防というとき，将来その種の行為がまたくり返されることによって生じる危険（さらには，その先にある実害）の防止，まさに一般予防が刑罰の機能たり得ることにはもはや異論の余地はない。しかし，現在では，いま・このケースで警察力の介入により危険の実現を未然に妨げる警察予防の根拠として実体刑法の抽象的危険犯の規定を求める傾向が，ドイツでも日本でも顕著なものとなっているように思われる。手続法の分野では，警察予防と司法的鎮圧の限界が流動的となってきたことが指摘されているが(12)，そのことは実体法の分野にも及んで問題となっているということである。たとえば，わが国の支払用カード電磁的記録の保護に関する刑法改正においては，準

---

(11) たとえば，Hans Joachim Hirsch, Tatstrafrecht - ein hinreichend beachtetes Grundprinzip?, Cornelius Prittwitz u.a. (Hrsg.), Festschrift für Klaus Lüderssen, 2002, S. 260 を参照。

(12) たとえば，新屋達之「刑事規制の変容と刑事法学の課題——立法を素材として（訴訟法の立場から）——」刑法雑誌43巻1号（2003年）29頁以下，39頁以下を参照。

備行為の段階からの犯罪への対応の必要性が強調され，たとえば不正カードの所持を処罰しないと「当該カードが使用されるまで検挙等することができず，取締りの実効性を著しく損なう」[13]ことが理由とされた。そこでは，早期における捜査機関の介入を可能とすることが処罰規定新設の1つの理由とされていることになる。

　このことに関連するが，立証の困難を救済するために処罰を早期化する傾向があることがドイツでは指摘されている。前に言及した補助金詐欺の処罰規定が設けられたことの大きな理由は，この種の事例で，詐欺罪の要件を立証することが困難であるところにあったとされている[14]。私は，ドイツのある州の上告裁判所の刑事専門の裁判官と懇意にしているが，あるとき彼が「詐欺罪の要件を完璧に立証するのは難しい。詐欺の上告事件が来ると，原判決の必ずどこかに間違いがある」と語っていたのを思い出す。この種の立証の困難を回避するための処罰の早期化は，捜査機関の負担を軽減し，より早期に，またスムーズに事件に対応するというメリットを生むことになるのである。

　ここで考えるべきことは，刑罰法規の機能は多元的なものであり，現代社会においてはますますその傾向が強まっているということである。私は，刑事立法にあたりこれらの側面を考慮することはあってよい，少なくともそれが原理的に否定されることはないと考えている。そのときあわせて留意すべきことは，猶予処分の活用や非刑罰化の種々の形態を考えるとき，刑事制裁の在り方のほうも柔軟化しているということであるように思われる[15]。処罰の早期化にともない，事後的に見ると高度の当罰性を必ずしも持たない行為を含む構成要件ができる可能性もある。しかし，重要なことは，ほぼ必ず裁判所で刑を言渡されるような高度に当罰的な行為のみを類型化した刑罰法規だけが立法的に正当化

---

(13)　井上宏「『刑法の一部を改正する法律』の概要」現代刑事法3巻10号（2001年）67頁，今井猛嘉「支払用カードの保護に関する刑法の一部改正」法律時報75巻2号（2003年）48頁などを参照。

(14)　たとえば，Hans Joachim Hirsch, Die aktuelle Diskussion über den Rechtsgutsbegriff, in: Nestor Courakis (Hrsg.), Die Strafrechtswissenschaften im 21. Jahrhundert, Festschrift für Dionysios Spinellis, 2001, S. 439 f. を参照。

(15)　この点につき，酒井安行「刑事規制の変容と刑事法学の課題——最近の刑事立法を素材として——」刑法雑誌43巻1号（2003年）5頁以下を参照。

されるとはいえないということなのである。

4　法益と倫理

　法益概念をめぐる第3の問題は，いうまでもなく倫理との関わりである。この点をめぐってはいろいろと議論があるが，結論から述べれば，刑法と倫理とを分離し，純然たる価値判断の領域への刑法の不介入を保障するという法益概念の機能はこれからも固持されなければならないのは当然のことと考える。その意味で，法益のない刑罰法規は正当化できない。もちろん，問題はそこから始まる。たとえば，「人の尊厳」といったきわめて抽象的な法益を予定した刑罰法規といったものが正当化され得るのかどうかが検討されなければならない。

　クローン技術規制法により犯罪とされた「人クローン胚移植罪」（同法3条）は「人の尊厳」を保護法益とする犯罪であるとされている。私は，この種の行為が一般的に合法とされている社会は人の尊厳を保障した社会とはいえない，とする説明は十分の説得力を持つと考えている。たしかに，人クローン個体が誕生するという事態そのものが否定的な評価を受けるものではあり得ないが，それを意図的に実現する行為が一般的に許容される社会は，人の尊厳を保障した社会とはいえないということである。そのことは，精神的にまたは身体的にハンディキャップを持った人を最初から意図的に作り出して誕生させようとする目的的行為を一般的に許容する社会が人の尊厳を保障した社会とはいえないであろうということ，そこで，これを刑罰をもって禁止することも正当化されるであろうことと理屈は同じである。その意味において，人クローン胚移植罪は，人の尊厳を保護法益としつつ，もっぱら行為無価値を処罰の理由とする犯罪なのである。

　このような私の考え方が批判に耐え得るかどうかは重要ではない。重要なことは，法益もやはり価値判断の産物であり，法益概念の適用にあたっては，価値判断のレベルにおけるコンセンサスが必ず必要になるということである。ドイツの胚保護法は，1990年という早い時期に成立した法律であるが，クローニングの禁止もその内容としている。ドイツの学説は，ここにおいて，基本法，すなわち憲法の価値基準に依拠しつつ，人クローン胚の人為的発生を許容することは人の尊厳に反する，したがって犯罪とされてよい，とするのである。そ

のような論証が行われる前提として，ドイツでは「基本権の客観法的側面」と呼ばれる考え方が採られている。基本法の規定は，単なる条文の集まりではなく，1つの条文または複数の条文が一定の価値決定を行っており，したがって，基本法は数多くの価値決定を行い，評価の基準を示している，そして，基本法によって保障された基本権は，個人に一定の権利を与えるのみならず，価値基準を提示するものである，とする考え方は，戦後のドイツ基本法の発展においてもっとも重要な意味を持ったといわれている。ドイツの判例と学説は，基本法の「人の尊厳」の概念をめぐり膨大な議論を積み上げてきた。近年になって，さすがに，「人の尊厳」といった抽象的な公式に依拠して生命倫理の領域における法規制，とりわけ刑事罰の使用を正当化しようとする傾向に対し，批判が提起され，論争が起こっている。日本の側から「対岸の火事」を見ていると，「それ見たことか」という感じを持つかもしれない。しかしながら，私は，戦後のドイツが，基本法の価値決定の具体化を目ざし，倦むことなく，合意可能な価値判断の内容に関し議論を蓄積させてきたことの重みを理解する必要があると考える。法益思想は，価値判断のレベルにおける困難なコンセンサス形成の責任を免除するものではない。私は，このことが十分に認識されているようには思えない点に，日本の刑法学における議論の大きな欠落部分の1つがあるとさえ感じている。

IV 特殊原理の一般化――「市民刑法と敵刑法」

　最近の刑事立法の活性化は，現代社会がその内部に，根本的価値観を共有しない社会構成員を生み出すに至ったこととも関係している。そのことは，いうまでもなく日本でもドイツでも同じである。単に価値観が違うというのではなく，もはや一般市民と共存することがおよそ不可能なほど，根本的価値観を異にする人々から成る犯罪組織，宗教団体，政治集団等に対しては，従来のような刑罰権介入の厳格な制限自体が根拠を欠くものとなり得るのである。
　問題は，組織的な犯罪集団への対応を目的として設けられた刑罰法規が，組織犯罪の局面に限らず，一般的な犯罪にも適用されるという現象であろう。もともと組織の活動として実行されることを予定した処罰規定であっても，取扱

いの平等の見地から，また，規定の実効性を保ち，脱法的な行為をも捕捉するため，組織の活動として行われることを適用の要件としないことも多い。一例をあげると，マネーロンダリング罪，すなわち組織的犯罪処罰法に規定された犯罪収益等隠匿・収受罪（10条，11条）の適用要件は相当に緩やかであり，刑法に規定された盗品等に関する罪（256条）の要件の限定性と比較したとき，法定刑の重さはかなり異なるとしても，相互間のギャップはきわめて大きいように思われる。マネーロンダリング罪においては，犯罪の主体から本犯者はのぞかれないし，本犯について財産領得罪という限定はなく，客体は有体物に限られず，犯罪収益等ということで犯罪によって得られた物との物的同一性も必要ない。いずれにしても，ここにおいては，組織犯罪を予定した立法に見られる例外的な原理が，通常の刑法の領域を支配する一般原理を侵食するおそれをどうくいとめるか，しかし逆にいえば，通常の刑法の領域を支配する一般原理がいわば桎梏になって組織犯罪に対し十分な対応ができないという問題についてどう考えるかが検討されなければならないように思われる。私には，ドイツにおいて，ヤコブスが，「市民刑法」と「敵刑法」とを対置して提起している問題[16]のもっとも重要なポイントはここにあるように思われるのである。

V 国際化，ヨーロッパ化

最後に，国際化[17]をめぐる論点についても簡単に触れておきたい。ドイツの場合には，国際化はヨーロッパ化ということと大きく重なることとなる。現在，世界の各国は，類似の刑法を持ち，類似の犯罪現象に直面しているから，実体刑法の領域で国際的なスタンダードを形成しようとすれば，それは本稿でこれまで述べてきたような傾向を強め，加速するという方向ではたらくことになる。

---

[16] Günther Jakobs, Das Selbstverständnis der Strafrechtswissenschaft vor den Herausforderungen der Gegenwart (Kommentar), in: Albin Eser/Winfried Hassemer/Björn Burkhardt (Hrsg.), Die deutsche Strafrechtswissenschaft vor der Jahrtausendwende, 2000, S. 51 ff. を参照。

[17] 国際化の時代における刑事立法について，今井猛嘉「刑法の解釈と立法」法学教室274号（2003年）38頁以下，松宮孝明「実体刑法とその『国際化』――またはグローバリゼーション――に伴う諸問題」法律時報75巻2号（2003年）25頁以下など参照。

この状況においてドイツにおいて意識されていることは，①必ずしもドイツ国内法の原理・原則と整合的でない処罰規定を設けざるを得ないことになりはしまいか，②共通の利益として意識されやすい法益が問題となることから，いきおい経済的利益の保護のみが前面に出ることにはならないか，③効率性・便益性ということが正面に出て，早期に捜査機関が介入しやすく，また訴訟における立証の容易な規定が選ばれる傾向が生じることにならないか，などである。これらは，わが国でも留意されるべきことといえよう。

　国際化との関係では，ときに，わが国ではそれほど切実にはその必要性が感じられない法益の保護をわが国の刑法が担うことを要求されることにも注意する必要があろう。国内には処罰の必要性を基礎づける十分な立法事実は存在しないが，国際的な法規制のネットワーク中に空隙が生じないように日本でも処罰規定を設けることが求められるということである。場合によっては，わが国のAという法益を外国の刑法により守ってもらうため，他国のBという法益をわが国の刑法により保護することを義務づけられるということも生じ得るであろう。いいかえれば，国際化社会の進展にともない，法益は国境を越えるものとして観念されることとなり，その意味でも，抽象化されざるを得なくなるということである。

Ⅵ　おわりに

　以上，大変雑駁なものとなったが，若干の検討を加えた。大きなテーマなので，触れることのできなかった問題もあり，見落とした論点もあったかと思う。本稿の論旨を一言で無理に要約するとすれば，次のようになる。理論の側からする立法批判は，刑法の謙抑性とか侵害原理とか象徴的刑法とか，そのような抽象度の高い命題から演繹されるものである限り，それは説得力を持ち得ないであろうということである。1990年代以降，ドイツの学説が立法と実務への影響力を急速に失っていったことの１つの理由は，理論の抽象度が高すぎたところにあったように思われる。日本の学説が，よりによってドイツ刑法学のそのような部分（だけ）を模倣する理由はまったくないのである。

■ 第3章

犯罪論と刑事法学の歩み
—— 戦後50年の回顧と展望

Ⅰ　はじめに
Ⅱ　方法論・基本思想の変化
Ⅲ　戦後犯罪論における主要な論争
Ⅳ　おわりに

Ⅰ　はじめに

　本稿の課題は，戦後50年間の刑法学の歩み，特に犯罪論のこれまでを振り返り，他の刑事法学の諸分野の発展をも顧慮しながら，刑法の学説がどのように動いてきたのかを大まかに描き出すことである。それは口で言うのはたやすいが，行うのは至難のわざである。カメラのレンズでピントを合わせるためには対象が近すぎてはならないように，歴史的回顧のためには現時点との一定の距離がぜひとも必要であるのに，戦後50年は途切れることなく「現在」へと連続している。しかも，戦後における刑法学研究の対象と内容は多様化しており，さまざまな学説やその論争について，評価と位置づけが確定しているわけではない。客観的な（すなわち，書く者の価値判断に影響されない）歴史の記述などおよそあり得ないことを別論としても，戦後50年の学説史は，たとえ誰が書こうとも，その人の問題意識や主観的評価を色濃く反映させたものとならざるを得ないと思われる。以下に述べるところもまた個人的な試論にほかならず，「客観性」や「公正さ」を主張し得るものではなく，別の執筆者であればまったく異なった内容となっていたはずである。その意味で，読者には，戦後刑法学の回顧を試みた他の文献をあわせて参照することをすすめたい[1]。

　ところで，学説史の回顧は，その重要な内容として，おのおのの時代の学説が十分な解決を与えることができず後の世代の課題として残したものを確認することを含んでいる。戦後50年の刑法学は今の刑法学へと直接に連続しているのであるから，戦後刑法学を歴史的に回顧することは，現在の刑法学が引き受

けるべき課題を明らかにし，今後の研究の方向を模索するものでもなければならないはずである (後述するように，主要論点はいまだ未解決なのである)。本稿の叙述において，歴史的事実の確認よりも，むしろ現在の刑法学の課題をうきぼりにすることに重点が置かれ (すぎ) ているとすれば，それはこのような私の問題意識にもとづくものである。

II　方法論・基本思想の変化

(1)　もし戦後の犯罪論の発展を図式的に要約しなければならないとすれば，私は (そのような単純化が不当であることは承知しつつも，しかしやむなく) 次のようにまとめるであろう。

── 団藤説の「通説」としてのイメージの定着（1950年代から60年代）
　　平野説による通説批判とその影響力の増大（1960年代後半から80年代）
── 新たな方向性の模索（1980年代後半以降）

団藤重光と平野龍一の学説は，2つの異なった基本思想ないし方法論のモデルに立脚するものである (当然のことながら，それぞれの学説は1人で作り上げられたものでなく，外国学説を別にしても，団藤理論においては小野清一郎の影響が強く，平野理論においては牧野英一，瀧川幸辰，佐伯千仭との思想的方向性の一致が特に感じられる)。1970年代から80年代において，団藤説から導かれた具体的結論の多くが学説の通説ないし多数説であり続けながらも，平野理論が大きな影響力を持ちえたことは，平野の方法論・基本思想 (および論証のスタイル) が学界において支持を広げたことに起因するように思われる。そこで，まず，犯罪論の基本思想ないし方法論のレベルにおける対立と重点の推移をまとめることにしたい。

---

(1)　すぐれた刑法学説史の研究は少なくないが，まとまった内容で，容易に読み通すことができる戦後刑法学の概観としては，三井誠「刑法学説史 (2) 日本・戦後」『現代刑法講座・第1巻』(1977年) 149頁以下，内藤謙『刑法講義総論 (上)』(1983年) 88頁以下，西原春夫「現代刑法学の展開」『現代刑罰法大系・第1巻』(1984年) 3頁以下などがある。また，西原春夫，三井誠，町野朔による座談会・法学セミナー 373号 (1986年) 84頁以下も示唆に富む。なお，戦後の犯罪論の発展に寄与した文献は──たとえ主要なものに限ったとしても──きわめて多数存在する。本稿では，原則として，文献の注記を省略し，詳しい文献の引用のある学説史研究を挙げることを中心としたい。

(2) 戦後の刑法学は、「終戦前の刑法学上の遺産を基本的に継承しながら、国家刑罰権の行使に対する国民の権利保護という方向に数歩重心を移すところから出発」[2]した。刑法学は、他の分野と比べると、「戦前との断絶」が不十分であり[3]、戦後における大きな価値観の転換を理論のなかにはっきりと反映させることに、他の法分野より長い時間を必要としたように思われる。そのことには、日本国憲法（1946年公布、47年施行）のもとで、たとえば刑事訴訟法については、犯人と疑われた者の権利保障を重視し当事者主義を大幅に強化する方向で根本的な改正が行われざるをえなかった（これにともなって刑事訴訟法学においては戦前との断絶がより早く意識され、また一般化した）のに対し、刑法典については1947年の一部改正で若干の規定（不敬罪などの皇室に対する罪や妻の姦通罪の規定など）を削除するだけですんだことも関係している。とはいえ、人権保障の重要性の再認識は、刑法の学説にも大きな変化をもたらさずにはおかなかった。戦前においてはかなり有力に（しかも極端なほど徹底した形で）主張された主観主義の犯罪論[4]は、刑罰権の制約による国民の権利と自由の保障という見地からは弱点を持つことから、次第に衰微して支持者を失っていく。罪刑法定主義が強調されるとともに、犯罪をもって性格の危険性の徴表と捉える見解は説得力をなくし、客観主義刑法学が学界を支配するようになっていった。

戦後15年間の間に、「通説」としてのイメージを定着させたのが団藤理論であった[5]。団藤は、客観主義的立場を基礎に、罪刑法定主義と結びついた構成要件概念（したがって実行行為の観念）を中核とする犯罪論体系を構築した。その浸透力・影響力は、それが、厳密・精緻な体系的理論構成（壮麗ともいえる体系美）

---

(2) 西原「現代刑法学の展開」（前掲注1）4頁。
(3) 三井「刑法学説史」（前掲注1）152頁以下、中山研一「刑法理論史研究の今日的意義」法律時報67巻1号（1995年）10頁以下などを参照。
(4) 戦前を中心とする刑法学説史に関する包括的文献として、吉川経夫ほか編著『刑法理論史の総合的研究』（1994年）がある。わが国における新旧両派の刑法理論の対立の歴史を概観するものとして、内藤謙「刑法理論の歴史的概観」同書684頁以下があり、詳細な研究として、大塚仁『刑法における新・旧両派の理論』（1957年）がある。
(5) 団藤重光『刑法綱要総論』（初版・1957年、第3版・1990年）。以下では、初版によってこれを引用する。同様の基本的立場から書かれた教科書としては、大塚仁『刑法概説（総論）』（初版・1963年、改訂増補版・1992年）および福田平『刑法総論』（初版・1965年、全訂増補版・1992年）が代表的である。

と，結論の具体的妥当性とを兼ねそなえた犯罪論の姿を提示したことにもとづくものであったといえよう。もっとも，理論構成の重点は，恣意につながりかねない生(なま)の価値判断に訴えることなく結論を引き出すことのできるような体系的な判断枠組みを確定することに置かれていた。

　しかし，団藤説は次のような問題をはらんでいたように思われる。①一定の理論体系を前提とした問題解決が説得力を持つのは，それが「唯一の正しい体系」であるときである。もし異なった体系が両立し得るとすれば，体系的論拠にもとづく結論の導出は，同一の体系を前提としない別の論者には説得力を持たない。体系的論理の強調は，「いずれの体系が正しいか」という体系の優劣をめぐる（しばしば不毛な哲学的）議論を引き起こし，問題解決を二次的なものとしてしまう傾向があった。また，②団藤の体系は，実質的な価値判断を介さずに結論を導き得るかのような外見を与えるものであり，結論を引き出すためには（解釈論においても，また立法論においても）不可欠な実質的価値判断の内容を正面から分析することを不必要と思わせてしまう点に問題を持っていた。実質的な価値判断を抜きにして具体的に妥当な結論が導かれることはありえないのであるから，もし団藤理論が引き出した結論が具体的に妥当であったとすれば，外見的にはあからさまな価値判断を連想させない概念によって，実質的価値判断が隠されていたことになる。たとえば，「定型性」という概念は，いかにも罪刑法定主義と結びつく形で判断の安定性・斉一性の見かけを与えるものであるが，実質的な価値判断を覆い隠し，判断内容の分析を怠らせる嫌いがあったように思われる。さらに，③団藤説には，その理論の内部に，戦前との連続性を連想させる多くの概念が残されていた。違法性における「社会倫理規範」の重視や，責任判断における「道義的な規範性」の高唱はその例である。もちろん，それが戦前と戦後の連続性を確保することによって，戦前からの世代による団藤理論の受容を容易なものにしたことも否定できない。

　(3)　団藤説に対するアンチ・テーゼともいうべき理論を，もっともまとまった姿で示したのが平野であった[6]。私が重視したいのは，現在までの学説において，個々の論点についての具体的結論としては団藤説がなお維持され，平野の問題解決はむしろ少数にとどまっている部分も多いことである。平野説の浸透力・影響力は，その方法論・基本思想・論証方法のレベルの高度の説得性に

もとづくものであったと考える。それは，個人主義的功利主義および目的合理主義によって特徴づけられ，あえていえば日本国憲法にもっとも整合的な価値判断を基礎とし，戦後における理念・価値の転換を明確に表現することに成功した。団藤刑法学が戦前との連続性を断ち切れなかったというのはいいすぎかもしれないが，平野刑法学は断絶を際立たせる形で方法論・基本思想を提示し，日本国憲法の根底にある価値観を体現した刑法学がどのようなものとなるかをはじめて示して見せたといえるのである。平野は，犯罪体系論をめぐる哲学的議論を不毛なものとして排斥し，体系的・形式的論拠よりも，現代社会において刑法が果たすべき機能の洞察を踏まえた刑事政策的・実質的論拠の重要性を強調し，不明確な概念や一般条項は可能な限りその内容を分析して判断の透明性を確保すべきことを論じ，立法論（政策論）と解釈論との連続性，判例の法形成機能，実務との関係での学説の役割などを指摘して従来の学説に反省を促した。体系重視の演繹的思考方法に，問題解決重視の機能的アプローチを対置したことは，ドイツ法的思考方法からアメリカ法的思考方法への転換を求めたようにも見えるが，実はドイツ刑法学の内部における方法論の変化にも合致しており[7]，わが国の学説において平野説が広く・深く浸透したことも偶然ではない。

しかし，平野理論も多くの未解決の課題を残している。現時点では個人主義的功利主義[8]および目的合理主義にもとづくアプローチの基本的正当性を否定することができないとすれば，課題の解決は現在の刑法学に負わされた責務と

---

[6] たとえば，平野龍一『刑法総論Ⅰ』（1972年），同『刑法総論Ⅱ』（1975年）のほか，『刑法の基礎』（1966年），『犯罪論の諸問題（上）』（1981年），『刑法の機能的考察』（1984年）に収められた諸論文を参照。平野の方法論に関する研究として，関哲夫「いわゆる機能主義刑法学について」国士舘法学22号（1990年）161頁以下，23号（1991年）68頁以下があり，関連する主要な文献もそこに引用されている。

[7] たとえば，内藤謙「刑法学説史（1）外国」『現代刑法講座・第1巻』（1977年）140頁以下を参照。ちなみに，ドイツ流の諸概念および思考枠組みが堅固に維持されているためか，現在に至るまで犯罪論におけるアメリカ刑法学の影響は部分的なものにとどまっている。

[8] もっとも，個人主義的功利主義が決して自明の価値基準ではないことは，最近のドイツにおける議論を見れば明らかである。とりわけ，Bernd Schünemann, Kritische Anmerkungen zur geistigen Situation der deutschen Strafrechtswissenschaft, GA 1995, S. 201 ff. は，最近のドイツ刑法学の方法論・基本思想の状況につき卓越した概観を与える。

いわなければならないであろう。まず，①機能的・刑事政策的アプローチを旗印に掲げるからには，経験科学的調査研究を前提とし，複合的視点から価値衡量・利益衡量を行った上で，解釈論上の結論が引き出されなければならないはずである。しかし，平野の解釈論は，巧みなレトリックにより反対説を切って捨てようとするものであり，むしろ強引ともいえる単純化・図式化によって特徴づけられるものであった。象徴的なのは，その結果無価値論の主張であろう(後出Ⅲ3参照)。犯罪論において機能的・刑事政策的論拠を重視することと，結果無価値という単純で一元的な視点から解釈論を展開することとが，どのようにして整合するというのか疑問といわざるを得ない。②平野説のもう1つの問題は，機能的・刑事政策的考察を重視するとき，その判断の内容が不確実であり，また形式的な歯止めがないことから，人権保障のための諸原則を掘りくずす危険があることである。また，平野は，体系的思考よりも「問題的思考」で刑法にアプローチすべきだと主張したが，たとえ問題的思考によるときでも，1つの問題事例だけがうまく解決できればそれでよいのではなく，事例解決相互の体系的な関係を検討し，それぞれの事例の解決が整合的で，論理的・価値的な矛盾が生じないようにすることが要請されないであろうか。平野がこのような意味における，事例解決の「体系性」をも無視してよいとするのかどうか(もし無視してはならないとすればどれだけの比重を与えるか)は明らかでない。さらに，③平野説は刑罰の犯罪予防機能(そして刑罰の機能に関する経験的知識の利用可能性)への信頼を基礎に主張されている。しかし，犯罪学・刑事政策学の最近の動向は，犯罪予防効果は経験的に不確実であり，一般予防論は重罰主義の危険をはらみ，特別予防論には不平等で過度の干渉をともなう処罰の可能性があることなどから，平野が支えにしたような犯罪予防思想はあまりに楽観的なものでありすぎたことを共通の認識としているように思われる。

Ⅲ 戦後犯罪論における主要な論争

戦後の犯罪論における主要な争点として，ここでは，犯罪論の根幹に関わる4つのテーマを選び，論議の大まかな内容と現在への影響をまとめることにしたい。4つのテーマとは，①構成要件概念とその機能，②目的的行為論の当否，

③違法論における結果無価値と行為無価値論,④意思の自由と責任概念である。注目すべきことは,これらいずれの論点についても,議論はなお進行中であるか,少なくとも納得できる決着は与えられてはいないことである。

1 構成要件概念とその機能

　構成要件を「かなめ」とする犯罪論体系は,戦前においては必ずしも主流となりえなかったが,戦後の人権思想を背景に罪刑法定主義の意義が再認識されるとともに,構成要件を犯罪論の中核にすえる見解が一般化した[9]。構成要件概念重視の理論体系を徹底した形で示すことにより,大きな影響力を持った(もちろん,その所説のすべてが学界に受容されたわけではない)のが,団藤による「定型説」であった。団藤は,小野清一郎の構成要件論[10]を基本的に継承して,構成要件を「違法・有責な行為の法的定型」として理解するとともに,構成要件概念(そして実行行為の観念)を中核として犯罪論体系を構築し,犯罪論の重要問題,たとえば,因果関係,不真正不作為犯,実行の着手時期,不能犯,正犯と共犯の区別,原因において自由な行為,罪数・犯罪競合などの問題に対し,構成要件概念を用いた解決を示したのである[11]。

　定型説は,構成要件の理論的機能を過大評価するものであり,構成要件に該当するかどうかという形式的な基準のみでは問題解決のために十分でなく,実質的な判断基準による補充を必要とする(そればかりか,実質的価値判断を隠し,その批判的分析を難しくするはたらきをしかねない)ことは現在の学界の共通認識になっているといえよう。しかし,忘れるべきでないのは,構成要件論と結びついた「実行行為」の観念が,客観的な行為の類型性を根拠とする処罰限定の機能を有することである。戦後日本の刑法学においては,実行行為性が強調されるとともに,因果関係論においては(条件説ではなく)相当因果関係説が通説となり,

---

[9] 構成要件をめぐる学説の歴史と現状について詳しくは,内藤『刑法講義総論(上)』(前掲注1) 173頁以下を参照。構成要件をめぐっては,その概念と機能,他の犯罪要件(行為,違法性,有責性)との関係などが争われ続けて現在に至っている。最近の参考文献として,法学教室166号(1994年) 7頁以下掲載の諸論文がある。
[10] 研究の集大成として,小野清一郎『犯罪構成要件の理論』(1953年)。
[11] 団藤『刑法綱要総論』(前掲注5) 59頁以下,75頁以下などを参照。また,大塚『刑法概説(総論)』(前掲注5) 100頁以下もこれに近い。

客観的な行為の類型性を無視した学説（たとえば，主観的未遂論，主観的共犯論，共犯独立性説など）は支持者を失ったのであった。このことはドイツにおける学説の推移と比べても特徴的なことである。ドイツにおいては，構成要件概念が一般的に支持されながらも，因果関係論における条件説，未遂論・共犯論における主観説が長く支配的であり続けたからである（いわゆる客観的帰属の理論は，客観面における構成要件の限定を主張して支持を集めたが，通説となるに至ったのは1980年代に入ってからのことであった）。

ところが，現在，通説的な実行行為概念は危殆に瀕しているといってよい。もともと実行行為性は相当因果関係以上に処罰の範囲を限定する基準であった（そうでなければ，相当因果関係と別個の基準としては不要であり，また正犯性の基準にもなり得ないことになってしまう）。しかし，その「プラスアルファ」の内容を明らかにすることは困難であり，逆に，間接正犯，原因において自由な行為，共謀共同正犯，過失犯の問題などに現れているように，実行行為性を根拠とする処罰の限定自体に対し疑問が提起されている。もし結果（危険結果を含む）を惹起することが犯罪にとって本質的であるとすれば，行為の類型性を理由とする処罰の限定は不合理かつ不可能ということになろう。いわゆる結果無価値論の立場（後出3参照）からは，実行行為の概念が否定されるか，またはそれは「結果との間に相当因果関係を有する行為」というだけの意味しかもたない概念に貶められることになる[12]。私としては，実行行為概念の処罰限定機能を捨てがたいと考えるが，そこに困難な問題があることも認めざるを得ないのである。

2 行為論をめぐる論争

(1) 戦後50年の前半期におけるもっとも大きな論争は，とりわけ目的的行為論の是非をめぐり展開された論争である。目的的行為論は，従来の行為論は「因果的行為論」であり，人間の何らかの意思を起点とする単なる因果的過程として行為を把握するものである（そこで，故意行為と過失行為とは，行為としてはまったく同一ということになってしまう）と批判し，人間行為は，自然現象とは異なり，

---

[12] たとえば，山口厚「条件関係論の意義」法学教室175号（1995年）65頁以下は，団藤説に代表される見解を「旧通説」と名づけ，そこで要求されているような実行行為性の要件を否定する。

因果的過程を統制しみずからの設定した目的の実現に向けて導く目的追求活動にほかならない（したがって，主観的に結果実現に向けられた故意行為は，そうでない過失行為とその実体的構造において異なる）と主張した。このような行為構造の把握から，従来の犯罪論とは多くの点で異なる結論が引き出されたが，特に重要な理論的帰結は，違法判断を下すためには，因果的に結果が惹起されたというだけでなく，規範に違反する行為がなければならず，いいかえれば，違法判断は「結果無価値」の判断に尽きるものではなく「行為無価値」をも考慮するものでなくてはならない（したがって，規範違反性に影響する行為態様や主観的要素〔特に故意・過失〕もまた違法評価に影響する）としたところである（後出3参照）。目的的行為論は，ドイツで提唱されたものであるが，1950年代以降，わが国では，特に木村亀二および福田平らによって紹介され，また積極的に支持された[13]。

目的的行為論は，1930年代以降のドイツで，当時の存在論哲学を理論的基礎とし，新カント派の哲学に影響を受けた主流刑法学に対するアンチテーゼとして主張されたものであり（代表的主張者は，ハンス・ヴェルツェル），そこで，目的的行為論をめぐる論争は，存在論的考察方法をめぐる方法論的論議をともなわざるをえなかった。そのことは，刑法学の方法論・哲学的基礎への研究関心を強めるというプラスの面を持っていたが，同時に，刑法学の議論をあまりにも哲学的・思弁的なものとした嫌いがある。しかも，目的的行為概念をめぐっては，それがすべての可罰的な行為態様（すなわち，故意犯，過失犯，作為犯，不作為犯）を包括し得る統一的上位概念となり得るかどうかが問題とされ（そのことは目的的行為論の問題関心からすれば非本質的なことであったにもかかわらず），実際の結論の差異につながらない，瑣末な議論が展開されがちでもあった。目的的行為論はごく一部の論者以外に支持を広げることができず，後に，行為論をめぐる論争は「不毛な」議論として烙印づけられることになる。

(2) しかしながら，目的的行為論が提起した多くの問題は，現在でもなお「解決ずみ」とはいえない。ここでは，私が特に重要と考えるいくつかの問題点について触れておくことにする[14]。①目的的行為論がねらいとしたところは次のことであった。すなわち，法判断のなかから価値判断をのぞいてしまうこと

---

[13] 木村亀二『刑法総論』(1959年)，同『犯罪論の新構造(上)』(1966年)，福田平『目的的行為論と犯罪理論』(1964年)，同『刑法総論』(1965年) など。

はできないとしても，厳密な論証が困難で恣意に流れやすい価値判断に対し，法規制の対象となるものの性質にかんがみて，方向と枠づけを与えることである。法判断にあたり，法規制の対象となるものの性質にかんがみて合理性のある問題解決を求めるべきことは今や自明のことであり，このような主張の基本的正当性は否定することができない。しかも，②犯罪論には，因果的思考によっては説明できないが，しかし単なる規範的評価・価値判断の問題に帰することのできない概念や理論，判断基準が数多く存在する（具体的には，たとえば，相当因果関係，結果回避可能性，正犯性，規範違反性などのカテゴリーにもとづく違法範囲の限定を想起されたい）。これらは，「人間の意思による因果過程の支配・統制」という存在論的次元を考慮することなしには説明できない。さらに，③目的的行為論においては，行為の構造に関する存在論的認識と，規範論的考察方法とが不可分に結びついていた。刑法は，一定の行為を禁止する規範（または，法益の保全のために一定の行為を命令する規範）を設定して，その遵守を人々に要求することにより社会秩序維持の任務を果たそうとする。そして，人は規範の要求に応じて因果的過程を支配・統制することができるのであり，法規制が向けられ得るのはこのような存在論的事実に対してであって，単なる因果的事象に対してではない。ここから，法により禁じられた違法な行為という評価を下すためには，因果的に結果が惹起されたというだけでなく，規範に違反する行為，すなわち行為無価値を肯定できる行為が必要となり，また，法益侵害結果の惹起に向けられた故意行為はそうでない過失行為と比べてより強く禁止するのが合目的的であることから，故意行為と過失行為とでは違法性の程度が異なると解すべきことになる。このように考えるときにのみ，行為無価値論（後出3参照）は理論的に基礎づけられるのであり，逆にいえば，行為無価値論を採るのであれば，実質的には（すなわち，その名称はどうあれ）「目的的行為論」を採らざるを得ないのである。あえて付け加えると，④目的的行為論の方法論は，犯罪論の内部に，哲学・倫理学，その他の人間科学，さらには社会科学との接点を用意するのにもっとも適しているように思われる。すなわち，違法評価の対象を理解するにあたり，因果的・機械論的考察を排し，まさにそれが「人間の」行為であるこ

---

(14) 以下に述べる点について詳しくは，井田良『犯罪論の現在と目的的行為論』（1995年）を参照していただきたい。

とを意識させ（「手があがる」ことと「手をあげる」こととは異なる），さらに，その行為を禁止することが社会生活にいかなる影響を与えるのかという視点を抜きにして違法判断を下すことができないことを明らかにしたのが目的的行為論だったのである。

3 行為無価値論か結果無価値論か

(1) 戦前には，犯罪行為の実質をめぐって，主観主義の犯罪理論と客観主義の犯罪理論とが対立し，その間でさかんな論争が展開された[15]。この対立は，戦後における新派刑法学の退潮とともに意味を失い，やがて客観主義の陣営の内部における見解の相違が際立ってくることになった。それは，行為が外部的にどのような実害を生じさせたか，すなわち，何らかの法益を侵害したか（または危険にさらしたか）という結果発生の側面を重視する見解（以下，これを結果無価値論と呼ぶ）と，結果の側面を無視すべきではないが，行為そのものの規範違反性の側面をもあわせ考慮すべきであるとする見解（以下，これを行為無価値論と呼ぶ）との間の対立である。

因果的結果惹起だけではなく，行為の規範違反性が認められなければ違法性は肯定できない，そして，故意・過失は規範違反性に影響する要素であるから，違法要素である（しかも，類型的違法要素であるから構成要件要素である）とする見解は，当初は目的的行為論の理論的帰結として主張されたが，やがて目的的行為論の採否とは別個に支持を集め，1960年代なかばまでには通説的地位を占めるかに見えた。行為無価値論に対する批判は，早くから佐伯千仭らによっても提起されていたが，とりわけ大きな影響力をもったのが平野龍一による批判であった。それは，行為無価値論は，①違法判断のなかに道徳的・倫理的判断を混入させ，刑法と道徳の混同に導く危険をともなうこと，②違法判断の基準を不明確なものにし，また処罰範囲を不当に拡大するものであること，③違法と責任の限界を曖昧にすること，④主観的要素の重視により違法判断を不安定・不確実なものとすることなどを内容とするものであり，少なからぬ論者によって支持されるに至った（ただし，やがて結果無価値論の内部では，限定された範囲であるが

---

[15] 前掲注 4 に引用した文献を参照。

主観的違法要素を肯定するか,それとも違法の客観化を徹底するかをめぐって見解が二分されていくことになる)。現在では,行為無価値論と結果無価値論の両説が,妥協点を見出しえぬまま相対峙する状況にあるといえよう[16]。

(2) 行為無価値論に対する批判のうち,特に大きなインパクトを持ったのは,行為無価値の判断は倫理的・道徳的評価と結びついており,違法判断の内容を倫理的・道徳的なものとしてしまうとする批判であった。当時の行為無価値論には,まさにこの批判が的中するような傾向があったことは否定できないように思われる。しかし,行為無価値性とは規範違反性のことであり,行為規範は法益保護のために定立されているとすれば,行為無価値と倫理的・道徳的評価とは論理的に無関係である。たとえば,既遂犯における故意一般を違法要素と解するかどうかがいわゆる行為無価値論と結果無価値論との分水嶺だといわれ,「既遂の場合にも故意が違法要素だとすれば,それは,故意の存在自体が,社会倫理的に非難に値するから,違法だということになる」と決めつけられることがあるが,より効果的な法益保護のためにこそ,法益の侵害を目ざした故意の行為は,過失行為と比べてより強く禁止されなくてはならないのであって,むしろ法益保護の思想に立脚するからこそ,故意はより重い規範違反性を基礎づけるものとして,違法要素とされなければならないのである。道徳的・倫理的判断であることを行為無価値の要素と見なして批判することは,現状では議論をただ混乱させるものでしかないように思われる。

この点を別にすると,結果無価値論の功績は,違法判断の内容および違法要素の範囲が,当該の刑罰法規の予定する規制目的・保護目的によって限定されなければならないという認識を一般化させた点にあったように思われる。当該の刑罰法規の規制目的・保護目的によって合理的に説明できない要素が違法判断に影響することは許されない,とする主張の正当性はもはや誰もこれを否定することはできないであろう。しかし,それはたとえ行為無価値論を採るとしても当然に承認されなければならないことなのであって,当該の刑罰法規の規

---

[16] 学説史の流れに関する詳細な研究として,内藤謙「戦後刑法学における行為無価値論と結果無価値論の展開」刑法雑誌21巻4号(1977年)1頁以下,22巻1号(1978年)58頁以下がある。最近までの主要な文献は,井田『犯罪論の現在と目的的行為論』(前掲注14) 18頁以下,141頁以下にも引用されている。

制目的・保護目的との関係で合理的に説明できる要素のみが違法要素となり得るとすることと，法益の侵害・危殆化（すなわち結果無価値性）に影響を与える要素のみが違法要素だとすることとは理論的に別個のことである。当然のことであるが，規制目的・保護目的から見て要求することが合理的な要素（それが何かの確定には価値判断が必要である）とは，具体的行為の法益侵害性ないし危険性に影響する要素に限られないからである。たとえ故意・過失が具体的行為の法益侵害性に影響しないとしても，前述のように，これらを違法要素として考慮することが法益保護の見地から合目的的と考えることは可能である。そもそも，構成要件の個々の要素は，立法者により，規定の明確性，捜査・立証の上での便宜，一般予防の必要性などをも考慮の上，選ばれたものである。こうした複雑な判断過程を通じて生み出される犯罪要素を，単純に，具体的行為の法益侵害ないし危殆化に及ぼす影響の有無・程度ということで説明するのが最初から不可能であることは自明のことでもある[17]。

(3) 論争の過程では，非学問的な（すなわち，日本の学説史という狭いコンテクストのなかでしかおよそ理解不可能な）主張もしばしば見られたことは否定できないとしても，論争を通じて，解明されなければならない実質的な問題は確認されてきたように思われる。結果無価値論は，規範違反性の考慮を違法判断から駆逐することから，「当該の行為状況のもとで結果回避のためにふつうの人に何を要求できるのか」という考慮を刑法的判断から排除し，刑事不法の範囲を過度に拡大することになり，また犯罪予防（特に一般予防）の観点と結びつかないという問題を持つ。逆に，行為無価値論は，行為規範に対する違反をもって一元的に不法を構成する内容とすることにより，違法判断を過度に主観化する危険性を有する。すなわち，行為者の立場に置かれた一般人・通常人が認識・予見しえた事実のみを前提として違法性の存否・程度が定められることになり，とりわけ，法律上，一定の客観的な要件（構成要件要素または違法性阻却事由の要素）の存在が要求されているところでは，そのような要件の客観的実在までは必要がなく，行為者がそれを表象するだけで足りる（または，行為者が誤信したことに加えて，行為者の立場に置かれた一般人・通常人でも誤信したであろうという事情があればそ

---

[17] 以上の点について詳しくは，井田『犯罪論の現在と目的的行為論』（前掲注14）147頁を参照。

れで足りる）ということになる。それは違法判断を極度に主観化し，責任判断との区別を曖昧にするとともに，違法判断の機能(すなわち，違法行為の範囲を可能な限り明確に〔したがって，発生結果や行為の外部的態様などの客観的要件を中心にして〕画し，また行為が結果を発生させた場合には当罰性の観点からより重い評価を示し，さらには，複数の関与者の利益が対立・拮抗する場面において，利益葛藤解決の客観的基準を提示することなど) を失わせてしまうおそれがある。そこで，結果無価値論にとっても，行為無価値論にとっても，違法性阻却事由，危険犯，過失犯，未遂犯，共犯などの領域における諸問題をどのように解決するかが試金石とならざるを得ないと思われるのである。

4　責任概念をめぐる論争

(1)　責任概念の本質は，すでに戦前における新旧両派の論争の過程でもくり返し議論されたテーマであった。しかし，戦後における功利主義思想は，犯罪学・刑事政策学の研究の進展にも支えられながら，とりわけ意思の自由の問題との関わりで通説たる道義的責任論を批判し，いわば「功利主義的転回」を迫った[18]。自由意思と責任の本質をめぐる論争は1960年代に開始され，少し遅れてドイツにおいても「責任と予防」をめぐる――より射程の大きな――論争がはじまり[19]，これらの議論を通じて問題のありかは明らかにされたものの，十分に納得できる解答は得られないまま現在に至っているといえよう。

(2)　団藤説に代表される（旧）通説は，自由意思に関する相対的非決定論といわれる立場を前提とした道義的責任論であった[20]。相対的非決定論によれば，人間の行為は素質的・環境的要因によって強く影響を受けるものの，完全に決定されてしまうものではなく，制限された範囲内で自由な意思決定を行い，主体的に行為を選択することが可能である。したがって，①因果律によって制約を受けない自由な行為に対しては，その限度において倫理的・道徳的見地からの非難が可能であり，それが責任の本質なのである(道義的責任論)。そして，②

---

[18]　議論の内容について詳しくは，内藤謙『刑法講義総論(下) I 』(1991年) 770頁以下を参照（文献もそこに詳細である）。
[19]　たとえば，林美月子『情動行為と責任能力』(1991年) 8頁以下を参照。
[20]　団藤『刑法綱要総論』（前掲注5） 9頁，25頁以下，183頁以下を参照。

III　戦後犯罪論における主要な論争

責任判断の基準は，行為者個人にとって適法な行為への意思決定が可能であったのかどうか，どの程度可能であったのかということでなければならない（行為者標準説）。

このような，非決定論を基礎とする道義的責任論に対しては，次のような疑問が提起された。まず，第1に，意思の自由の存在は科学的に証明不可能であるから，自由意思を刑事責任の基礎とすることはできないのではないか。第2に，刑事責任の根拠とされるべき「自由意思」が，因果的要因により左右されず因果法則を超越するものだとすれば，刑罰という制裁によってこれに影響を与えることもできず，将来の人々の行動をコントロールして犯罪を予防するという功利的効果を刑罰に期待することはできなくなり，絶対的応報刑論に帰着せざるを得ないのではないか。第3に，因果的な決定要因はつねに責任を否定する方向で作用するわけではなく，因果的決定要因のなかに責任を重くするものと軽くするものの2つが存在するのではないか。たとえば，出来心で生まれてはじめて窃盗をした犯人Aと，犯行を重ねて規範意識が鈍磨した常習窃盗犯人Bとでは，初犯のAの行為の方がより「自由」で，常習犯のBの行為の方がそれだけ選択の余地が狭まっており，責任も刑もより軽くなるとするのは結論として不当である[21]。第4に，法的責任と道徳的責任とは区別されるべきであり，これを同一視するのは問題ではないか。

　(3)　平野は，決定論にもとづいて，責任本質論の（功利主義的）再構成を試みた[22]。それによれば，人間の意思決定および行為は因果法則により原理的に説明・予測可能である（すなわち，決定されている）が，決定性と自由そして責任とは矛盾せず，むしろ決定論のもとではじめて責任というものは意味を持つとい

---

[21]　このような問題に処するため，団藤は，犯罪行為に対する行為責任に加えて，行為の原因となった人格の主体的な形成に対しても責任を問おうとする人格（形成）責任論を主張した。たとえば，団藤『刑法綱要総論』（前掲注5）27頁以下，183頁以下を参照。詳しい研究として，大谷實『人格責任論の研究』（1972年）がある。しかしながら，人格形成の過程における責任の有無・程度を確定することは困難であり，また責任非難の対象を，個別の犯罪行為を越えて，無数の（構成要件に記述されていない）人格形成行為にまで拡大することは罪刑法定主義の原則と矛盾することなどから，人格責任論は現在では支持者を失っている。

[22]　平野『刑法の基礎』（前掲注6）に収録された諸論文を参照。

う（やわらかな決定論ないし両立可能説）。人間の意思決定および行為選択が自由であるということは，その行為が強制されていないことをいうのであって，その行為に原因がないこと，それが因果法則で説明できないことを意味するものではない。人の決断や行動を因果的に規制する要因のなかには，自由と責任を排除するものとそうでないものとが存在し，それらの区別は，われわれが何のために自由や責任について語るのかによって目的論的に決められる。刑法においては，非難としての刑を科すことによって将来の行動をコントロールすることが問題なのだから，行為の決定要因をその人の規範意識，すなわち刑罰的非難によって影響を与えることが可能な人格の層に求めることができる場合が自由であり責任を問うことができ，刑罰によって影響を与え得ない部分，たとえば第三者の強制といったような外部的要因，行為者の身体的障害や精神病等の要因に規定されて行為した場合が不自由であり責任を問い得ないということになる[23]。

要するに，この見解では，①刑法上の責任非難は，過去に向けられた回顧的叱責を内容とするものではなく，展望的見地から将来に向けて「より強い規範意識を持つべきであった」という判断を告知することによって，将来の行為者および同様の状況における一般人の犯罪を抑止するための功利的手段であり（展望的・功利主義的責任論），そして，②行為者の規範意識が犯罪に親しみやすいものであればあるほど，すなわち犯罪がその反法律的な規範意識の必然的な表現であればあるほど（たとえば常習犯）否定的評価も強まり，責任も刑罰も重くなる（性格相当性の理論）のである。

平野説のすぐれた点は，前述したような道義的責任論にともなう難点を見事に回避していること，とりわけ，証明することも反証をあげることも不可能な形而上学的前提に立脚する必要がないところであるように思われる。なぜなら，その見解によると，意思の自由ないし他行為可能性の存否とは無関係に，行為

---

[23] しかも，このような考え方は，通常の道徳的判断にも一致するといわれる。たとえば，最後の最後までためらいつつも結局は実行に出た殺人犯人と，何らためらわず心のおもむくままに人を殺した犯人とで，規範意識の法則性・傾向性を強く肯定できる後者の場合の方が責任が重いといわなければならないだろうというのである。森村進「責任論における『自由意志』問題」上原行雄＝長尾龍一編『自由と規範』（1985年）54頁を参照。

の決定要因が行為者の性格に求められることが明らかにされる限り，責任を問い得ることになるからである。犯罪行動にいくつかの因果的要因を考え得ること自体は誰も否定しないが，犯罪の原因を行為者の規範意識に求め得る限度で，刑事責任を肯定すべきだというとき，そこには一片の仮説もフィクションも介在しない。そればかりか，この見解は決定論である必要もなく，「すべては決定されている」とか「すべてのことは原理的に予測可能である」などと主張することも不要で，ただ「行為者の規範意識が，意思決定ないし行為選択の1つの要因となっている」という経験的に証明可能な命題のみを前提とすれば足りるのである。この点に，証明不可能な意思自由の存在をそのよりどころにせざるをえない道義的責任論との大きな違いがある。

　しかし，決定論にもとづく功利主義的責任論は，支配的見解となるには至っていない。そして，それは理由のないことではないように思われる。ここでは，問題点を簡単に指摘しておきたい。まず第1に，もし選択可能性が排除された形で現在の性格が必然的にその犯罪行為を行わせたとすれば，これに責任を問い得るかどうかが疑問となる。極端な事例になるが，両親2人とも窃盗の常習者で，この両親に「どろぼう」となるべく育てられた子供が成長して窃盗を行ったとする。この場合，行為が性格に相当であるから，決定論によれば責任は重くなるが，何一つ不自由なく幸福な家庭に育ってそれでも窃盗を行った者と比べたとき，責任がより重いといえるのかどうかは問題である。もし劣悪な環境に育ったことを責任を軽減する方向で考慮するためには，性格形成の場面における選択の可能性を考慮する必要があるが，それは非決定論的思考方法以外の何ものでもないであろう。第2に，決定論にもとづく功利主義的責任論を採用するとき，従来の責任主義の原則をそのままでは維持できないことになろう。責任主義（したがって，自由意思の想定）は国家刑罰権の行使を枠づけ，人権を保障する機能を持っていた。自由と責任による刑罰の限定は，犯罪予防目的からする功利主義的な科刑の要求を，功利主義的考慮とは矛盾・対立する原理によって遮断することを意味するのであり，そのためには，責任概念に功利主義的考慮をストレートに持ち込んではならないはずである。回顧的な責任と展望的な犯罪予防とが異なった内容を持ち矛盾することを承認する二元的な理解を前提としなければ（すなわち，「たとえ刑罰を科すことに功利的な効果が認められるとして

も，責任がないから刑罰を科さない」というのでなければ）責任主義の刑罰限定機能は失われるおそれがある。第3に，犯罪予防のために刑を科すことが必要であるかどうか，どの程度の刑を科すことが必要であるのかについて確実なことがいえるほどわれわれは刑罰の経験的効果について知らないということも，功利主義的責任論にとっての大きなネックである。それは，机上の理論としてはともかく，実践に応用しようとするとき，刑罰の効果の経験的不確実さのために大きな困難に逢着すると考えられるのである。

Ⅳ　おわりに

　戦後50年の刑法学が生み出したもの・成し遂げたことを総括的に評価するための材料の蓄積も，その準備のための時間的余裕も，今の私にはない。学説を全体的に評価するための1つの視点として，判例や立法の実務との関係で学説がいかなる役割を果たしてきたか・果たしているかということも問われなければならないであろうが，与えられた紙幅はすでに尽きた。最後にあえて要約すれば，犯罪論の根幹に関わる論争点についていう限り，問題のありかは明らかにされたとしても，一応の解決らしきものさえ与えられてはいない現状にある。戦後50年は「学説史の区切り」としての意味を持ち得ないといえよう。後の時代に学説史の回顧を試みる者が「区切り」として認識するであろう時点とは，実益の少ない理論研究に過多のエネルギーを費やしたことが大きな知的浪費であったことが判明するか，または，学説がすぐれた理論は実践にも有用であることを実証しえた時点ではないかと思われる。

第4章

刑法と判例と学説
―― 刑法判例の読み方

Ⅰ 刑「法」と判例
Ⅱ 判例とは何か
Ⅲ 判例と学説

Ⅰ 刑「法」と判例

　刑法とは，どのような行為が犯罪となり，それにどのような刑罰が科せられ得るかを明らかにする「法」の一部門である。一口に「法」といっても，その形式にはいろいろなものがある。文章化された成文法とそうでない不文法とが区別され，成文法には，法律，命令（政令や省令など），条例などの種類があり，不文法としては判例法や慣習法などがあげられる。犯罪と刑罰の内容をどのようなものとするかは，国民の基本的人権に関わるきわめて重要な事柄である。そこで，「法」のなかでも，あらかじめ国会の制定した「法律」，すなわち国民が自分自身で定めた（と見なされる）法において明確に規定されなければならない。これが罪刑法定主義の原則である（憲法31条は同原則を(も)規定していると解するのが判例・通説である）。したがって，裁判所は法律を根拠とせずに有罪の判決を下すことはできないし，刑法の領域では「判例によって法がつくられる」ことはない。刑法を学ぶことは，何よりも，犯罪と刑罰の内容を定める法律の規定を学ぶことを意味する（ただし，憲法73条6号ただし書，地方自治法14条3項も参照。これらは，罪刑法定主義の原則の一定の修正を含んでいる）。

　しかしながら，どの刑罰法規についても，複数の解釈が可能であり，裁判所によりその意味が明確化されるまでは，判断に迷うケースが必ず存在する。もともと，われわれの用いる言葉（いわゆる日常言語），したがって法律の規定においても使われている言葉は，その意味がしばしば曖昧であり，不明確で多義的でさえある。しかも，法律は，社会生活の多様性・複雑性と時代的変化に対応するため，かなりの程度に柔軟で包括的な表現を使って規定されざるを得ない。

たとえば，コンピュータで用いられるデータの記憶・保存の媒体としては，フロッピー・ディスク，CD‐ROM等々があるが，これらをすべて含み，また将来登場するであろう媒体をもカバーできる用語としては「電磁的記録」というかなり漠然とした技術的概念が使われざるを得ないのである（刑法7条の2や161条の2などを参照）。さらにいえば，立法にあたり，争点が意識されながらもあえて一定の解決を示すことが差し控えられることもあるし，立法当時には予想できなかった事件が後に起こることもある。

　このようにして，法律の規定は「大まかな枠組み」をなすものにすぎない。その間をうめるのが裁判所の判例であり，それは可能な解釈の範囲内で法規の具体的な意味内容を明確化する役割をはたすのである。一例をあげると，甲が道路上でAを殺害しようとしてピストルを撃ったところ，通りかかった通行人Bに弾丸を命中させ死亡させたというようなケースで，予想外のBとの関係でも殺人の故意が認められ殺人既遂罪が成立するであろうか。このような事例を解決するにあたり，殺人罪に関する199条を見ても，故意に関する総則規定である38条1項（および同2項）を見ても，直接的な手がかりを得ることはできないであろう。しかし，判例においてはこの種のケースについて一定の解決が示されている（後出Ⅱ2を参照）。

　さらに，わが国においては，刑罰法規が簡潔かつ包括的に規定されているという特殊事情がある[1]。そこで，法の規定と判例とをあわせてはじめて罪刑法定主義の実質的要請がみたされているといってよい[2]。それに加えて，わが国の裁判所は，刑罰法規をかなり柔軟に解釈することによって立法の不十分なところを補い，新しい時代の社会の変化に対応するという態度をとっている。この意味においても，処罰の限界を明らかにするにあたり判例の持つはたらきがきわめて大きい。

　このようにして，現行刑法の内容を知ろうとする者は，法律の規定だけではまったく十分ではなく，その意味内容を具体的に示し，また補充する判例をも

---

[1]　その経緯については，佐伯千仞＝小林好信「刑法学史」『講座日本近代法発達史11』（1967年）209頁以下を参照。
[2]　罪刑法定主義と判例による法形成の関係について，団藤重光『法学の基礎』（1996年）166頁以下を参照。

あわせて参照することを要求される。刑「法」を学ぶときにも、判例を知ることが必要不可欠なのである[3]。

もっとも、わが国の法制度が、制定法主義を基調としつつ、判例にも大きな意味を認めていることの「マイナス面」は認識しておく必要がある。「基本的に大陸法系に属しながら英米法流の判例法主義の長所をもとり入れるもの」というような楽観的・無批判的な評価にとどまることはできない。法律がどこまで細かく規定し、どこから判例にまかせるかは重要な法政策上の問題であるが、裁判所に対し法形成の機能を広く認めれば認めるほど、専門家でないふつうの国民にとり法の内容は「不可視的なもの」となり、行為規範としての性格はより希薄になる。いきおい裁判官に向けられた事例解決の規範としての法の側面が前面に出ることになる[4]。それは実は、国家機関に大きな裁量的判断の余地を与えた上で適正な判断を期待する「官僚主義」の傾向になじみやすいものである（一般的にいって、官僚主義はわが国の社会の歴史的特質である）。そこでは、制定法を手段として法的ルールを可視化し、国民や国の機関にとっての行為規範たらしめようとする努力は怠られがちとなる。21世紀においてこのような傾向からの脱却が目ざされるべきであり、「官僚による裁量型規制」から「可視性を高めたルール型規制」への転換が時代の要請であるとするならば、むしろこれまで以上に、制定法による法の可視化をはかり、同時に行為規範としての法の側面をより真剣に顧慮することが課題とならざるを得ないのである。

Ⅱ 判例とは何か

1 判例の「拘束力」の根拠

上に述べたように、判例は刑法の領域においても一種の「法」として機能しており、その限りで法源性を有する。なぜそのようなことが可能となるかとい

---

[3] このような意味において、判例も一種の法源性を持つが、法律の規定と同じ拘束力が認められるものではない。裁判所は法律の規定に反する判断をすることはできないが（憲法76条3項を参照）、従来の判例をくつがえすことは可能である。たとえば、裁判所法10条3号、刑事訴訟法410条2項などは、判例の変更が許されることを当然の前提としている。判例の拘束力は法的なものではなく、事実上のものといわれるのはそのためである。
[4] この点につき、たとえば、大木雅夫『比較法講義』(1992年) 137頁、273頁以下を参照。

えば，それが裁判上の先例として現在および将来の裁判所の判断を一定限度において「拘束」するからである。先例が重視されるのは，何も法の世界に限られない。企業組織の内部で一定の事務処理が行われるときでも，先例が尊重されるのがふつうである。過去の経験上そのような取り扱いが問題を生じさせなかったことは判断が適切であったことを推測させるし，再度ゼロから検討し直すことにすれば時間と労力の無駄にもなりかねないからである。

　ただし，裁判における先例の重視は，判断を下す側にとっての便宜を主たる根拠とするものではない。それは何よりも，個別のケースについての裁判所の法解釈が示されることにより，将来の同様のケースについても，平等な取り扱いの要請から同じように解決されてしかるべきであるとの期待が社会のなかに生じ，このような期待は法的保護に値するからである[5]。それは，刑事判例のことを考えるときとりわけ明白であろう。裁判所は，「法」の統一性と安定性に対する社会の側の信頼を裏切らないようにするため，よほどの理由がない限り，過去に下された裁判上の先例を尊重し，逆にいえば，それに事実上かなり強く拘束されるのである。判例の拘束力は「法的安定性および法における平等という法そのものの根本的要請にもとづく」[6]ものである。

　「判例」の語は，過去に下された裁判所の判断，さらにはそれを含む判決や決定そのものを広く指す言葉として（したがって，かなり曖昧な形で）用いられることがある[7]。しかし，上に述べたところから明らかなように，判例を考えるときに本質的なことは「先例として同種類型の事件の解決にとり拘束力を持つこと」であり，しかも先例としての拘束力が認められるのは，原則として最高裁判所のそれのみである。「地方裁判所の判例」という言い方があまりされないのはそのためである（せいぜい「裁判例」と呼ばれる）。最高裁判所の先例に判例としての拘束力が認められるのは，制度上，上告審である最高裁判所に，最終的な有権解釈を行うことにより法令解釈を統一する機能が与えられていることにも

---

[5]　判例の変更により，既存の判例への信頼が裏切られたとき，どのような問題が生じるかについては，道垣内正人『自分で考えるちょっと違った法学入門［新版］』（1998年）120頁以下を参照。
[6]　団藤『法学の基礎』（前掲注2）166頁。
[7]　「判例」という用語の多義性とその厳密な意味について，中野次雄『判例とその読み方』（1986年）3頁以下を参照。

とづく⁽⁸⁾。したがって，判例はくり返され安定すれば（ましてそれが「確立した判例」と呼ばれるようになれば）高度の拘束力を持つが，反復されないただ１つの判例であっても，最終的・統一的な法解釈を打ち出すことを任務とする最高裁によるものである限り拘束力を発揮する。下級審の裁判所が最高裁判例に反する裁判をしても，それが上訴審で破棄されることが見込まれるから，これを回避するのがふつうであろう（最高裁判例に違反することは上告理由となる。刑事訴訟法405条２号）。このような形で法判断は統一され，法的安定性と事例解決の平等性が実現されることが期待されるのである。最高裁自身にとっても，過去の最高裁判例を変更するためには大法廷でこれを行わなければならず（裁判所法10条３号），変更が難しいだけ最高裁判例には安定した拘束力を発揮することが保障されていることになる。戦前の大審院の判例については，最高裁判例ほどの保障はないが（判例違反が上告理由となるのは最高裁の判例が存在しない場合に限られる〔刑事訴訟法405条３号〕し，判例変更は小法廷においても可能である），かつての最上級裁判所の判例として最高裁もこれを尊重するであろうことから，最高裁判例に準ずる拘束力が認められるのである。ちなみに，最高裁判例がまだ存在しない限りで高等裁判所の示した判断に判例としての一定の拘束力が認められる（刑事訴訟法405条３号）が，上に述べたところからすると，高等裁判所の判例の拘束力は，最高裁判例のそれとは質的に異なるものである⁽⁹⁾。

2　判例と傍論

判例の具体的内容を明らかにするためには，裁判所（特に最高裁判所）が個々の裁判の理由のなかで示した法的判断のなかから，将来に向けて拘束力を持つ部分を読みとらなければならない。それは将来において裁判所がしたがうであろう裁判規範を明らかにすることであり，したがって同時に，裁判の予測を具体的に可能にすることを意味する。ここでは，先例としての拘束力を持つ「判例」の部分と，それ以外の「傍論」とが区別される⁽¹⁰⁾。なぜ「判例」とされる一定の部分にしか拘束力が認められないのかといえば，裁判所はあくまで司法機関であり，具体的事件の適正な解決をはかることを任務とするものであって，

---

(8) この点につき，中野次雄『刑事法と裁判の諸問題』（1987年）182頁以下を参照。
(9) 中野『刑事法と裁判の諸問題』（前掲注８）190頁。

事例解決を離れて法的ルールを定立する権限を与えられていないからである。ここから，事件の争点に解決を与えるに際し理由づけの説得力を高めるため付随的に言及された部分や，仮定の事実についての立論はもちろん傍論であるし，争点の解決と無関係でないとしても制度の趣旨の説明や一般的・抽象的に展開された法律論も判例たる資格を持たないとされる（ただし，後述のように，結論の理由づけのための理論命題については，そう言い切れるかどうか問題となる）。もちろん，傍論といっても，それには判例としての拘束力を認められないというだけであって，裁判所の立場を推測させるものであることから，将来の判例の予測には重要な意味を持ち得る[10]。

　何が判例かを明らかにすることは，何が法かを明らかにすることであり，「法の解釈」の一場面にほかならないが，その作業は制定法の解釈とはかなり違っている。判例とは，裁判の理由として述べられた文章そのものではなく，事件の法的争点に関する裁判所の判断であり，しかも，将来の同種類型の事件にも適用され得るような一般性をもった法的命題である。そこで，当該ケースの事実関係のなかから裁判所が重視した事実を選び出し（逆にいえば，重要でない事実を捨象し），これに裁判所が認めた「法律効果」を結びつけて法的命題とする作業が必要となる。それは，制定法の解釈以上に複雑で骨の折れる仕事であり，人により何が判例かにつき見解が分かれることもまた多いのである（なお，最高裁判所刑事判例集には「判決要旨」または「決定要旨」が記載されているが，これが判例であるわけではないということについては異論がない）。

　一例として，錯誤の事例に関する最高裁判所の判決を取り上げることにしよう。最高裁（第三小法廷）昭和53年7月28日判決・刑集（最高裁判所刑事判例集）32巻5号1068頁は，その判決の理由において次のように述べている[12]。

「犯罪の故意があるとするには，罪となるべき事実の認識を必要とするものである

---

[10] 英米では，レイシオ・デシデンダイ（判決理由ないし主論）とオビター・ディクタム（傍論）とを区別する。田中英夫『英米法総論下』（1980年）482頁以下，同『法形成過程』（1987年）33頁以下，53頁以下を参照。
[11] この点につき，川島武宜『科学としての法律学』（1964年）212頁以下を参照。
[12] この最高裁判決につき，松尾浩也ほか編『刑法判例百選Ⅰ[第4版]』（1997年）88頁（解説・中森喜彦）も参照。

が，犯人が認識した罪となるべき事実と現実に発生した事実とが必ずしも具体的に一致することを要するものではなく，両者が法定の範囲内において一致することをもって足りるものと解すべきである（大審院昭和6年（れ）第607号同年7月8日判決・刑集10巻7号312頁，最高裁昭和24年（れ）第3030号同25年7月11日第三小法廷判決・刑集4巻7号1261頁参照）から，人を殺す意思のもとに殺害行為に出た以上，犯人の認識しなかった人に対してその結果が発生した場合にも，右の結果について殺人の故意があるものというべきである。

　これを本件についてみると，原判決の認定するところによれば，被告人は，警ら中の巡査Aからけん銃を強取しようと決意して同巡査を追尾し，東京都新宿区西新宿1丁目4番7号先附近の歩道上に至った際，たまたま周囲に人影が見えなくなったとみて，同巡査を殺害するかも知れないことを認識し，かつ，あえてこれを認容し，建設用びょう打銃を改造しびょう1本を装てんした手製装薬銃1丁を構えて同巡査の背後約1メートルに接近し，同巡査の右肩部附近をねらい，ハンマーで右手製装薬銃の撃針後部をたたいて右びょうを発射させたが，同巡査に右側胸部貫通銃創を負わせたにとどまり，かつ，同巡査のけん銃を強取することができず，更に，同巡査の身体を貫通した右びょうをたまたま同巡査の約30メートル右前方の道路反対側の歩道上を通行中のBの背部に命中させ，同人に腹部貫通銃創を負わせた，というのである。これによると，被告人が人を殺害する意思のもとに手製装薬銃を発射して殺害行為に出た結果，被告人の意図した巡査Aに右側胸部貫通銃創を負わせたが殺害するに至らなかったのであるから，同巡査に対する殺人未遂罪が成立し，同時に，被告人の予期しなかった通行人Bに対し腹部貫通銃創の結果が発生し，かつ，右殺害行為とBの傷害の結果との間に因果関係が認められるから，同人に対する殺人未遂罪もまた成立し（大審院昭和8年（れ）第831号同年8月30日判決・刑集12巻16号1445頁参照），しかも，被告人の右殺人未遂の所為は同巡査に対する強盗の手段として行われたものであるから，強盗との結合犯として，被告人のAに対する所為についてはもちろんのこと，Bに対する所為についても強盗殺人未遂罪が成立するというべきである。したがって，原判決が右各所為につき刑法240条後段，243条を適用した点に誤りはない。」

　上の事件では刑法240条の解釈も争点となっているが，錯誤の問題に限定すれば，被告人が道路上で，改造した建設用の「びょう打ち銃」を用いて巡査Aを

殺害しようとしたところ，発射されたびょうがAの身体を貫通し，背後を通りかかった通行人Bの身体にも命中させて，AとBの両者に傷害を負わせたという事案について，最高裁は，Aのみならず予想外のBとの関係でも殺人の故意を肯定し殺人未遂罪の成立を認めたのであった。そこで，認定された事実のなかから，裁判所が重視した事実を選び出し，裁判所が認めた法律効果をこれに結びつけ，将来の同種類型の事件にも適用され得るような一般性を持った法的命題にするためには，どうすればよいであろうか。

　まず，被害者Aが巡査であるとか，使用されたのが「びょう打ち銃」であるとか，それぞれの被害者が受けた傷害の程度等々は，重要な事実とはいえない。これに対し，行為者にはBとの関係では未必的殺意も認められなかったこと，現場が人通りのある歩道上であり「たまたま周囲に人影が見えなくなった」という状況（すなわち，狙った客体以外にも害が及ぶおそれが少なからず存する状況）で行われたことは重要な事実というべきであろう。少し問題となるのは，2人の被害者が傷害を受けたのみで未遂にとどまったという事情についてどう考えるかである。それが判例としての内容を決める上で重要であるとすれば，狙ったAを死亡させた上で，さらに通行人Bをも死亡させたというケースは本判例の射程外ということになる。しかし，本件判決は，予想外の通行人Bとの関係でも故意犯が成立すると結論づけるにあたり，大審院昭和8年8月30日判決（刑集〔大審院刑事判例集〕12巻16号1445頁）を引用している。この大審院判決は，Aを殺害しようとしてAのみならずBをも死亡させたという事案について2つの殺人既遂罪の成立を肯定したものである。したがって，最高裁は被害者が傷害を受けるにとどまったことを重視しているとはいえない。認識しない客体との関係でも故意犯の成立が肯定されるとする裁判所が認めた法律効果は，A＝傷害，B＝傷害の場合のみならず，A＝死亡，B＝死亡のケースや，A＝死亡，B＝傷害のケース[13]などにも及ぶと考えなければならない。ただし，AまたはBが無傷であったとき（たとえば，A＝無傷，B＝死亡のケースやA＝死亡，B＝無傷のケース），無傷の者との関係でも故意未遂犯を成立させる趣旨であるかどうかについては見解が分かれる[14]。

---

[13] なお，広島地呉支判昭和45・11・17刑裁月報2巻11号1238頁は，このケースでBについて殺人未遂罪は成立しないとしていた。

解決が難しいのは，上の引用部分の冒頭の段落で「犯罪の故意があるとするには，罪となるべき事実の認識を必要とするものであるが，犯人が認識した罪となるべき事実と現実に発生した事実とが必ずしも具体的に一致することを要するものではなく，両者が法定の範囲内において一致することをもって足りるものと解すべきである……」と錯誤に関する一般論が展開されている部分を「判例」と見るべきかどうかである⒂。この点に関する通説的見解によると，判例とは，法律上の論点についての判断の結論を示した「結論命題」のみをいうのであって，その理由づけとなる理論命題は判例にはならないとされる⒃。具体的事例との関係での論点の解決を慎重に一般化して同種類型のケースにも適用されるような形にした命題のみが判例と呼ばれる。上の最高裁判決についていえば，「道路上でAを殺害するため発砲した等の事情のもとでは，Aに対する殺人の故意犯とならんで，行為者にとり予想外の通行人Bとの関係でも殺人の故意犯の成立が認められる」とする結論命題のみが判例とされることになろう。

　このような「結論命題判例説」は，基本的には妥当である。具体的事件に法令を適用して適正に解決することを任務とする司法機関としての制度上の制約から，裁判所には，事例の解決に必要不可欠とはいえない一般的ルール定立の権限を認めるわけにはいかないと考えられるし，また裁判の理由中に一般的な理論命題が使われていても，その文言が包括するであろうあらゆる事態を慎重に吟味した上で裁判所がその命題を用いているとは限らないからである⒄。また，判例とは実定法上の概念でもあり，その違反が上告申立理由になるとか，最高裁がそれを変更するためには大法廷によることを要するとかの重大な法律効果が結びつけられている限りでは，実務家（特に裁判官）にとってはなるべくこれを具体的事案と結びつけて限定的に解釈しようとする心理作用がはたらくことも理解できないではない。

　しかし，理由づけのための理論命題が判例となり得る可能性はこれを排除す

⒁　中森・解説（前掲注12）89頁を参照。
⒂　その部分は，学説上「法定的符合説」と呼ばれる見解を定式化したものであり，そこに引用されている判例は，本件事案とはかなり異なるケースを対象としている。
⒃　特に，中野『判例とその読み方』（前掲注7）39頁以下を参照。
⒄　この点につき，西原春夫「刑事裁判における判例の意義」『中野次雄判事還暦祝賀・刑事裁判の課題』（1972年）317頁以下を参照。

ることができないと思われる[18]。現にそれが最高裁自身により判例として扱われることもしばしばある[19]。その根拠を探ってみると，次のようなことがいえるであろう。事例の解決は，法の規定や承認された法原則から一定の論理にもとづき導き出される。その結論が具体的に妥当なものであるならば，その結論を導いた論理はそのまま類似の事例，さらには共通点を持った事例についてもあてはまるはずである。裁判所による事例解決が場当たり的ではなく全体として論理的整合性を持ったものとなり得るためには，ある事例の解決を支える論理は，それと厳密に同種類型の事例を超えて拘束力を持つ必要がある。制度論・政策論としても，最高裁が法令の有権解釈を示す機会は決して多くないことから，多少でも最高裁による法判断の拘束力を広く解して法令解釈に関する方向性を明らかにする機能を期待すべきだともいえよう。そもそも，結論命題と理由づけ命題との違いは，一般化・抽象化の程度の違いであり，それほどはっきりしたものでもない[20]。このようにして，「理由づけ命題」（なお，それは裁判の理由中に文字で書かれているか否かを問わない）は，ただちにそれを判例と見ることはできないとしても[21]，基礎にある論理がかなりの一般化を許す場合や，これを裏づける事例解決が蓄積されるに至った場合などには「判例」と呼ぶことをさまたげないであろう[22]。結論命題判例説はこれを「判例理論」と呼んで「判例」と区別するが[23]，上の最高裁判決に示されたような理由づけ命題は，大審院・

---

[18] 同旨，金築誠志「主論と傍論」司法研修所論集52号（1973年）158頁以下。
[19] 平野龍一『刑法の基礎』（1966年）239頁以下は，わが国では「中間的命題」が判例として扱われることにより，判例が英米法の場合よりも一段と立法的機能を営んでいるとする。また，松尾浩也「刑事法における判例とは何か」法学セミナー279号（1978年）8頁以下は，最高裁判所は，前の判例を維持し，当該事件の判決の補強に使う場合は判例を緩やかに理解する反面，前の判例を排斥し，これと異なる結論を導こうとする場合は，厳格な限定を加える傾向が見られるとする。
[20] このことは，中野『判例とその読み方』（前掲注7）44頁以下によっても認められている。
[21] とりわけ，その理由づけ命題が「必ずしも結論を導くための唯一無二の立論ではなく，他の命題によっても同じ結論が導き出せるという場合」には，ただちにそれを判例の内容と見ることはできない。この点につき，西原「刑事裁判における判例の意義」（前掲注17）320頁以下を参照。
[22] 松尾浩也『刑事訴訟法(下)新版』（1993年）249頁も，上告理由としての「判例」違反に関し，結論命題判例説に比べてより柔軟な見解を示す。

最高裁の一連の先例を前提に示されており，判例としての拘束力を承認されるべきものと思われる[24]。

III　判例と学説

よくいわれるように，判例を1つの学説のように読むべきではない。たとえば，ある争点につき学説上，A説，B説，C説という対立があるとき，判例はどの説を採っているかの解答を求めて判旨を読む，というのは正しい読み方とはいえないのである。それには大きく2つの理由がある。1つは，裁判所の法判断が，学説とは異なり，抽象的な法律論の選択を内容とするものではなく，何よりも具体的事例の解決を意図するものであり，その意味で「事実との関連性」が本質的だからである。いま1つは，裁判所と学者の問題設定と思考方法には大きな差異があり，判例と学説とをただちに同じ平面で比較することはできないからである。ここでは，それぞれの点について簡単に説明することにしたい。

1　判例と事実関係

裁判所の法判断は，具体的事案の適正な解決を主眼とするものであるから，つねに「事実との関連性」という制約を受ける。そこで，判旨は，事例解決の前提となった事実との関係でのみ正しく理解することが可能であり，それを事実関係から切り離して学説のように読むことは判例の本質を見誤るものであ

---

[23]　中野『判例とその読み方』（前掲注7）65頁以下。
[24]　なお，結論命題判例説の理論的基礎には次のような考え方がある。すなわち，裁判官の思考様式を特徴づけるのは，「最高裁はAの事例についてこういう判断を示し，Bの事例についてこういう判断を示した。そうだとすると本件の事例についてはこう判断すべきであろう」という類比推理の方法であり，これに対し，結論を理由づけるための一般的な命題は判断形成にあたり本質的ではなく，裁判の理由中に示された説明は，事後的な正当化と関係者の説得のためのものにすぎず，それは真の裁判の理由ではない，というのである。しかし，このような考え方は，裁判における理由づけの意味（いいかえれば「論理の持つ力」）を過小評価し，実質論（隠された真の理由）と形式論（表面的な正当化）を分裂させる（あるいは現にある分裂を固定化・促進する）可能性をはらむところに問題を持つように思われる。この点に関し，平井宜雄『続・法律学基礎論覚書』（1991年）59頁以下を参照。

る[25]。より具体的にいえば，たとえば，次のようなことが重要である。裁判所は，事案の解決にとり不必要な判示は避けるのがふつうである。したがって，たとえ明示的な判例変更の期待される論点についてであっても，その事案に関する限り結論が変わらないのであれば，以前からの判例の立場をあえて変更しないこともある[26]。

　また，事件の事実や上告審に至るまでの手続上の経緯に特殊性があり，最高裁がそれに配慮した上で妥当な結論を導くべく努めた場合については，その判示を一般化することはできないということもある。判例の拘束力の強さと射程は，裁判所の判断が当該事件の具体的事情の特殊性にどこまで依存しているか，逆にいえば，どの程度そこから独立した普遍的意味を持っているかに強く影響される。判例の拘束力についてはその強度をはかるいくつかの基準があるが[27]，具体的ケースが典型的な事実であって特殊性が乏しく，判示されたことの一般化が可能かどうかも重要な要素といえるのである。一例をあげれば，最高裁は，不作為の因果関係に関し，救助行為があれば「十中八，九被害者の救命が可能であった」と認定された事案について，結果防止は「合理的な疑いをこえる程度に確実であったと認められる」として因果関係を肯定した[28]。ただし，「十中八，九」という言葉はもともと本件第一審における鑑定結果のなかで用いられたものであり，救命の可能性が非常に高くほとんど救命できたという趣旨であって，100パーセント中の80ないし90パーセントという確率の意味で述べられたものではないとされる[29]。したがって，判例が不作為については「80～90パー

---

[25] この点について示唆に富むのは，唄孝一「『婚姻予約』そして『死亡』——法概念とは何か——」上智法学論集43巻1号(1999年)134頁以下である。なお，最高裁判所刑事判例集(刑集)には，最高裁判所の裁判のすべてが収録されるのではなく，判例としての意味を持ち得るもののみが選択されて掲載されるが（この点につき，中野『判例とその読み方』〔前掲注7〕105頁以下を参照)，第一審および原審判決の事実と判旨が原則としてあわせて掲載されるのは，判例は事実との関係ではじめて理解されることを踏まえたものである。

[26] 一例として，違法性の錯誤に関する最決昭和62・7・16刑集41巻5号237頁を参照。詳しくは，『刑法判例百選Ⅰ』（前掲注12）100頁以下（解説・長井長信）を読んでいただきたい。

[27] 「強い判例」と「弱い判例」について，中野『判例とその読み方』（前掲注7）25頁以下を参照。

[28] 最決平成1・12・15刑集43巻13号879頁。『刑法判例百選Ⅰ』（前掲注12）12頁以下（解説・日髙義博）も参照。

[29] 原田國男『最高裁判所判例解説刑事篇（平成元年度）』（1991年）385頁参照。

セントの結果防止の可能性」があるだけで因果関係が認められる，とする一般的な準則を定立したものと理解すべきではないのである。

　上のようなことから，読者が『判例百選』『重要判例解説』『判例セレクト』などで判例について学ぼうとするとき，〈判旨〉や〈決定要旨〉のみでなく〈事実の概要〉も熟読すべきことはもちろんであるが，それだけでは当該事件の事実との関係での裁判所の判断の真意を捉えられないことが多い。本来はオリジナルというべき判例集（や最高裁調査官による判例解説[30]）にあたるべきであるが，少なくとも〈解説〉を読み，とりわけ事実との関連性において裁判所の判断の持つ意味について触れられている箇所に注意することが必要となる。

2　思考方法の違い

　判例と学説とでは，刑法の解釈を任務とする点では共通している。しかし，裁判官と学者との間で，問題意識と思考方法は明らかに異なる。裁判官にとっては，何よりも当該の事案の適正な解決が重要である。もちろん，この事案でこのような解決をしたとき，事実関係が少し異なる類似の事案の解決にどういう影響を及ぼすかということも考慮されるであろうが，そのような考慮にも種々の制約がある。これに対し，学説の存在理由は，およそ考え得る限りの関連する事例類型を想定した上で，それぞれの事例の解決の論理的・価値的整合性を検討し，またそれらが法の規定，承認された法原則や基礎理論と矛盾しないかどうかを考え抜くところにある。判例と学説とでは，事例解決を支える論理をどこまで一般化・抽象化して検討するかという点において異なるといえるのである。

　いささか図式的にすぎるかもしれないが，より具体的にいえば，次のようになる。裁判所が判断を迫られた具体的事例を事例Ⅰとする。この事例Ⅰについては，Xという理由づけにしたがうとき適切な解決Aが得られるとする。これに対し，同種類型の事例Ⅱ，そしてかなり異質だが共通の問題を含んだ事例Ⅲが存在し，事例ⅠからⅢの全体を整合的に解決しようとするときは，Yという論理が現状では唯一可能と考えられるとしよう。ここで，Yを事例Ⅰにあては

---

[30]　これについては，中野『判例とその読み方』（前掲注7）99頁以下，107頁以下を参照。

めると，解決Aよりも劣る解決Bが導かれざるを得ないというときにはどうすべきであろうか。このような場合，個別事例の適正な解決を重視する裁判所が事例ⅠについてXという理由づけに依拠して解決Aを選択し，論理的整合性ないし体系性を重んじる学説がYの理由づけを採用して解決Bを支持するということが考えられるのである。

　注意すべきことは，ここで学説の思考方法がより「正しい」ものであるとは必ずしも言い切れないことである。なぜなら，事例Ⅰから Ⅲ の全体を整合的に矛盾なく解決できる論理がYのみとは決めつけられないからである。かりに現在の学説においてはそうであるとしても，将来，新しい学説の主張によりZ理論が提示され，それによれば事例Ⅰには解決Aが与えられるという可能性もある。とりわけその可能性は，その論理の抽象度が高まれば高まるほど（たとえば，結果無価値論・行為無価値論とか因果的共犯論とかの論理がその実例である）増加するといえよう。そうであるとすれば，学説が判例との間に生産的な関係を持つためには，事例から出発し，なるべく抽象度の低いレベルで，それぞれの事例の解決が相互に論理的・価値的な整合性を持つかどうかを検討することに重点を置かなければならない。具体的事例に直面するに先立って構築された抽象的な理論体系をケースにあてはめ，演繹的に結論を導出した上で，判例の結論と比較するというような形の（悪しき）体系的思考は，「判例との対話」を困難・不可能とするであろう（同じことは，学生諸君が一定の「基本書」に依拠し，その立場から判例を評価しようとする場合についてもあてはまる）。

　とはいえ，従来の学説の思考方法が往々にして上のような「演繹推理」[31]として特徴づけられるようなものであったことは否定できない。それが判例との関係で欠陥を露呈したのは，因果関係論の領域であった。従来，学説は，通説たる相当因果関係説の立場から判例を読み，これを批判してきた。同説によれば，結果に至る因果経過が行為の時点から見て経験上予測し得るようなものであるとき因果関係が肯定され，逆に，およそ偶然的で稀有・異常な事情が介在したとき因果関係が否定される。ところが，因果過程に稀有で異常な事態が介入したにもかかわらず因果関係を否定することが妥当でない事例が現れるに至っ

---

[31]　中野次雄「判例の世界と法律学の世界」司法研修所論集84号（1990年）5頁以下。

て[32]，事例解決にあたっての相当因果関係説の判断基準の持つ不明確さが明白に意識されるようになった。このことは，相当因果関係説が，抽象的に考え出された理屈であって，さまざまな事例の解決を支える論理を慎重に一般化しつつ帰納的に得られた理論ではないことを物語っている。最近の最高裁は，条件説より制限的な要件を示しながらも，相当因果関係説とは距離を置き，あえて相当因果関係説の判断基準を適用することなく，個々の事例に即して因果関係の存否を確定しているが[33]，その背景には上のような事情があると思われる[34]。

[後記〈2007年〉]

　本稿では，判例の調べ方ないし検索方法等のテクニカルな側面については，説明を省略した。判例について詳細に解説した総合的な文献としては，中野次雄編『判例とその読み方〔改訂版〕』(2002年，有斐閣) がもっとも重要であり，特に判例の存在形態・検索方法については，いしかわまりこ＝村井のり子＝藤井康子『リーガル・リサーチ〔第2版〕』(2005年，日本評論社) の第3部がよき手引きとなる。読者として初学者を想定して書かれた簡単な説明は，井田良『基礎から学ぶ刑事法〔第3版〕』(2005年，有斐閣) 第24章・289頁以下にある。

---

[32] 最決平成2・11・20刑集44巻8号837頁。詳しくは，『刑法判例百選Ⅰ』(前掲注12) 30頁以下 (解説・斎藤信治) を参照。

[33] たとえば，最決平成4・12・17刑集46巻9号683頁。『刑法判例百選Ⅰ』(前掲注12) 28頁 (解説・林陽一) も参照。

[34] 判例と学説の状況について詳しくは，葛原力三「相当因果関係」法学教室202号 (1997年) 6頁以下を参照。

■ 第5章

犯罪論をめぐる学説と実務
―― ドイツの状況を中心として

Ⅰ 本稿の目的
Ⅱ 体系論の意義と機能
Ⅲ 存在論と機能主義
Ⅳ 現在の諸傾向とその評価
Ⅴ 結　語

Ⅰ　本稿の目的

　最近の「法科大学院」の設置をめぐる議論に接していて気づかされることの1つは，従来の法学部での研究と教育は「実務から離れた空虚な概念論に終始するもの」というステレオタイプ化された否定的イメージが予想外に広がっているということである[1]。刑法総論の領域がその例外と見なされているとは思われず，むしろまさに批判の矢面に立たされているものと考えるべきであろう。刑法総論の体系的理論が，判例や立法の実務との関係においてどのような実質的役割を果たしているかという問題を提起するならば，とりわけ法律実務家の間では，実益の少ない理論研究に過多のエネルギーが費やされているとする見方が大勢を占めることが推測される。研究者の間においても，判例や立法の実務との関係で，投入された知的労力に見合う「成果」が生じていない，とする点で大方の見解は一致するのではなかろうか。

　他方，学説と実務の関係が比較的良好なものと考えられてきたドイツにおいても，近時では「刑法学の危機」ということがいわれ[2]，そこでは，政治的権力による干渉の際に見られるような外在的な危機ではなく，いわば内在的危機が意識されており，大きな関心が向けられている1つの問題は「理論と実務の乖離」なのである[3]。

---
[1] この点につき，井田良「批判とステレオタイプ」警察公論56巻1号（2000年）9頁以下を参照。

本稿が意図するものは，上のような状況を生じさせている社会学的原因[4]の解明ではない。以下の検討においては，ドイツと日本において類似した現象が見られるところから，日本の刑法学が継受した，ドイツの体系的犯罪論の現在の傾向のなかに，実務との乖離を生じさせざるを得ない「何か」が含まれているという仮定から出発し，ドイツの状況を分析するなかで，その「何か」の実像に可能なかぎり接近することを試みてみたいと思う。

ただし，本稿で問題としたいのは学説と実務との「乖離」であって，理論が実務との間に一定の「距離」を置くこと自体はノーマルなことであり，むしろ必要不可欠のこととさえいえよう[5]。学説は，実務に対する建設的批判を可能とすべく実務との間に適度な距離を保つとともに，ただ真理の探究のみに仕えることを自己の使命と見なすことによりその理論学としての性格を維持してきた。そこで，犯罪の理論と体系も，理論認識ないし理論構造の認識に役立つべ

---

[2] 本年（2000年）10月には，フンボルト財団の主催する国際シンポジウムが開催されたが（於ドイツ・バンベルク），その統一テーマは「刑事法および刑事法学の危機？（Krise des Strafrechts und der Kriminalwissenschaften?）」であった。本稿は，このシンポジウムにおける筆者の報告原稿（テーマは，Welche neuen praxisrelevanten Ergebnisse bringen die gegenwärtig zum materiellen Strafrecht diskutierten neuen systematischen Konzepte?）をベースにしたものである。

[3] 代表的なものとして，Gunther Arzt, Die deutsche Strafrechtswissenschaft zwischen Studentenberg und Publikationsflut, in: Gedächtnisschrift für Armin Kaufmann, 1989, S. 839 ff.; Björn Burkhardt, Geglückte und folgenlose Strafrechtsdogmatik, in: Albin Eser u.a. (Hrsg.), Die Deutsche Strafrechtswissenschaft vor der Jahrtausendwende, 2000, S. 129 ff.（本論文については，加藤克佳＝岡上雅美「コロキウム『ミレニアム目前のドイツ刑法学』に参加して」ジュリスト1180号〔2000年〕70頁以下も参照）；Hans Joachim Hirsch, Strafrechtliche Probleme, 1999, S. 91 f., 113 f. などを参照。

[4] ドイツでは，とりわけ，大学教員の増加とそれにともなう出版物の氾濫という事態が重要とされている。その背景とそこから生じる帰結を犀利に分析した論文として，Arzt, Strafrechtswissenschaft（前掲注3）がある。その分析の多くは，多かれ少なかれわが国の状況にもあてはまるであろう。法分野によっては，イデオロギーのレベルでの対立が主因であるようにも思われ，そのことは，わが国ではとりわけ刑事訴訟法の分野についていえるであろう。

[5] 刑法学の内部において，理論と実務（判例および立法の実務）の関係をどのようなものとして捉えるかに関して異なった理解がある。この点につき，Heinz Müller-Dietz, Die geistige Situation der deutschen Strafrechtswissenschaft nach 1945, GA 1992, S. 128 f. を参照。

きものであり，引き出される結論の実務における受容可能性を尺度としてその価値がはかられるべきではないとする考え方も可能である。刑法学研究者の間では，結論としては従来の体系とまったく同じものしか導くことはできず，ただ異なった理由づけを与え得るにすぎない体系論であっても，それでも大きな理論的価値が認められ得ると考える者も少なくないと想像できる（これに対し，導かれる結論が実際上明らかに不当であるか，およそ主張不可能なものであっても，犯罪に関する理論的認識を深化させる限りは大きな価値があるとする主張を掲げようとする人はあまりいないであろうと思われる）。しかしながら，かなり射程の大きな体系構想である限り，理論的認識を深化させ得るが，従来の体系におけるのと殆ど結論は変わらない，というようなことがあり得るのかどうか私には疑問である。新しい体系的理論は，そこから導かれる具体的結論が，従来の体系論から導かれる結論よりもすぐれたものであるかどうかによりその妥当性を検証されると考えてよい，と思われる。

II 体系論の意義と機能

1 意　義

　検討に先立ち，ここで問題とする「体系論」ないし「体系的理論」とは何を意味するのかを明確にしておきたい。それには2つのものを区別することができるように思われる。まず，1つにはそれは「方法論としての体系論」とでも呼ぶことのできるものである。刑法的判断においては，問題把握のための基本的アプローチないし問題解決に至るための方法というべきものが大きな意味を持っている。到達点としての問題解決ないし事例解決の具体的妥当性が重要であることはもちろんであるが，それぞれの解決が場当たり的であって，論理的にまたは価値論的に相互に矛盾するものであってはならず，かつ体系的に整合的な形で「一般化可能」[6]であることが要求されなければならない。そこで，各々の問題を「束ねて」解決にもたらすことを可能とする概念構成と基本的な論理が必要となるのである。刑法のような法分野では，かなり広い射程距離を持つ

---

[6]　Arzt, Einführung in die Rechtswissenschaft, 1996, S. 6 を参照。

方法論ないし「問題の発見と解決のためのアプローチ」が発展させられ，その時代の刑法的思考を支配することになる。このような意味における体系論として，戦後ドイツで（そして日本においても）犯罪論の思考と論理をかなり高次の包括的なレベルにおいて規定したのは，存在論的アプローチと，機能的（目的合理主義的）アプローチの2つであろう。

他方，犯罪論の体系という言葉が用いられるとき，上のような方法論により得られた諸認識および諸原理をまとめ上げ統合した全体がどのような「体系的構築物」となるかが問題とされることもある。二段階の体系か三段階の体系かをめぐる論争や，構成要件概念や故意の体系的地位をめぐる論争などは（主として）体系構築論に関わる論争であった。

方法論と体系構築論という「2つの体系論」は，それらをひとまず区別することが可能である。学説のなかには，第1の意味における体系構想のみが本質的に重要であるとし，体系構築論の学問的意味を二次的なものと見なす見解もある[7]。たしかに，体系構築論は，方法論としての体系構想と比べたとき，その重要性は劣るというべきであろう。体系構築論は，問題解決のための「中規模理論」を収容し，つなぎとめる枠組みであり，それだけ抽象度は高く，個別の解決原理をしばる拘束力は弱い。結論への影響は間接的であり，また，同じ解決原理を内部に収容し得る体系構築物が複数併存することが考えられないではない。本稿が主として念頭に置くのも，方法論としての体系構想である。

しかし，2つの意味における体系論がそれぞれ密接に関連していることも否定できない。方法論なしには，体系的構築物を担う諸原理も発見できず，犯罪論の2つの支柱である不法と責任のそれぞれと相互の区別も理論的な基礎を欠くこととなるが，他方，構築された犯罪論体系は，そこに含まれる個別の理論や諸原理の抽象化・一般化を通じて，相互の論理的・価値論的整合性の吟味を可能とし，刑法的価値判断の「許容域」を狭めることにより，問題解決の内容

---

[7] ヤコブスは，犯罪行為において本質的なことは「規範違背の有責な表現」であるところにあり，不法は責任の要件にほかならず，不法と責任の区別は学生教育上の（didaktisch）意味を持つにすぎない技術的な問題だとする。たとえば，Günther Jakobs, Der strafrechtliche Handlungsbegriff, 1992, Vorwort, S. 13, S. 21 f., S. 43; ders., Das Strafrecht zwischen Funktionalismus und „alteuropäischem" Prinzipiendenken, ZStW 107, 1995, S. 863 ff.; Heiko Hartmut Lesch, Der Verbrechensbegriff, 1999, Vorwort, S. VIII. などを参照。

にも影響を与えるのである(8)。2つの体系構想を同時に追求することを簡単に諦めてしまうべきではないと思われる。

2 機　　能

　刑法学において体系論が重視されるのは，それが重要な機能を果たすことが期待されるからにほかならない。体系論の機能(9)については，次のようにまとめることが許されるであろう。まず，それは，(1)普遍的な妥当性を持ち合理的と考えられる問題解決の原理ないしそのための判断基準を提供することにより，事例の解決が，それぞれに具体的に妥当であるばかりでなく，論理的・価値論的観点から見て相互に整合的で首尾一貫したものとなること，逆にいえば，そのときどきの刑法的判断が，アドホックな処罰感情に流されて場当たり的なものに堕さないことを保証する機能を有する。同時に，体系論は，(2)個々の認識や知見を「相互的連関」のなかに位置づけることにより，それぞれのつながり・結びつきを明らかにするとともに，論理的に調和しない価値判断を排除し，刑法的価値判断の「許容域」を狭めることを通じて，それを合理化する機能を持つ。さらに，体系論は，(3)それなしには発見できない新たな問題および問題へのアプローチを発見して刑法学の議論を豊かなものとすると同時に，価値判断の合理化を通じて，将来の刑法解釈および刑事立法が進むべき方向を指し示すという機能を果たすことも期待されているといえるであろう。

　以上の3つの機能が犯罪体系論の本質的な機能だと考えられるが，このような機能を営むことから，同時にそれは，裁判官等の国家機関の刑法的思考を整序しこれを枠づける機能を果たすことが期待される。すなわち，それは実務法曹の行うべき判断の手順と枠組みをあらかじめ確定して示すことにより，現実の事件に含まれる多様な事実とそれぞれに対する評価の体系的位置づけを可能とし，実務における刑法的判断を合理化し得ると考えられる。その際，当該の

---

(8)　以上の点につき，井田良『犯罪論の現在と目的的行為論』(1995年) 6頁も参照。
(9)　体系論の機能についての詳細な分析は，Burkhardt, Strafrechtsdogmatik（前掲注3）S. 117 ff. に見られる（そこには文献も詳しく示されている）。「体系的思考」対「問題的思考」という視点から，体系論の機能と限界を論じたものとして，Ida, Die heutige japanische Diskussion über das Straftatsystem, 1991, S. 53 ff. がある。

問題群につきすでに学説において論理的・価値論的整合性および刑事政策的合理性の吟味を経ていることは、実務にとり大きな負担軽減の意味[10]を持ち得るといえるであろう。

3　充たすべき条件

体系論が上のような諸機能を最適な形で果たすためには、種々の前提条件をクリアすることが要請される。まず第1に、一般条項や「内容空虚な公式」は、その内容分析が困難であり、まったく違った結論をそこから導出することも可能であることから、極力排除されなければならないであろう。たしかに、刑法が、無限に複雑であり、かつ変化にさらされている社会を規制するものであるからには、閉じた幾何学的体系は不可能であり、「開かれた概念」がある程度必要ではある[11]。しかし、可能な限り明確で内容の可視的な概念構成を目ざすべきだとする指導理念が放棄されてはならない。

第2に、刑法的判断においても、コンセンサスの獲得可能性が「真理性の基準」となるから、その理由づけにあたっては、広い意見の合致を可能にするような実質的な論拠、したがって、共有された思考枠組みおよび価値判断にもとづいた論拠が重視されなければならない。哲学や社会科学の理論を正規に学ばなければ理解の困難な上位概念を前提として、そこからの演繹的推論により問題解決を導出するような方法は斥けられなければならない。もちろん、法律学の議論は、法律家内部での閉ざされた議論にとどまるべきではなく、他の学問分野の知見を広く取り入れる必要がある。しかし、その際には、他の学問分野の概念構成と論理をそのままダイレクトに法律学に導入するのではなく、「法的概念構成と法的論理への翻訳」という作業が先行して行われる必要がある。この点については後述したい（Ⅳ2を参照）。

第3に、体系構想が問題解決を強く規制し、また十分に問題解決力を発揮するためには、抽象的レベルにとどまるものであってはならず、十分に具体的で抽象度の低いレベルの議論にまで降りてくることが要求される。一定の完結し

---

[10]　この点につき、Burkhardt, Strafrechtsdogmatik（前掲注3）S. 119を参照。

[11]　この点につき、Bernd Schünemann, Einführung in das strafrechtliche Systemdenken, in: ders.(Hrsg.), Grundfragen des modernen Strafrechtssystems, 1984, S. 8 ff. を参照。

た体系を前提に，そこから演繹的に導かれた解決を示したとしても，同じ体系的思考枠組みを採らない別の論者との間にコンセンサスの成立する余地はない[12]。そもそも抽象度の高い体系論は，現実に生起する具体的な問題のすべてを実際に検討するに先立って，将来生じ得る問題の解決を固定化してしまうことを意味するのであって，原理的矛盾を含んでいるとさえいえる。学説が判例との間に生産的な関係を持つためには当然のことであるが[13]，学説のなかで広い合意を得るためにも，体系構想は抽象度の低いレベルにまで具体化される必要がある。

III 存在論と機能主義

　本来であれば，ドイツの犯罪体系論がこれまで判例および立法の実務に対しいかなる影響を及ぼしてきたかを詳細に跡付ける作業がここで必要であろう。しかし，それは本稿のような小論になし得るところではない。争いの余地のないことは，第二次世界大戦後に時期を限定するとき，射程の大きな体系的理論として，存在論と機能主義（ないし目的合理主義）という2つの立場がもっとも重要な意味を持ってきたことであろう。以下では，私の目から見てそれぞれの立場が持つところの本質的な意味について簡単にまとめておきたいと思う。

1　存在論

　現在のドイツの犯罪論の礎石となっているのは，規範理論と結びついた存在論的アプローチからもたらされた諸認識であるといえよう。それは，法規範の対象となっている人間行動の在り方に関する存在論的知見から出発して，それに対応した合理的・合目的的な問題解決を目ざすことを指導原理とすることにより，自然主義的方法論（とりわけ，「因果ドグマ」ないし「因果的一元論」）による桎梏[14]を克服することを可能とし，個別的な問題解決のレベルに至るまでの犯罪

---

[12]　井田『犯罪論の現在と目的的行為論』（前掲注8）6頁を参照。
[13]　この点につき，井田良「刑法と判例と学説」法学教室222号（1999年）22頁（本書第4章71頁以下）を参照。
[14]　この点につき，Schünemann, Einführung（前掲注11）S. 21 ff. を参照。

論の大きな変革を成し遂げたのであった。中心的主張者であったヴェルツェルの学説の根本にあったのは,「規範論的一般予防論」とでも呼ぶべき思想である(15)。すなわち,刑法とは,一定の行為を禁止・命令する規範を国民に対してさし向け,その違反に対して刑罰を科すことで行為規範の効力を維持し,行為規範の保護を通じて社会秩序を維持するために存在するという考え方であった。それは,人は一定の範囲内において目的的な行為と不行為の能力を有するという存在論的知見と不可分に結びついており,そこから,違法判断における人的要素（行為無価値要素）の考慮の不可欠性（すなわち,その考慮なしには合目的的な刑法的判断は不可能であること）が導かれたのである。

　とりわけ重要な主張は,人が行為規範にしたがい得るためには,その行為規範が行為者の主観的認識に対応した内容でなければならない,というものである。法はただ規範レベルにおける行動規制をなし得るのみであり,事実の不知に対して規範は無力だからである。故意犯と過失犯とで異なった規範的評価が要求されることも,また,事実面の錯誤には寛容であらざるを得ないが,違法評価に関わる錯誤には寛容であることはできないことも,ここから基礎づけられる(16)。他方,因果的違法論により無限定なものとなった違法論は,因果的事象の目的的統制（の可能性）という,因果的決定のレベルとは異なった存在論的次元において見出し得るメルクマールにより,刑法の目的に対応する形で大幅に限定された。たとえば,条件説以上の結果帰属の限定や,行為支配概念による正犯性の限定がその例である。さらに,責任の領域についても,「行為統制（Verhaltenssteuerung）」と区別された「動機統制（Antriebssteuerung）」という基体を発見し,不法と責任の区別を（政策的立場によって変わり得る目的論的考慮にではなく）実体にもとづかせると同時に,故意と違法性の意識とが評価の対象として分

---

(15) この点につき, Armin Kaufmann, Strafrechtsdogmatik zwischen Sein und Wert, 1982, S. 289 を参照。存在論的方法の基礎にはこのような刑罰論上の基本的見解が存在しているのであるが,このことは,存在論的アプローチに対する批判において,看過されることが多い。一例として, Claus Roxin, Zur kriminalpolitischen Fundierung des Strafrechtssystems, in: Internationale Perspektiven in Kriminologie und Strafrecht, Festschrift für Günther Kaiser zum 70. Geburtstag, 2. Halbbd, 1998, S. 885 ff. を見よ。

(16) 以上の点につき, 井田良「具体的事実の錯誤」現代刑事法1巻6号（1999年）87頁以下を参照。

離されなければならないことが明らかにされた[17]。

このようにして，存在論的方法論とは，法規制の対象となるものの性質にかんがみて「およそ意味のある」「実体に適合した」より合目的的な法学説に優位性を認めるという主張にほかならなかった[18]。私には，この基本的認識の正当性は現在でも揺るぎないものであるように思われる。現在のドイツでは，純粋に規範主義的な方法論も強く主張されているが[19]，上に述べた意味において存在論的アプローチは現在でも克服不可能な体系的方法論なのである[20]。

これまで述べたところから明らかなように，存在論的方法論において規範的考慮が不十分であったとするのは正しい学説史的評価とはいえない[21]。もしそうであったならば，ヴェルツェル理論の基本部分が（「目的的行為論」という名称をのぞいては）ドイツの通説により受容され，その重要箇所が1975年施行のドイツ刑法総則において条文化されるということもあり得なかったであろう。学説の基礎にあったのは行為規範論であり，そこから導かれた構成要件限定の原理である「社会的相当性」や，過失犯における「社会生活上必要な注意」の理論などは，その後の時代に展開された，構成要件該当性の段階での規範的判断の内

---

[17] 詳しくは，井田良「行為論の意義と機能」現代刑事法1巻2号（1999年）76頁以下，同「具体的事実の錯誤」（前掲注16）87頁以下，同「責任要素の理論」現代刑事法2巻10号（2000年）94頁以下などを参照。

[18] 以上の点について，井田『犯罪論の現在と目的的行為論』（前掲注8）1頁以下，同「犯罪論と刑事法学の歩み」法学教室179号（1995年）18頁以下（本書第3章48頁以下）およびそれらに引用された文献も参照。ヴェルツェル理論を評価する上では，彼の門下生の手になる2つの論文が必読文献である。すなわち，フリッツ・ロース（阿部純二＝佐久間基共訳）「ハンス・ヴェルツェル（1904—1977）」法学56巻5号（1992年）47頁以下およびハンス・ヨアヒム・ヒルシュ（福田平＝井田良共訳）「ヴェルツェル以降の西ドイツ刑法学」ジュリスト934号（1989年）118頁以下，同936号（1989年）130頁以下である。

[19] これに対するシューネマンの批判はかなり決定的なものであるように私には思われる。Bernd Schünemann, Strafrechtssystem und Kriminalpolitik, Festschrift für Rudolf Schmitt zum 70. Geburtstag, 1992, S. 130 ff.; ders., Kritische Anmerkungen zur geistigen Situation der deutschen Strafrechtswissenschaft, GA 1995, S. 218 ff. を参照。

[20] なお，ヴェルツェルの学説の評価において厳格責任説の持つ意味を強調する傾向があるが，この理論はヴェルツェルの学説にとりその本質的部分ではないと解される。

[21] 存在論的アプローチは，目的的行為論から「全実定刑法を構築し得る」（Walter Perron, Sind die nationalen Grenzen des Strafrechts überwindbar?, ZStW 109, 1997, S. 300）ような帰結を演繹し得るとする考え方などでは最初からなかった。

実の分析の「萌芽」としてその重要性は高く評価できる[22]。客観的帰属論の枠内で主張されている客観的構成要件の限定も，ヴェルツェルの学説の規範論的基礎と整合的である[23]。現に，日本における理論の継承者である福田平も，最初から事前的危険性による客観的構成要件の限定を併せて主張してきており，未遂犯においても客観説の立場を堅持してきたのである[24]。

2 機能主義（目的合理主義）

1970年代以降，今日まで大きな影響力を持ってきたのは，機能的アプローチないし目的合理主義的アプローチと呼ぶべき考え方であった[25]。ただし，規範理論を基礎とする存在論的方法論も，因果的違法論（結果無価値論）が絶対的応報刑論に適合した体系論であることを指摘して，規範による一般予防を刑事政策的指導原理とする合目的的な理論を対置したのであって，それも1つの機能的アプローチの立場にほかならなかった[26]。そうであるからこそ，目的合理主義の立場も，違法論においては，規範論的一般予防を指導原理とする人的違法論の基本思想を受け入れることができたのである。機能的アプローチは，当時は特別予防の観点を強調したので[27]，新しい学説はとりわけ責任論の領域で生み出されるに至った。すなわち，そこでは，責任の存在をミニマムな要件とし

---

[22] この点につき，Jakobs, Der strafrechtliche Handlungsbegriff（前掲注7）S. 29 f. を参照。

[23] この点につき，Wolfgang Frisch, Geglückte und folgenlose Strafrechtsdogmatik (Kommentar), in: Albin Eser u.a. (Hrsg.), Die Deutsche Strafrechtswissenschaft vor der Jahrtausendwende, 2000, S. 170 f. を参照。行為規範論が結果帰属論にとっても本質的に重要であることを論じる最近の論文として，Erich Samson, Das Verhältnis von Erfolgsunwert und Handlungsunwert im Strafrecht, in: Festschrift für Gerald Grünwald, 1999, S. 591 ff. がある。

[24] 福田平『全訂刑法総論〔第3版〕』（1996年）102頁以下，234頁以下，243頁以下，254頁以下など参照。

[25] たとえば，Schünemann, Strafrechtssystem und Kriminalpolitik（前掲注19）S. 117 ff., 125 ff. を参照。

[26] 社会との関わりを意識したヴェルツェルの主張を想起すべきである。たとえば，過失犯に関し，機能的アプローチの方法にもとづく研究と，目的的行為論にもとづく規範理論的考察とが，その結論においてほぼ同一の方向を示していることは決して偶然ではない。田宮裕「過失に対する刑法の機能」『刑事法の理論と現実』（2000年）87頁以下と，井田良「過失犯の基礎理論」現代刑事法1巻8号（1999年）特に78頁以下とを比較せよ。

つつも，行為者に有利な方向，すなわち不処罰となる方向に向かっては，特別予防の必要性の欠如を理由とする柔軟な判断が可能となるように形式性を緩めることにより免責の可能性を開くことが主張されたのである。

しかし，目的合理主義のアプローチがもたらした真の革新というべきものは，問題解決のための中規模（ミドルレンジ）の理論を発展させた点にあると思われる。とりわけ事例ごとに類型化された解決原理を明らかにし，そこから中規模の理論を帰納的に展開するという方法論は，結果帰属論や正犯論の顕著な発展をもたらした。それは，ヴェルツェルが築いた礎石の上に，事例志向の方法論によって規範的判断のより一層の具体化をもたらしたものと評価することができる。結果帰属の問題においては，その存在論的基礎を確認するだけでは十分でなく，個別事例において適用可能な，結果帰属のための実質的・価値論的原理を解明することがどうしても必要となる。一例を挙げると，被害者の自殺が原則として行為者に帰属されないことは，人にとっての支配可能性という存在論レベルの考慮により説明するのでは十分ではなく，自殺にきっかけを与えることを結果帰属の対象とするという一般化された結論が耐え難い社会的帰結を生むであろうと考えられるところにその根拠を求めるべきなのである。ドイツの刑法学が，存在論的アプローチを基礎としつつ，上のような方法論を発展させてきたことは刑法的思考方法の大きな革新と評価することが可能である。このような考え方によると，具体的な問題解決をコントロールする力の弱い体系構築論は，中規模理論をつなぐ緩やかな「開かれた体系」にとどまることになる。こうした問題的思考（ないしトピク思考）と体系的思考の「ジンテーゼ」[28]は，存在論的方法論を補充する形で価値論的領域における刑法的判断を合理化するための方法論として大きな有効性を持ち得るように思われる。

これに対し，より慎重な評価を必要とするのは，機能主義の立場から人的違法論に対し加えられている批判である。それによると，オーソドックスな目的的行為論にもとづく人的違法論は，行為者のパースペクティブから見られた行

---

(27) 特に，クラウス・ロクシン（川口浩一＝葛原力三訳）「第二次世界大戦後のドイツにおける刑事政策と刑法学の発展について」関西大学法学論集50巻1号（2000年）182頁を参照。
(28) Roxin, Strafrecht, AT, 3. Aufl. 1997, S. 167 Rdn. 50, S. 180 Rdn. 83. この点につき，井田『犯罪論の現在と目的的行為論』（前掲注8）4頁以下も参照。

為規範違反性を基準とすることによって違法論を主観化し，また結果無価値の位置づけに関し確固とした理解を保証できないという難点を持つというのである⑳。そこで，機能的アプローチは，主観化傾向をはらむ人的違法論に対するアンチテーゼとして，行為無価値の位置づけを低下させ，むしろ結果帰属論を中核とする違法論を主張するに至っている㉚。しかしながら，少なくとも現在の刑法のもとでは（将来の刑法がどのような方向に発展して行くかということは別論としよう），行為規範違反の側面と発生結果の側面との両方を考慮せざるを得ないと思われる。機能主義の立場も，違法の中核としての行為規範違反性のないところに違法性を肯定することはできない。そのようなことをすれば，違法概念はまさにその「機能的意味」を喪失することになってしまうからである。もし構成要件論を結果帰属論に解消することにすれば，「行動基準の提示」という従来の違法概念が担っていた機能が失われることにならざるを得ない㉛。他方において，存在論的アプローチを前提としたとしても，行為規範の内容を定めるにあたり法益に対する危険性の要素を重視すること，構成要件的行為として事前判断により危険とされる行為のみが予定されていると考えることなどは㉜，人的違法論と矛盾するものではない。そうであるとすれば，結局，ここにおいては，存在論と機能主義のジンテーゼ，または後者による前者の補完のみが問題となり得るのである。

---

(29) この点について，たとえば，Schünemann, Einführung（前掲注11）S. 43 ff. などを参照。
(30) たとえば，最近の論文のなかでは，Jakobs, Strafrecht zwischen Funktionalismus und Prinzipiendenken（前掲注7）S. 859 ff.; Jürgen Wolter, Menschenrechte und Rechtsgüterschutz in einem europäischen Strafrechtsystem, in: Schünemann/Jorge de Figueiredo Dias (Hrsg.), Bausteine des europäischen Strafrechts, Coimbra-Symposium für Claus Roxin, 1995, S. 19 ff. などを参照。
(31) この点につき，Makoto Ida, Inhalt und Funktion der Norm beim fahrlässigen Erfolgsdelikt, in: Festschrift für Hans Joachim Hirsch, 1999, S. 225 ff., 239 f. を参照。
(32) たとえば，Wolfgang Frisch, Vorsatz und Risiko, 1983, insb. § 2 und § 3 を参照。これに対し，事前判断による危険性を結果不法の要素として把握するのは，Jürgen Wolter, Objektive und personale Zurechnung von Verhalten, Gefahr und Verletzung in einem funktionalen Straftatsystem, 1981, insb. 25 f., 82 ff., 94 f., 174, 356 f.（批判として，Frisch, Vorsatz und Risiko, S. 92 Fußn.134, S. 121 Fußn.9 がある）。

Ⅳ 現在の諸傾向とその評価

　ここで現在のドイツにおける理論刑法学の学説の状況を概観すると，根本的に新しい体系論から，実務上も大きな変化を迫る具体的結論が導かれるということはもはやなくなったように見受けられる。しかし，他方において，基本的な体系構想をめぐる議論はさかんであり，「新体系」を標榜する見解さえ少なくないことが特徴的である。したがって，体系論のレベルでの論争は，実際的な意味のある結論を導き出すことができずにいわば「空転」しているといい得るのである。私は，現在のドイツにおける体系論をめぐる議論の特徴を次の4つにまとめることができると考える。すなわち，(1)機能主義の誇張，(2)社会科学的概念構成，(3)抽象性の高い概念からの演繹，(4)規範理論の混迷である。

1　機能主義の誇張

　現在支配的なのは，機能主義の方法論といえようが[33]，今ではその行き過ぎた強調が見られるように思われる。犯罪論において，刑罰理論との関わりを強調することにより，従来知られていなかった新しい説得的な結論が得られると考えることは幻想にすぎないであろう。なぜなら，刑法学は，(それを意識的に行うにせよ，無意識的であるにせよ)ずっと以前から刑罰論から導かれる帰結との整合性を維持すべく理論構成を行ってきて現在に至っているのだからである。立法者が構成要件の設定にあたり当罰性の考慮や一般予防的考慮等を行った上で可罰的行為を選別し類型化している以上[34]，構成要件の解釈においては目的論的解釈が重要であり，また，構成要件要素においては規範違反要素と可罰性に関する要素とが最初から分かち難く結びついている[35]。しかし，これらのことは，

---

[33] たとえば，Jürgen Wolter/Georg Freund (Hrsg.), Straftat, Strafzumessung und Strafprozeß im gesamten Strafrechtssystem, 1996 に収められた諸論稿を参照。

[34] たとえば，Knut Amelung, Zur Kritik des kriminalpolitischen Strafrechtssystems von Roxin, in: Schünemann (Hrsg.), Grundfragen des modernen Strafrechtssystems, 1984, S. 87 ff. を参照。

[35] たとえば，Bernhard Haffke, Die Bedeutung der Differenz von Verhaltens- und Sanktionsnorm für die strafrechtliche Zurechnung, in: Schünemann/Figueiredo Dias (Hrsg.), Bausteine des europäischen Strafrechts, Coimbra-Symposium für Claus Roxin, 1995, S. 94 ff. を参照。

ずっと以前から自明の理とされてきたことなのであり，機能的アプローチによりはじめて明らかにされたというものではない。しかも，当罰性の考慮のためには，すでに刑事訴訟法上の諸制度が用意されている。当罰性の考慮を無制限に犯罪論に持ち込むことは，このような実体法と手続法の役割分担を無視することにもなり得よう。

　また，犯罪論と刑罰理論とをダイレクトに結びつけようとすることは解決困難な問題をもたらすことになる[36]。刑罰制度の構成原理を功利主義的に理解する立場が大勢であるとはいえ，刑罰理論について合意があるというにはほど遠い状況にある。かりに一定の予防目的について大方の合意があるとしても，個別事例における経験的な犯罪予防効果の発生の見込みは，犯罪成否の際の判断基準としてはあまりにも不確かなものである。また，制度全体の構成原理は功利主義的に理解されるべきだとしても，ただちに具体的な処罰の場面において，処罰により見込まれる功利主義的効果をダイレクトに援用すべきだとすることにはならない。むしろ行為の不法と責任に対して回顧的な評価を下すことが将来にわたっても適切な効果を発揮するはずだと考えることの方がより安定した判断をもたらし得るのである[37]。しかも，犯罪の成否の判断にあたり科刑の持つ功利主義的効果を正面から考慮することは，歴史的試練を経験しつつ形成されてきた思考枠組みを壊すおそれを持っている。より時間的な余裕があり種々の資料にもとづく判断が可能な立法においてでさえ，刑罰効果の過大評価にもとづく過剰な立法化の危険が指摘されている[38]。現在のような，功利主義的傾向の強い時代においては，刑罰効果の考慮が，マスメディアから流される（しばしば一面的な）情報に影響されて，刑罰限定のための諸原則を踏み越える結果をもたらすことが危惧されるのである。

---

[36] 以下の点については，Hirsch, Strafrechtliche Probleme（前掲注3）S. 82 ff.; Stratenwerth, Was leistet die Lehre von den Strafzwecken?, 1995, insb. S. 7, 14 ff. を参照。ただし，本文に述べることは，限定された部分領域において，刑事政策的考慮をダイレクトにはたらかせることの可能な場面があることを否定する趣旨のものではない。

[37] この点につき，井田良「量刑理論の体系化のための覚書」法学研究69巻2号（1996年）295頁以下を参照。

[38] 批判的なものとして，Michael Hettinger, Entwicklungen im Strafrecht und Strafverfahrensrecht der Gegenwart, 1997 を参照。

機能主義的アプローチの持つもう1つの問題は，それが裁判の時点を基準とする事後的評価の一面的強調につながる点にある。たしかに，存在論的アプローチは主観化の傾向を秘めており，これを方法論的な基礎として主観的色彩の濃い理論構成を試みる論者もいる[39]。しかし，罪刑法定主義の原則の具体化として国民に対する行動基準の提示を重視する人的違法論の基本思想の正当性は，そのことによって揺らぐものではない。機能主義的アプローチにもとづく結果帰属思想は，存在論的アプローチの補完以上のものをもたらすべきではないのである。

2 社会科学的概念構成

刑法学がその対象とする個人は社会的連関のなかにおいて観察されなければならず，したがってまた，犯罪論も現在の社会の在り方との関わりで構想されなければならないことは，存在論的アプローチの問題意識でもあった。今では，刑法学が他の社会科学の認識・知見を積極的に摂取すべきことは当然のこととされている。現在のドイツにおいては，社会科学の諸理論（とりわけ社会理論）を犯罪論の問題解決に応用しようとする傾向がますます有力であるが[40]，とりわけ従来の犯罪論の議論においてほぼ合意の得られている結論に対して社会科学的な説明が与えられるとき，それは興味深くまた説得的なものであり得る[41]。

---

[39] ドイツにおいて，行為無価値一元論を主張するのは，Gerhard Dornseifer, Unrechtsqualifizierung durch den Erfolg – ein Relikt der Verdachtsstrafe?, Gedächtnisschrift für Armin Kaufmann, 1989, S. 427 ff.; Armin Kaufmann, Strafrechtsdogmatik（前掲注15）S. 133 ff., 151 ff., 160 ff.; ders., Die Dogmatik im Alternativ-Entwurf, ZStW 80, 1968, S. 50 ff.; Lüderssen, Die strafrechtsgestaltende Kraft des Beweisrechts, ZStW 85, 1973, S. 291 ff.; ders., Erfolgszurechnung und „Kriminalisierung", Festschrift für Paul Bockelmann, 1979, S. 181 ff.; Diethart Zielinski, Handlungs- und Erfolgsunwert im Unrechtsbegriff, 1973, S. 121 ff., 128 ff., 152 ff., 200 ff. など。人的違法論の立場からこれに批判的な見解として，Hirsch, Strafrechtliche Probleme（前掲注3）S. 71 ff., 366 ff. がある。

[40] 代表的なのは，Jakobs, Strafrecht, AT, 2. Aufl. 1991; ders., Das Strafrecht zwischen Funktionalismus und Prinzipiendenken（前掲注7）S. 843 である。

[41] たとえば，「事実の誤り」と「意欲の誤り」の区別に関するヤコブスの所説を参照せよ。Jakobs, Strafrecht（前掲注40）S. 8; ders., Über die Behandlung von Wollensfehlern und von Wissensfehlern, ZStW 101, 1989, S. 522 ff.; ders., Das Strafrecht zwischen Funktionalismus und Prinzipiendenken（前掲注7）S. 862 f.

しかしながら，現在のドイツにおける1つの有力な傾向である社会科学的アプローチは，看過できない危険性を持っているように思われる。まず，第1に，犯罪論を社会科学により置き換えるならば，それはある問題の背後にその解決を規定する社会的圧力が存在することを暴くことはできるかもしれないが，それも現在の社会に関する「記述」として受け入れざるを得ないとされて，規範的視点からその変革を求めることが非学問的と見なされる嫌いがある[42]。それは現状肯定的である点では実務の在り方の1つの裏付けを提供するものであるかも知れないが，規範的見地からそれを正当化し得るものではない。しかし，むしろ求められているものは，実務の在り方の規範的正当化またはその批判と改善提案なのではなかろうか。第2に，犯罪論の個別的な問題，たとえば，誤想防衛の事例の解決をめぐって議論が行われるときに，社会科学的分析により何らかの結論がもたらされ得るものかどうか疑問であろう。社会科学的論拠が現に持ち出されたときには，反論することが困難であることが多いから，それは批判を遮断して自説を批判から「免疫化」する機能を果たすことになるであろう。前述のように，法判断の理由づけにあたっては，広い意見の合致を可能にするような実質的な論拠，したがって，共有された思考枠組みおよび価値判断にもとづいた論拠が重視されなければならないが（Ⅱ3を参照），社会科学的アプローチはこのような要請に反するものといわなければならない。この点は，次の第3の問題点にも関わる。すなわち，哲学や社会科学の理論を正規に学ばなければ理解の困難な上位概念を前提として，そこからの演繹的推論により問題解決を導出するような方法は斥けられるべきだということである。社会科学的方法論を用いた研究が重要であるとしても，他の学問分野の認識・知見を取り入れる際には，その分野の概念構成と論理をそのままダイレクトに法律学に導入するのではなく，「法的概念構成と法的論理への翻訳」という作業が先行して行われる必要がある。学説のなかで広い合意を獲得し，また実務に影響を与えることを意図するのであれば，そのような翻訳は必要不可欠である。使用される概念とそれを使用した思考とは切り離すことはできないという反論もあり得ようが，少なくとも私には，そのような「翻訳」が原理的に困難であり，ま

---

[42] 明らかにそのような方向で議論を展開するのは，Jakobs, Das Strafrecht zwischen Funktionalismus und Prinzipiendenken（前掲注7）S. 854 f., 856 ff., 867 である。

たそれにより本質的なものが失われるようには思われないのである。

3 抽象性の高い概念からの演繹

現在とりわけ顕著なもう1つの傾向は，抽象度の高い観念から具体的な犯罪論の問題への帰結を演繹しようとする傾向である。「人権保障」や「比例原則」といった憲法的な理念(43)から，または「人間の自由」や「刑罰の根拠づけ」に関する（法）哲学的思想(44)からの演繹的操作により，かなり具体的な結論がダイレクトに引き出される。

しかし，抽象性の高い概念からの直接の演繹は，かりにその概念自体については合意が可能であったとしても，必然的な説得力を保証するもの足り得ない。ある法分野において憲法上の抽象的命題に依拠する度合いが大きければ大きいほど，それはその分野が問題解決のための独自の原則と理論を発展させてこなかったことの証拠であり，その分野の後進性を示すものだとする評価さえ存在する(45)。他方，哲学的刑法理論は，たとえば「それはカントの誤読だ」とか「ヘーゲルの理解を間違えている」といった，本題を外れた議論につながりかねない。それに加えて，抽象的な上位概念，哲学的指導原理，独創性を誇示する「大理論」からの直接的な演繹は，それらの自明性に幻惑されて，実定法の解釈の限界を乗り越えがちとなる傾向を持ち，全体として法的安定性を脅かす危険性をはらんでいる(46)。実務との間に健全な関係を築こうとするときにこうした傾向がマイナスであることは言うまでもなかろう。

現に，現在のドイツの状況を見るとき，実務との関係で良好な関係があるのは「中規模理論」であるように思われる。抽象度の高い体系論についていえば，実務に影響を与えている徴候はないが，このような中規模理論は影響を行使している(47)。このことに示されているように，犯罪論の議論は，それが問題解決をより強く規制するためには，十分に具体的で抽象性の低いレベルの議論でな

---

(43) たとえば，Wolter, Menschenrechte und Rechtsgüterschutz（前掲注30）S. 3 ff. を参照。
(44) たとえば，Michael Köhler, Strafrecht, Allgemeiner Teil, 1997; Rainer Zaczyk, Zum Strafrecht, Mainzer Runde '98, 1998, S. 3 ff.
(45) Arzt, Strafrechtswissenschaft（前掲注3）S. 847 ff. を参照。
(46) この点に関し示唆に富むのは，Arzt, Strafrechtswissenschaft（前掲注3）S. 867 ff.

ければならない⁽⁴⁸⁾。裁判官と研究者との間では、問題意識と思考方法が明らかに異なる。裁判官にとっては、何よりも当該の事案の適正な解決が重要である。もちろん、この事案でこのような解決をしたとき、事実関係が少し異なる類似の事案の解決にどういう影響を及ぼすかということも考慮されるであろうが、そのような考慮にも種々の制約がある。これに対し、学説の存在理由は、およそ考え得る限りの関連する事例類型を想定した上で、それぞれの事例の解決の論理的・価値的整合性を検討し、またそれらが法の規定、承認された法原則や基礎理論と矛盾しないかどうかを考え抜くところにある⁽⁴⁹⁾。とはいえ、大きな射程を持った構想により問題の全体を整合的に矛盾なく解決することが刑法学の理想であるとしても、それは近未来において達成できるものではあり得ない。明日には根本から覆される危険性は、その理論の抽象度が高まれば高まるほど増加するといえよう。具体的な諸事例の十分な検討を経ずに構築された抽象的な理論体系をケースにあてはめ、演繹的に結論を導出した上で、判例の結論と比較するというような形の（悪しき）体系的思考は、「実務との対話」を困難・不可能にするというばかりでなく、将来的にも短命に終わることが強く予想されるのである。

4　規範理論の混迷

犯罪論の体系構成にあたっての規範理論の重要性は一般的に承認されている。たしかに、刑法は法益保護の目的を達成する手段として、行為規範を用いるほかはないのであるから、行為規範の理論は違法論の出発点である。刑法が事実面の錯誤については寛容であり、違法性の錯誤については寛容であり得ないことも、行為規範論を前提としてはじめて説明できることである。不法と責

⁽⁴⁷⁾　ただし、Fritz Loos, Grenzen der Umsetzung der Strafrechtsdogmatik in der Praxis, in: Ulrich Immenga (Hrsg.), Rechtswissenschaft und Rechtsentwicklung, 1980, S. 261 ff. の評価も参照。

⁽⁴⁸⁾　ちなみに、フリッツ・ロース（阿部純二訳）「責任論の諸問題」法学56巻2号（1992年）83頁は、ヤコブスの総論教科書に対する高い評価は、基本にある方法論によるよりも、「中範囲の諸理論のおかげ」だとしている。

⁽⁴⁹⁾　井田「刑法と判例と学説」（前掲注13）22頁（本書第4章71頁以下）を参照。なお、Hirsch, Strafrechtliche Probleme（前掲注3）S. 112 にも類似の指摘がある。

任の区別も，意思的行為による行為規範違反の存否の問題か，それとも規範意識による動機づけの制御の問題かの区別によってはじめて適切に説明できる。当該の行為状況のもとで結果回避のために人に何を要求できるのか，そして，その種の行為を法により一般的に禁止することが社会生活にどのような影響を与えるのか[50]という行為規範違反性の考慮を度外視するならば，刑事不法の範囲は無制限に拡大され，一般予防目的という刑法にとり本質的な機能的観点からも不合理な結論に至らざるを得ないのである[51]。

しかし，ドイツにおける規範理論の現状を見ると，その決定的重要性について合意があるものの，どのような内容を予定するかについては議論に帰一するところがない。行為規範(ないし意思決定規範)についてはさまざまな理解があり，結果の発生・不発生も行為規範違反の評価に影響するとする客観的理解[52]から，志向無価値のみが一元的に不法を構成するとする主観的理解[53]，さらにはおよそ不法と責任の区別の廃棄を再び主張するもの[54]まで幅広い学説が存在するのである。主観化の傾向に歯止めをかけようとして，客観化を意図した規範理論[55]が主張されることにより，さらに議論は混迷を深めている。他方で，行為規範と制裁規範を併存させる「二元主義的コンセプト」を批判し，法義務そして行為規範の概念を一切放逐して犯罪論体系を構想する試みさえ存在する[56]。議論の現状から得られる印象は，規範理論からはすべてのことを導出し得るが，逆

---

[50] 特に，Hans Welzel, Studien zum System des Strafrechts, 1939, in: ders., Abhandlungen zum Strafrecht und zur Rechtsphilosophie, 1975, S. 140 ff. を参照。

[51] 以上の点については，前掲Ⅲ１も参照。

[52] たとえば，Hirsch, Strafrechtliche Probleme（前掲注３）S. 72, 369 ff. は，故意犯に関する限り，結果が発生することによってはじめて完全な行為無価値が肯定されるのであり，その意味で，結果無価値は行為無価値の「非独立的な構成部分」にすぎないとする。この見解によれば，(完全な)行為無価値が肯定され，しかも結果無価値が認められないということはおよそあり得ないことになろう。

[53] たとえば，Zielinski, Handlungs- und Erfolgsunwert（前掲注39）S. 124 f., 313; Eberhard Struensee, Der subjektive Tatbestand des fahrlässigen Delikts, JZ 1987, S. 54 f. など。

[54] 特に，Jakobs, Der strafrechtliche Handlungsbegriff（前掲注７）S. 41 ff.; ders., Das Strafrecht zwischen Funktionalismus und Prinzipiendenken（前掲注７）S. 863 ff. を参照。

[55] 行為規範論にもとづいて結果無価値の重要性を説明する試みとして，Samson, Das Verhältnis von Erfolgsunwert und Handlungsunwert（前掲注23）S. 595 ff. がある。

[56] Andreas Hoyer, Strafrechtsdogmatik nach Armin Kaufmann, 1997, insb. S. 41 ff. を参照。

に，何も決定的なことは引き出し得ない，ということである。規範理論は，実質的な論拠により結論を導いた後で，それを事後的に説明するための理論構成の飾りにすぎないものになっているとさえいえよう。したがって，規範理論からの演繹的思考には懐疑的になるべきだと思われる[57]。より実質的な論拠が重視されるべきであり，規範理論にもとづく演繹的主張に対しては結果の具体的妥当性の吟味が特に要求されることになると思われる。

V　結　　語

学説史上，ヴェルツェル理論を最後として体系的な「大理論（Groß-Theorie）」から直接に実務に影響を及ぼし得るような具体的結論を演繹し得る時代はすでに終わったといえよう。「大理論」のレベルでは，存在論的アプローチと機能主義（目的合理主義）とのジンテーゼ，より正確には後者による前者の補完のみが問題となり得る。現在，実務に影響を与え得るのは「中規模理論」のみである。そこに注目する限り，ドイツにおける学説と実務の関係は（部外者の目から見ると）相変わらずかなり良好である。

戦後のつかの間の平穏な時代においては，実益のない知的遊戯の余裕もあったかもしれない。しかし，社会の変化[58]のなかで刑法的対応を迫られている問題は確実に増加しており，そこにこそ知的エネルギーが割かれるべきだという社会的要請を無視することはできない。実益を生み出すことなく知的資源をただ無制限に消費する体系論は，自然の資源を侵食し地球環境を破壊する贅沢品に似ている。そのさかんな生産は刑法学を国際的に孤立させる意味しか持たないであろう[59]。大理論ではなく，中規模理論に的を絞り，実際的な成果に照ら

---

[57]　このような状況においては，規範理論を問題解決のための決定的なよりどころとすべきではないとする Schünemann, Einführung（前掲注11）S. 62 ff. の主張にも説得力がある。

[58]　それは，規制緩和，自己責任，法化社会，行政重視型国家から司法重視型国家への転換，国際化，グローバル化，ボーダレス化，高度情報化社会，高齢化社会，リスク社会などのキーワードで表現される。

[59]　なお，「刑法学のヨーロッパ化」のテーマのもとで，方法論と体系論の議論は差し控えて，実質的な問題を議論することの方が生産的だとするのは，Kristian Kühl, Europäisierung der Strafrechtswissenschaft, ZStW 109, 1997, S. 800 ff. である。

Ⅴ 結　語

しての不断の反省と批判的再検討を欠かさない犯罪論こそが現代の要請であるといえるのである。そしてそのようなコントロールは，外部からのものであってはならず，まさに「自己規制」でなければならない。以上が本稿のささやかな結論ということになる。

第6章

刑事実体法分野における実務と学説

Ⅰ　はじめに
Ⅱ　学説と実務のギャップ
Ⅲ　刑法学の本質的任務と現在の問題

Ⅰ　はじめに

　刑事実体法の分野においても，学説と実務の間には一定のギャップがあり，ときには議論がすれ違いに終わるなど，十分な意思疎通が成立していない嫌いがある。そして，その点ではやはり学説の側になお改善を要する部分があることは否定できない。しかし，私には，現在における真に深刻な刑法学の問題が，実務に関心を持ち実務における問題解決に役立つような研究を行っていないところにあるようには思われない。むしろ私は，現在の問題（「学」としての刑法学の危機）は，刑法学が実務との関係において適度な距離をとることができず，実務の問題意識にとらわれた研究に終始しているところに胚胎するとさえ感じている。

　以下においては，まず，学説と実務のギャップとその原因につき，方法論の次元に注目して検討を加えることとする（Ⅱ）。その上で，学説の本質的任務と，いままさに学説に求められているところについての私見を述べることとしたい（Ⅲ）。

Ⅱ　学説と実務のギャップ

1　学説の思考方法

　実務との関わりを問うに先立ち，刑事実体法分野における学説の任務が何に求められてきたかを問題としたい。この問いに答えようとするとき，刑法学自身による刑法学の理解（いわゆる自己理解 Selbstverständnis）はドイツ刑法学のそれ

により強く影響されてきたことに(あらためて)気づかされる。法律学一般に共通することであるが,刑法学の任務は,抽象度の高い諸概念(もちろん,概念相互の間に抽象度のレベルの高低における相違が存在する)を用いて法判断を体系化することに求められた。ドイツの法律学における体系的思考は,近世自然法論の所産といわれている。それは,公理を置き,そこから定理を導き,個別の命題を証明するという数学的思考に影響を受けつつ,抽象的な法命題から個別の法命題を論理的に演繹できるように全体をピラミッド化することをめざすものであった[1]。法的ルールを1つの法典としてまとめ上げようとするヨーロッパにおける法典編纂(いわゆる自然法的法典編纂)の動きもそれにより準備された。刑法学にも決定的な影響を与えたドイツ観念論の哲学者たちの思想も体系的思考により強く規定されていた[2]。

　刑法における体系的思考の1つの典型例として私が思い浮かべるのは,「フランクの注釈書」およびその中で示された「フランクの公式」で有名なラインハルト・フランク(Reinhard Frank)が,1890年に発表した論文「現代の故意論における表象と意思」[3]において示した分析である。フランクは,錯綜する故意をめぐる議論を取り上げ,そこに,はじめて「意思説」と「表象説(認識説)」という対立概念を導入し,各論者の学説を整理するとともに,表象説の論者もまた(故意ではなくそれに先行する)「行為」の要件としては意思を考慮していることから,両説の間には実質的対立はないことを示した。このようなフランクの分析が基礎となり,故意は「認識的要素」と「意思的要素」という2つの概念により分析されるようになり,それに対応して確定的故意に2態様があり,また,不確定的故意,すなわち未必の故意の問題は認識的側面と意思的側面の相関関係の中で解決されなければならない問題であることなどが明らかにされていった。

　体系的思考が支配するドイツの刑法学においても,具体的な事例は頻繁に取

---

[1] 近世自然法論については,たとえば, Hans Welzel, Naturrecht und materiale Gerechtigkeit, 4. Aufl. 1980, S. 108 ff. を参照。
[2] たとえば, Karl Larenz, Methodenlehre der Rechtswissenschaft, 6. Aufl. 1991, S. 19 を見よ。
[3] Reinhard Frank, Vorstellung und Wille in der modernen Doluslehre, ZStW, Bd. 10, 1890, S. 169 ff.

り上げられる。法学部教育について見ても，私の知る限り，授業の目標は，学生がかなり複雑な事例問題をみずから解決する能力を修得するところに置かれている。ドイツの大学の法学部におけるカリキュラムの伝統的構成部分として演習（Übungen）があり，これは具体的な事例を課題として出して学生に答案を作成させ，教授がこれに解説を加えるというものであり，まさに大学が行う「答案練習会」にほかならない。とはいえ，ドイツにおいては，講壇事例（Schulbeispiel）が好まれることもまた事実である。とりわけ，既存の体系の枠内では説明のしにくい，または矛盾が生じてしまう仮定的な設例を考案して，それをめぐって論じ合うということが行われる。判例のケースや裁判実務に現れた事例が取り上げられるときも，何より既存の体系との整合性に注意が払われているように見える。

　ドイツ刑法学は，およそ想定可能なケースを全て1つの体系の枠内で説明できるような体系的な枠組みを構築しようとする強靱な意思に支えられてきたということができよう。学説の仕事は，およそ考え得る限りの関連する事例のタイプを想定した上で，それぞれの事例の解決の論理的整合性および価値的整合性を検討し抜くこと，またそれらが法の規定，承認された法原則や基礎理論と矛盾しないかどうかを考え抜くところにあるということである。日本の刑法学がドイツ刑法学から学び，そして文字通り血肉化したものは，このような法解釈学の手法ないし思考方法であったように思われる[4]。

2　コミュニケーション・ギャップの原因，具体例

　これまで述べたところを前提とすると，わが国の刑事実体法の領域で学説と実務との間にギャップが生じざるを得なかったことも説明が可能となる。実務といっても，ここではひとまず判例のことを念頭に置くこととするが，裁判所の法判断は，具体的事案の適正な解決を主眼とするものであるから，つねに「事実との関連性」という制約を受ける。そこで，裁判所の法判断は，事例解決の前提となった事実との関係でのみ正しく理解することが可能であり，それを事実関係から切り離した理論命題のように読むことは判例の本質を見誤るもの

---

[4]　体系の意義と機能についてより詳しくは，井田良「犯罪論をめぐる学説と実務」『田宮裕博士追悼論集・下巻』（2003年）538頁以下（本書第5章77頁以下）において論じた。

ということになる。もちろん、裁判所も、この事案でこのような解決をしたとき、事実関係が異なる類似の事案の解決にどういう影響を及ぼすかということも考慮するであろう。というより、そのような一般化の考慮こそが（少なくとも伝統的な意味での）法的思考の本質的部分である。ただ、そのような考慮も、種々の制約のもとに置かれている。そこに実務における法判断の特色がある[5]。

これに対し、学説は、無制約的に、およそ考え得る事例を想定した上で、事例解決の整合性を検討するから、実務と学説とでは、事例解決を支える論理をどこまで一般化・抽象化して検討するかという点において大いに異なるといえる。そればかりか、学説はしばしば、具体的な事例群の検討から帰納的に理論命題を獲得するというのではなく、一定の抽象的な理論命題から演繹的に事例解決を引き出すということさえする。

具体例をいくつか挙げたいと思う。1つは、学説の思考方法を特徴づける「演繹推理」[6]が判例との関係で欠陥を露呈した例であり、それは、因果関係論の領域においてであった。従来、学説は、通説たる相当因果関係説の立場から判例を読み、これを批判してきた。相当因果関係説によれば、結果に至る因果経過が行為の時点から見て経験上予測し得るようなものであるとき因果関係が肯定され、逆に、およそ偶然的で稀有・異常な事情が介在したとき因果関係が否定される。ところが、判例上、因果過程に稀有で異常な事態が介入しているが、それでも因果関係を否定することがおよそ妥当でない事例が現れるに至って[7]、事例解決にあたっての相当因果関係説の判断基準の持つ不明確さが明白

---

[5] より具体的にいえば、たとえば、次のようなことが重要である。裁判所は、事案の解決にとり不必要な判示は避けるのがふつうである。したがって、たとえ明示的な判例変更の期待される論点についてであっても、その事案に関する限り結論が変わらないのであれば、以前からの判例の立場をあえて変更しないこともある。また、事件の事実や上告審に至るまでの手続上の経緯に特殊性があり、最高裁がそれに配慮した上で妥当な結論を導くべく努めた場合については、その判示を一般化することはできないということもある。判例の拘束力の強さと射程は、裁判所の判断が当該事件の具体的事情の特殊性にどこまで依存しているか、逆にいえば、どの程度そこから独立した普遍的意味を持っているかに強く影響される。判例の拘束力についてはその強度をはかるいくつかの基準があるが、具体的ケースが典型的な事実であって特殊性が乏しく、判示されたことの一般化が可能かどうかも重要な要素といえる。
[6] 中野次雄「判例の世界と法律学の世界」司法研修所論集84号（1990年）5頁以下を参照。
[7] 最決平成2・11・20刑集44巻8号837頁（大阪南港事件）。

に意識されるようになった。このことは，相当因果関係説が，ドイツから輸入され，せいぜい抽象的に検討された理屈であって，様々な事例の解決を支える論理を慎重に一般化しつつ帰納的に得られた理論ではないことを物語っているだろう。最近の最高裁は，条件説より制限的な要件を示しながらも，相当因果関係説とは距離を置き，あえて相当因果関係説の判断基準を適用することなく，個々の事例に即して因果関係の存否を確定しているが[8]，その背景には上に述べたような事情があると思われる。

　もう1つの具体例は，一般化・抽象化のレベルと内容で判例と学説が乖離する例である。日本でもドイツでも，正当防衛の制限が問題とされてきた。わが国の判例では，「喧嘩闘争と正当防衛」という標題の下で論じられ，とりわけあらかじめ侵害が予期され，したがって侵害の回避が十分に可能であった場合に正当防衛の成立をどの限度で・いかなる要件のもとに肯定し，また否定するのかが問題とされたのである。判例は，「当然又はほとんど確実に侵害が予期されたとしても，そのことからただちに侵害の急迫性が失われるわけではない」としつつも，36条が侵害の急迫性を要件としている趣旨から考えて，「単に予期された侵害を避けなかったというにとどまらず，その機会を利用し積極的に相手に対して加害行為をする意思で侵害に臨んだときは，もはや侵害の急迫性の要件を充たさない」としたのであった[9]。

　たしかに，緊急事態において国家機関の対応が間に合わないときの例外的な実力行使という正当防衛の制度趣旨が「急迫性」という要件に「結晶化」しているという解釈には説得力がある。あらかじめ侵害を確実に予期し，かつそこに赴かなければならない特段の理由もなく，そこに行かないことによって侵害を容易に回避できるのに，その機会を利用して加害する意思で現場に赴いたとき，その限りでそれは「急迫な侵害」とはいえないとすることは解釈論的にすぐれた解決といえるであろう。とりわけ，侵害の予期があっても原則として正

---

[8] もちろん，最高裁の一連の判例の中から，その基本的スタンスを一般化することは不可能ではない。それは，被告人の行為が結果発生との関係で有する事実的影響力・因果的寄与度（および介在事情の因果力との比較）に注目し，それが一定程度の重みを持って結果発生に寄与していれば因果関係を肯定するものであろう。その立場は修正条件説（または重要条件説）と呼ばれるべきであろう。

[9] 最決昭和52・7・21刑集31巻4号747頁。

当防衛を認めつつ,例外的に「積極的加害意思」がある限度で否定するという理論構成は,正当防衛権を過度に制約しないための歯止めとなり得る点においても評価できると思われる[10]。

これに対し,ドイツの判例では,正当防衛の制限が「みずから招いた正当防衛状況」というコンテクストで問題とされた。わが国では,侵害が予期されたのに回避せず進んでその状況に身を置いたという場合が問題であったのに対し,ドイツでは,判例を契機として,防衛状況に至ったことについて自己に何らかの落度のあるケースがまとめて問題とされたのである。自招の侵害のケースの中でも,主観的態様に即して分類すれば原因行為が過失の場合もあれば,もっとも極端な意図的挑発の場合までいくつかの類型があり得るし,挑発行為の法的性格に即して分類すれば原因行為が適法行為の場合と違法行為の場合,反倫理的行為とそうでない場合などいくつかの類型があり得る。ドイツの学説は判例から出発してこれらのすべての事例に首尾一貫した解決を与えようとしたのである。

日本とドイツのそれぞれの問題は,一部が重なる2つの円の関係にあることが明らかである。侵害が予期される事例においては行為者の落度とか原因行為の性格とかは必ずしも問題とされていない。逆に,ドイツでは,侵害の予期のある場合に正当防衛権が制限されるかという形では問題とされていない。どちらがより正しいか,より精緻であるかというようなことは問題とならず,コンテクストが異なるとしかいいようがない。わが国の学説がドイツの議論を参考にしつつ正当防衛の限界を論じる際には,このようなコンテクストの相違をわきまえるべきであったように思われる。実務家の問題意識にピントを合わせた議論という点では,学説に不十分なものがあったことは否定できないように思われるのである[11]。

3　実りある対話を可能とするためには

学説とが実務との間に生産的な関係を持つためには何が必要であろうか。いささか図式的な分析にすぎるかもしれないが,私は次のように見ている。実務

---

[10]　以上の点について,井田良『刑法総論の理論構造』(2005年) 169頁以下を参照。

が判断を迫られた具体的事例を事例Ⅰとする。この事例Ⅰについては，Xという理由づけにしたがうとき適切な解決Aが得られるとする。これに対し，同種類型の事例Ⅱ，そしてかなり異質だが共通の問題を含んだ事例Ⅲが存在し，事例ⅠからⅢの全体を整合的に解決しようとするときは，Yという論理が現状では唯一可能と考えられると仮定したい。ここで，Yを事例Ⅰにあてはめると，解決Aよりも劣る解決Bが導かれざるを得ないというときにはどうすべきであろうか。このような場合，個別事例の適切な解決を重視する実務が事例ⅠについてXという理由づけに依拠して解決Aを選択し，論理的整合性ないし体系性を重んじる学説がYの理由づけを採用して解決Bを支持するということが考えられるのである。

注意すべきことは，ここで学説の思考方法がより「正しい」ものであるとは必ずしもいい切れないということである。なぜなら，事例ⅠからⅢの全体を整合的に矛盾なく解決できる論理がYのみとは決めつけられないからである。仮に現在の学説においてはそうであるとしても，将来，新しい学説の主張によりZ理論が提示され，それによれば事例Ⅰには解決Aが与えられるという可能性もある。とりわけその可能性は，その論理の抽象度が高まれば高まるほど増加するといえよう。そればかりではなく，とりわけ司法機関たる裁判所にとっては，事例Ⅰはともかく，起こってもいない・判断を迫られてもいない事例Ⅱや事例Ⅲを含めた全体を整合的に矛盾なく解決できる論理を構想することはその任務ではあり得ないということが重要である。

そうであるとすれば，学説が判例との間に生産的な関係を持つためには，事例から出発し，適度な抽象度のレベル（すなわち，高すぎず低すぎずのレベル）で，

---

(11) もちろん，コミュニケーション・ギャップは逆の方向においても存在する。たとえば，刺激的なタイトルを持つ，実務家の書いた最近の論文である金山薫「構成要件論の終焉」『小林充先生・佐藤文哉先生古稀祝賀刑事裁判論集・上巻』(2006年) 2頁以下を例にあげれば，私はその主張を殆ど理解することができなかった。私の確信するところでは，「構成要件」とは実質的諸問題を議論するためのフォーラムのようなものである。構成要件を否定しても，実質的諸問題は消え去りはしないし，それを議論するためのフォーラムが別に必要になる（それらの問題についての解答は実務上決まっているのだから学問上議論する必要はない，というのなら話は別であろうが）。たしかに，フォーラムそのものの設定をめぐる，かなり観念的な議論が存在しているが，実はそれらの議論も，実質的問題に対するそれぞれの論者の見解と密接不可分の関係にある。

それぞれの事例の解決が相互に論理的・価値的な整合性を持つかどうかを検討することに重点を置かなければならないと思われる。具体的事例に直面するに先立って構築された抽象的な理論体系（ましてや外国の学説において主張されているような理論）をケースにあてはめ，演繹的に結論を導出した上で，判例の結論と比較するというような形の（悪しき）体系的思考は，同じ体系的思考枠組みを採らない別の論者との間にコンセンサスの成立する余地をなくしてしまうという点で問題であるばかりでなく，実務との対話をおよそ困難・不可能とするであろう。

学者（そして実務家）が以上述べたことを理解するならば，刑事実体法の分野においても実りある対話と協働関係を築く可能性が開けると考えている[12]。

III 刑法学の本質的任務と現在の問題

1 学際科学としての刑法学

これまで述べてきたような意味において，刑事実体法の分野においても，学説と実務との間には（方法論の次元に原因を持つ）一定のギャップがあり，その点では特に学説の側になお改善を要する部分があることは否定できないであろう。しかしながら，現在における真に深刻な刑法学の問題は本当にそこにあるのだろうか。はたして，学説が実務に関心を持ち実務における問題解決に役立つような研究を行っていないところに学説の欠陥があるという物言いは，いま肯綮にあたるといい得るものであろうか。

かつて学説と実務の間に大きなギャップがあることが問題視された時期があるとしても，事態は確実に改善されているように思われる。学説が判例を理解し評価しようとする際に，ドイツの学説を尺度とするような手法は，研究者の間でもすたれてしまっている。わが国の刑法学は，外国法への依存を弱めてきており，実務に注目するという傾向をますます強めている。とりわけ，司法制度・法曹養成制度の改革（とりわけ法科大学院制度の創設）に関連して，学者と実務家とが協力する機会が増加しており，学者が実務に関心を持ち，また実務家が理

---

[12] 以上の点について，井田良「刑法と判例と学説」法学教室222号（1999年）21頁以下（本書第4章69頁以下）を参照。

Ⅲ 刑法学の本質的任務と現在の問題

論に関心を持つというように，学説と実務とが接近し問題関心を共有するという現象が見られる。一例をあげれば，いま学界においても実務界においても，量刑の問題への強い関心が生じ，もっとも盛んに議論されている刑事法のテーマの1つとなりつつある[13]。

そもそも，学説と実務とは，相互に異なった立脚点から法にアプローチすることにより刺激し合うべきもので，そのために多少距離がある方が望ましい。一定の距離を保ち，相互の向上のために相互に建設的な批判を交わしあうのがむしろ健全な関係というべきである。学説は，実務に対する建設的批判を可能とすべく実務との間に適度な距離を保つとともに，ただ真理の探究のみに仕えることを自己の使命と見なすことにより，これまでその理論学としての性格を維持してきた。刑法学説は，理論認識ないし理論構造の認識に役立つべきものであり，引き出される結論の実務における受容可能性を尺度としてその価値がはかられるべきではないとする考え方も十分の理由を持っている。

そればかりでなく，そもそも刑法学とはどのような学問であるべきなのだろうか。唐突ではあるが，上田閑照『西田幾多郎とは誰か』(2002年，岩波現代文庫) 287頁以下が，西田哲学にとっての基本的問いかけを2つに要約していることが思い起こされる。すなわち，それは，「我々がそこから生れ，そこにおいて働き，そこへ死んで行く現実の世界というものは，どういう構造をもったものか」，そして，「我々の自己の存在とは如何なるものであるか」の2つである。それぞれを「社会」への問いと「人」への問いに言い換えることが許されれば，この2つは，刑法学にとっても殆どそのまま中心的な問いかけといい得るのではなかろうか。

刑法学は学際科学の最たるものであろう。刑法学は，人についての人文科学，

---

[13] 実務家の著作である原田國男『量刑判断の実際〔増補版〕』(2004年)や，判例タイムズ誌上に断続的に掲載されている大阪刑事実務研究会による包括的な研究(たとえば，遠藤邦彦「量刑判断過程の総論的検討」判例タイムズ1183号，1185号，1186号，1187号，2005年)を見ても，学説の研究を積極的に参考にしていることは明らかである。他方で，小池信太郎の一連の理論研究(「量刑における消極的責任主義の再構成」慶應法学1号〔2004年〕213頁以下，「量刑における犯行均衡原理と予防的考慮(1)——日独における最近の諸見解の検討を中心として——」慶應法学6号〔2006年〕1頁以下など)を読めば，それが実務を顧慮していないなどとは到底いい得ないであろう。

自然科学分野の色々な学問領域，社会についての隣接の社会科学の諸分野に学び，それらと手を携えてその知見を深めてきた。刑法学が他の学問分野と交錯する問題領域において重要な認識・知見をもたらした具体例として，たとえば，自由意思の問題を指摘することができるであろう[14]。人の意思決定と行為が因果法則により説明し尽くされるのか，それを超えるものであるのかは，特に哲学の分野で議論され，また自然科学の領域でも関心を持たれてきた問題であるが，刑法学においては，刑事責任の本質論，刑罰の目的と正当化根拠，量刑における応報的科刑と犯罪予防との関係等の根本的問題と密接に関連する重要問題として認識されてきたのである。もし，そのような議論は実務に役立たない観念の遊戯であるとして，刑法学の研究対象から除外するとすれば，それは刑法学の自殺行為であろう。

いま1つ例をあげると，しばしば「不毛な」議論とされるのは，行為論をめぐる論争である。そのような状況を引き起こした元凶ともいわれる目的的行為論は，行為における目的，すなわち実現意思の重要性を強調し，実現意思が及んでいる部分のみが行為，すなわち違法評価の対象であり，したがって，過失行為における結果は行為の一部ではなく，違法要素でないことを主張した。これはドラスティックな考え方で，違法評価の対象をあまりに限定しすぎるもののように見え，現に，目的的行為論は過失行為を説明できない，とする批判が加えられたのである。

この種の議論は，まさに「あまりにも観念的であり，何のために議論しているかわからない状態におちいっている」[15]という評価が的中するかのように思える。しかしながら，目的的行為論の主張は，人に規範，すなわち行動準則を差し向けるとき，その人が認識している事情を前提としてこれを与えないと無意味であるという洞察にもとづいている。たとえば，目の前の人を熊だと信じてこれを撃とうとする人をその行為から遠ざけさせるために，「人を殺すな」という故意行為を禁止する規範を差し向けても無意味であろう。法もまた言語的コミュニケーションであることをその内実とする。その犯人には「人」という認識が欠けている以上，当の本人の認識する事情のもとでは「人を殺すな」と

---

[14] 井田『刑法総論の理論構造』（前掲注10）219頁以下およびそこに引用された文献を参照。
[15] 平野龍一『刑法総論Ⅰ』（1972年）105頁。

いうのは理解不能な命令でしかない。かつて田宮裕が，過失行為については，刑罰の「威嚇はいわば行為者の周辺を無益に通過するのみ」である[16]と書いたのはまさにその趣旨である。目的的行為論は，田宮がその機能主義的立場にもとづいて指摘したことを，理論的・体系的に展開したものにほかならない。もし行為者の認識事情を前提に行動準則を定式化すると，そういう事情の下で拳銃を撃つのであれば，客体をよく確認せよという内容のものとなろう。過失(致死)行為を禁じるためには，殺人行為を禁じるのとは別の規範が必要である。行為者の実現意思が及んでいない限り違法評価の対象とはならない，というのはそのことを意味するのである。

このことから，刑法が過失行為に対処するにあたっての本質的な問題が明らかにされた。故意犯の場合であれば目的的殺人行為を禁止するというだけで禁止の内容は閉じている。規範の名宛人は，何をしてはならないのかをはっきり知るのである。これに対し，過失犯の場合はどうであろうか。条文にある「過失により人を死亡させた者は」という文言からは，危険行為を行うに際しての具体的な行動準則は何も引き出せない。目的的行為論の主張者は，過失犯の構成要件は「開かれた構成要件」であり，補充を必要とすると述べ，補充のための手段も示した。それが「社会生活上必要な注意」という「指導形象」であり，その内実は社会的行動準則である。この社会には，一定の危険行為を行うときに遵守することを要求される無数の社会的ルールがネットワークのように存在している。その中の一部は，道路交通法のように法律の規定により成文化されているが，そうでないルールもまたきわめて多い。今の社会を現実に規律している社会的行動準則を探究することなしに過失犯の成否を語ることはできない。目的的行為論のモチーフは，刑法の違法論に社会性を取り戻し，社会科学との接点を得たいという思いであった[17]。

目的的行為論の当否はここでの問題ではない。動かし得ないことは，行為や

---

[16] 田宮裕「過失に対する刑法の機能」同『刑事法の理論と現実』(2000年) 103頁。
[17] 目的的行為論をはじめて体系的に展開したヴェルツェル (Hans Welzel) の初期の論文「刑法の体系についての研究」(Studien zum System des Strafrechts, 1939, abgedruckt bei: Abhandlungen zum Strafrecht und zur Rechtsphilosophie, 1975, S. 120 ff.) は，「社会的行為の基本構造」と題された第1部からはじまるが，これを読むとき，時代思潮に影響されてはいるものの，その基本的問題意識は明らかに伝わってくるであろう。

自由意思をめぐる議論が刑法学の本質的構成部分に属するということである。刑法学の存在理由は「刑法を理解する」ことにある。刑法を理解するとは，人を理解することであり，文化を理解することであり，法の本質と機能を理解することであり，社会を理解することにほかならないであろう。もし実務に役立つ法解釈の在り方を探究するために刑法学を研究するという形で自己限定・自己制約を加えるとすれば，刑法学の救い難い矮小化を意味する。刑法学は，学際科学として，「制約なき思考」を展開できるものでなければならない。

2　刑法学の危機

　現在，立法と司法の実務においては，刑罰積極主義の傾向が生じている。その背景には，社会構造と社会意識の変化があると推測できる。まず指摘できることは，刑事政策に関わる国家意思の形成のメカニズムに大きな変化が生じたように思われることである。犯罪被害者の権利保護，そして市民の側からする，刑法による安全保護への要求がメディアを通じてダイレクトに国に向けられるようになり，政治や行政・司法の機構はこれに応じることを迫られることとなった。そのことは，国家機関による刑事政策分野での意思決定が，専門的学識を持たない一般市民および一般知識人の意見により動かされる時代になったことを意味する。そこでは，白か黒で割り切ろうとする二項対立的な思考様式が特徴的であり，とりわけ犯罪問題への「特効薬」が求められる。専門家は，単純明快な結論を求める社会の側からの期待に応えられずに発言力・影響力を失いつつあり，政策決定におけるポピュリズムの傾向が強まっている。

　また，刑罰積極主義の要求は，社会意識の変化の現れ，より具体的には，現代社会に生きる人々の不安の現れとして解釈することも可能である。メディアにより，犯罪動向の現実の推移を反映しない選択的な犯罪報道，しかも，ますます生々しい形で行われる犯罪報道に接した一般市民は，日常的に目にする行動規律の弛緩，またみずからも経験する価値基準の不明確化を犯罪現象にも投影して不安に駆られ，厳しい刑罰により秩序維持のメカニズムを補完すべきことを求める。他方，社会は巨大化・複雑化し，科学化・高度技術化（ハイテク化）の進行により，個人個人にとって，この社会は巨大なブラックボックスと化し，およそ主体的コントロールの不可能な存在となった。合理的に冷静に対応すれ

ば，何とかこの世の出来事は手中に収められる，という確信は失われた。ここには，刑罰という「劇薬」を用いてダイレクトに反社会的行為を抑止しようとする功利主義が，経験的証拠に関心を持たない非合理主義と同居している。重い実害を引き起こした者は厳罰に処せられるのが当然であるとするところで思考停止が生じ，処罰が社会にもたらし得る諸作用（望ましい作用と望ましくない作用）の衡量には関心が向けられない。犯罪化と厳罰化を求める国民の声は，政治や行政・司法の機構を通じて，学問的検討のフィルターを経ることなく，立法や裁判の実務に反映していくおそれがある。

いま刑法学は学問としての危機に直面しているといえよう[18]。今後は，法科大学院教育における実務への配慮の要請を受けて，批判能力を弱めるという要因がこれに加わることであろう。このようにして，現在の問題は，刑法学の実務との関係にあるのではなく，刑法学そのものの中にある。刑法の基礎についての制約なき思考を研ぎ澄まさない限りは，刑法学はこの専門家受難の時代を乗り切ることはできない。

---

[18] この点につき詳しくは，井田良「変革の時代における刑事法学の在り方」学術の動向2006年3月号56頁以下を参照（なお，これは日本学術会議のウェブサイト http://www.h4.dion.ne.jp/~jssf/text/doukousp/backnumber.html でダウンロード可能である）。

第7章

いわゆる
違法二元論をめぐる一考察

         Ⅰ　はじめに
         Ⅱ　刑罰論と犯罪論
       Ⅲ　一元的行為無価値論への疑問
       Ⅳ　従来の違法二元論への疑問
        Ⅴ　結果無価値論への疑問

Ⅰ　はじめに

　違法性の実質をめぐり主張されている「違法二元論」は，刑法上違法とされる行為は「行為無価値と結果無価値の二元的な構造を持つ」とする見解であるが[1]，多くの支持を得ているにもかかわらず，その学説の内容は主張者の間で一致していないし，スタンダードな理論モデルが存在するようには思われない。違法二元論については，それを議論の対象にしようとしても理解の前提（したがって，批判の前提）が欠けているといい得るのである。本稿においては，この違法二元論を私にとりもっとも説得力のある形に再構成し，それを理解可能な（同時に批判可能な）1つの理論モデルとして提示したいと考える。

　本論に入る前に，違法性の判断が犯罪論体系上どのような意味を持つかについて確認しておきたい。私にとっての出発点は，違法性と有責性という2つの判断は，そのいずれも刑罰論と関係づけられた，実質的な，そしてそれぞれ完結した価値判断でなければならないというところにある[2]。違法性の判断においては，処罰の対象が見定められる。いいかえれば，「何を何ゆえに処罰するか」がそこにおいて明らかにされる。これに対し，責任とは，ある違法行為に関し

---

[1]　阿部純二『刑法総論』（1997年）134頁。
[2]　以下に述べるところについては，井田良「結果無価値と行為無価値」現代刑事法1巻1号（1999年）81頁以下および同「行為論の意義と機能」現代刑事法1巻2号（1999年）76頁以下を参照。

その行為に出た行為者の意思決定(厳密には,意思決定に至る動機づけの制御)に非難を加え得ることをいう。責任は,違法判断と異なり,処罰を根拠づけるものではなく単に限定するものにすぎない[3]。違法判断は「処罰の根拠づけ」の判断であり,それは犯罪論にとっての「エンジン」である。責任は,処罰を単に限定するものにすぎないから,それは「ブレーキ」にほかならない。乗用車を購入しようと考える人は,ブレーキの利き具合よりも,エンジンの性能に注目するであろう。犯罪論についてもまったく同じである。違法の実質をどう考えるかは,犯罪論の理論構成にあたりもっとも決定的な意味を持つ問題である。以下の検討にあたっても,つねにこのことを念頭に置きたいと思う。

II 刑罰論と犯罪論

違法性の実質の検討においては,それが刑罰論と対応し,その内容を正確に反映したものでなければならないと考えるべきであろう。現在における中心的な刑罰目的は一般予防に求めることができる。違法二元論の基礎にあるものは,罪刑法定主義と結びついた「規範論的一般予防論」と呼ばれるべき思想である。それは,行為の時点で違法・適法の限界を明らかにする告知機能を重視して罪刑法定主義の要請に応え,同時に,規範提示による一般予防をはかろうとするものである[4]。

これに対しては,規範提示による一般予防は違法論ではなく,責任論における指導理念とすべきであるとする見解も提示されているが[5],罪刑法定主義が責任のレベルの問題ではないように,行為規範違反も責任の問題ではあり得ない。たとえば,責任能力に関する刑法39条1項の規定は,個人に対する行動基

---

[3] 「違法に従属する責任」について,内田文昭『刑法概要・中巻』(1999年)190頁以下を参照。ただし,この点に関しては,責任が違法とは独立に刑を基礎づけ加重し得るとする見解もかなり流布している。その一例は,単純遺棄罪と保護責任者遺棄罪とは違法の程度は同じであるが,後者は責任が重いことから刑が重くされているとする見解である。また,近時,神山敏雄「職権濫用罪の法益についての一考察」『井戸田侃先生古稀祝賀論文集・転換期の刑事法学』(1999年)803頁以下は,特別公務員職権濫用罪(194条)や特別公務員暴行陵虐罪(195条)の刑が一般の逮捕監禁罪や暴行罪よりも重いのはもっぱら責任が重いことによるとしている。

準を設定するものであろうか。それが、責任無能力者に対して行動基準を与えている、などと考えるのはナンセンスであろう。行動基準の問題は、規範意識による動機づけの制御という責任論の問題とは別のレベルにある（むしろ、その前提になければならない）[6]問題である[7]。

　行為無価値論が、結果無価値論と決定的に袂を分かつのは、モラリズムの立場を採るかどうかではなく[8]、また、「社会的相当性」といった一般条項で結論を出そうとする傾向に与するかどうかでもない[9]。むしろ、国民に対し「行為の許容性の限界を事前に告知する機能」を違法論の指導原理として認めるかどうか、それとともに、罪刑法定主義の原則および刑法規範による一般予防の要請を可能な限り犯罪論のなかに浸透させようとするかどうか、ここで道は分かれるのである。

---

(4)　この点につき、井田「結果無価値と行為無価値」（前掲注２）84頁以下を参照。なお、規範論的一般予防論の基本思想を、犯罪論内部の対立と独立に、純粋な法理論的分析にもとづいて首尾一貫した形で示したのは、Reinhold Zippelius, Erfolgsunrecht oder Handlungsunrecht?, NJW 1957, S. 1707 f.; ders., Die Rechtswidrigkeit von Handlung und Erfolg, Archiv für civilistische Praxis, 157. Bd., 1958/1959, S. 390 ff.; ders., Varianten und Gründe rechtlicher Verantwortlichkeit, Jahrbuch für Rechtssoziologie und Rechtstheorie, Bd. XIV, 1989, S. 257 ff. であった。

(5)　たとえば、小林憲太郎『因果関係と客観的帰属』（2003年）179頁以下、松原芳博「犯罪結果と刑法規範」『三原憲三先生古稀祝賀論文集』（2002年）331頁など参照。

(6)　この点について、Armin Kaufmann, Zum Stande der Lehre vom personalen Unrecht, 1974, wiederabgedruckt in: ders., Strafrechtsdogmatik zwischen Sein und Wert, 1982, S. 154 Fußn. 4 を参照。

(7)　違法判断が行動基準としての意味を持つことは、刑事訴訟法上の違法収集証拠の排除と捜査抑制の関係について見てもきわめて明らかであろう。田宮裕『刑事法の理論と現実』（2000年）263頁を参照。

(8)　私も、刑法と道徳・倫理とは峻別すべきであり、刑法によるその強制は正当化されないと考える。井田良『ケーススタディ刑法［第２版］』（2004年）１頁以下を参照。

(9)　ヒルシュは、すでに1962年に、その師ヴェルツェルの社会的相当性論を一般条項の濫用だとして批判していた（Hans Joachim Hirsch, Soziale Adäquanz und Unrechtslehre, 1962, wiederabgedruckt in: ders., Strafrechtliche Probleme, 1999, S. 213 ff.）。また、ヒルシュが、私との個人的な会話のなかで、一般条項の使用はヴェルツェルのもっともヴェルツェルらしくない側面だと述べたことを思い出す。

Ⅲ　一元的行為無価値論への疑問

1　違法論における応報思想の意味

　刑法的違法性の内容を，行為無価値のみにより一元的に決めることはできない。前述したように，違法判断とは，「何を何ゆえに処罰したいのか」を宣言する判断にほかならない。それは，犯罪論のエンジン部分なのである。結果が発生したときそれが発生しなかったときと比べて，より重い処罰に値するとわれわれは考える。窃盗の未遂よりも窃盗の既遂の方が重く処罰されるべきであり，また，窃盗既遂よりも殺人既遂の方が重く処罰されるべきであるとわれわれは考える。そこには，行われたことに対する反動として刑罰が科されるべきであるとする応報的処罰の要求が「処罰の動力」としてはたらいていることを否定することはできないであろう。一定の法益侵害結果が発生してはじめて本格的な処罰の要求が生じるのであるし，大きな実害が生じたときにはそれに応じて重い科刑が求められる。そのことが功利的な法益保護の見地からどこまで合理的なことであるかについては疑問も提起し得る（ただ，そのことは，一般予防の見地から，ある程度まで合理的なことと考えられよう）。しかし，少なくともわれわれの刑法はまだ，「処罰の動力としての応報処罰の要求」を社会に対して拒否することのできる，合理化の発展段階には至っていない。さらにいえば，応報的刑罰観が処罰範囲の限定と処罰の外形的明確さの保障に役立つ場合が多いこともこれまた否定できない。

　私は，刑罰論の基本は規範論的一般予防論であるとしても，同時に，上に述べたような意味における応報思想にもしかるべき地位を認めた上で，基本となる規範論的一般予防の思想によりこれに制約を加え，応報思想を洗練された，より合理的なものに「変換」した上で[10]処罰の基礎づけにつなげることが必要だと考える。規範による行動コントロールによる一般予防の中心的重要性を否定できない限り，行為無価値が違法の基本であり，それがあれば処罰は基礎づけられるし，それがなければ処罰はできない。しかし，付加的要素として，また処罰の限定のためにも，応報すなわち結果無価値が考慮される場合もあって

---

[10]　この点につき，井田良「コメント」『理論刑法学の最前線』（2001年）49頁以下を参照。

よい。ここには処罰根拠内部における矛盾ないし対立が生じ得るのであるが，その解消の場は，違法論以外にはないであろう。一元的行為無価値論を採ることができないことはここから明らかである。

2 主観的行為無価値論の批判

また，行為無価値は行為規範違反のことなのであるから，それを「志向無価値」に還元することもできない[11]。客観的行為無価値要素を認めない志向無価値論は，「主観的行為無価値論」と呼ぶことが可能である[12]。ドイツにおいては，客観的帰属論を中核とする違法論が主流となりつつあるが，その背景には，行為無価値論内部で志向無価値論のような主観的傾向が有力化したことへのアンチテーゼとして，行為無価値の位置づけを低下させる理論が要請されたという事実がある[13]。主観的行為無価値論は，日本でもドイツでも，人的違法論に対する評価を貶めたといい得るのである[14]。

ここにおいて本質的に重要なことは，「行動の記述」には客観的記述も含まれるということである。行動準則の問題として見たとき，行為態様を客観的に規定した方が，はるかに明確な行動の基準となることは明らかではないだろうか。たとえば，「他人の住居に立ち入るな」というのは明確な行動の指針となり得るが，「他人の住居への侵入を志向して行為するな」という行動基準ははるかに曖昧で無限定なものとなってしまうのである。このこととの関連でいえば，人的違法論を採るとき，行為無価値の有無は行為時の判断（事前判断）で決せられなければならないのであるが，この原則をめぐっても誤解 (unausrottbares Missverständnis) がある。行為無価値（すなわち，規範違反）には客観的要素も含まれるのであり，その限りでは客観的に（事後判断により）確定されるべきなのである。

---

(11) 松原「犯罪結果と刑法規範」（前掲注5）322頁の批判は，志向無価値論（主観的行為無価値論）には妥当すると思われる。

(12) Hirsch, Handlungs-, Sachverhalts- und Erfolgsunwert, Gedächtnisschrift für Dieter Meurer, 2002, S. 5 ff. を参照。

(13) この点につき，井田良「犯罪論をめぐる学説と実務」『田宮裕博士追悼論集・下巻』（2003年）547頁（本書第5章85頁以下）を参照。

(14) この点につき，Hirsch, Handlungs-, Sachverhalts- und Erfolgsunwert（前掲注12）S. 9 f. mit Fußn.24 を参照。

たとえば，刑法208条の処罰規定から導かれる暴行罪の行為規範は，現に被害者たる人がそこにいることを前提とした規範と解すべきであろう。被害者たる人がいなければ，暴行罪の規範は行為者に向けられないのである。行為者がマネキン人形を「人」だと誤信して行為しても，また，誰が見てもそれが「人」に見えるという場合でも，暴行罪の規範違反は認められない。そこには，現行法上は可罰的違法性を否定される「暴行未遂の行為不法」しか存在しないのである(15)。人的違法論が「規範違反性の有無は行為時の判断（事前判断）で決せられなければならない」と主張するとき，それは，法が客観的に設定する行為規範が現に存在することを前提として，その違反があったといい得るかどうかは事前判断で決せられるとするにとどまる。行為時の判断で「違法に見える」のであればすべて可罰的違法性が肯定されるというのではない。出発点は各則の刑罰法規であり，その構成要件部分を行為時にふつうの人がしたがい得るような行為規範へと具体化し，その具体化された行為規範に違反する事実があったときに（客観的に実在したときに）はじめて，刑法上の行為無価値性が肯定される（ただし，その違反の事実があったかどうかの判定においては事前判断が基準とされる。行為の時点で見ればふつうの人には違法であることを認識し得ない行為を，事後的にさかのぼって違法な行為と評価することは，刑法の目的と機能に照らして無意味であるから）ということなのである(16)。

　各則の処罰規定を出発点として，行為時に向けて行為規範を具体化するとき，何のための規範の設定であるかといえば，それはあくまでも一般予防という功利的な犯罪予防目的の実現のためであることに注意しなければならない。一般予防のために意味を持たないところで行為規範違反を肯定する必要はない。未遂処罰に関する具体的危険説（「行為無価値論型具体的危険説」）が，一般人であれば危険を基礎づける事情が存在しないことを見破れる場合にまで規範違反を肯

---

(15)　人的違法論の主張者のなかでも，たとえば，野村稔『未遂犯の研究』(1984年) 241頁, 243頁以下注 (7), 266頁は，保護責任者遺棄罪について，客体が死体であることが事後的に判明したときでも，一般人も誤信する状況である限りは，同罪の成立が認められるとする。それは，まさに本文において批判したような主観的行為無価値論の立場である。

(16)　そればかりか，Hirsch, Handlungs-, Sachverhalts- und Erfolgsunwert（前掲注12）S. 11 ff. は，故意犯においては，行為者の意図した結果が発生してはじめて完全な行為無価値が実現されるとし，結果無価値は行為無価値の非独立的な構成部分であるとする。

定する必要はないと考えるのは，そこに理由がある[17]。たとえ行為者がその薬品を青酸カリであると信じ込んでいたとしも，一般人・通常人なら砂糖だと見破れる場合（すなわち，ふつうの人なら危険を感じない場合）まで処罰の対象とすることは一般予防の見地から行き過ぎだと解されることから，規範内容が目的論的に限定されることになる。これを理論的首尾一貫性がないとする論者もいるが[18]，そういう論者は犯罪論の背後に刑罰論があることが理解できない（いいかえれば，刑罰論とは切り離して純粋に犯罪論を考える）のであろう。

3 刑罰論の反映としての違法論

以上のように見てくると，まさに違法論の二元性は刑罰論の二元性の反映であることが明らかである。それは，刑法が犯罪予防（規範論的一般予防）を指導理念とするとともに，社会の側からの応報的処罰の要請と処罰範囲の限定にも配慮しなければならないという刑罰論内部における二元性ないし分裂の反映なのである。違法二元論に対しては理論的な首尾一貫性に対する異論が提起されることもあるが[19]，犯罪と刑罰は対概念であり，刑罰についてどう考えるかの問題を離れて犯罪の本質を明らかにできないことを認識しなければならない[20]。図式的に言えば，絶対的応報刑論という一元的な刑罰論を採るなら一元

---

[17] この点につき，井田良「危険犯の理論」『理論刑法学の最前線』（前掲注10）181頁を参照。

[18] 松原「犯罪結果と刑法規範」（前掲注5）328頁注(29)，山口厚「コメント」『理論刑法学の最前線』（前掲注10）78頁以下，198頁以下など。なお，佐藤拓磨「不能犯に関する一考察」法学政治学論究54号（2002年）361頁以下，366頁以下も参照（ちなみに，この論文は，具体的危険説を内在的に理解した上で，徹底的な批判的検討を加えた論文としてきわめて示唆に富むものである）。

[19] 特に，曽根威彦『刑事違法論の研究』（1998年）28頁，29頁以下，33頁，38頁，45頁以下，松原「犯罪結果と刑法規範」（前掲注5）325頁以下など参照。

[20] 松澤伸「違法性の判断形式と犯罪抑止」早稲田法学78巻3号（2003年）242頁以下，247頁は，行為規範論に立ちながら結果無価値に不法構成的意義を認める点の首尾一貫性に疑問を提起する。本文に述べたように，結果無価値性が要求される根拠は，刑罰の持つ応報的側面である。その意味では，行為無価値（刑罰の一般予防的側面に対応する）と結果無価値（刑罰の応報的側面に対応する）とは，相互に制約し合う関係にある。ただ，本稿の主張の核心は，行為不法のみで処罰は正当化され得るとする点にすぎず，結果無価値による処罰の限定が相当と考えられる場合があり得ることを否定するものではない。

的な結果無価値論が採られることになるし，純粋一般予防論という一元的な刑罰論を採るなら，一元的行為無価値論が採られることになるであろう。罪刑法定主義と一般予防論を基調とする相対的応報刑論には，違法二元論が対応するのである。

Ⅳ 従来の違法二元論への疑問

1 片面的理論構成の批判

これまでの違法二元論の論者の多くは，行為無価値に単に限定的意味のみを認めるべきであると主張してきた[21]。つまり，結果不法と行為不法の両方がそろわないと処罰できないということなのであろう[22]。行為無価値のみで違法性を肯定しつつも，応報に対し処罰にあたっての消極的意味を認めて，結果か危険がない限り処罰できないとする見解もあるが[23]，これも行為無価値と結果無価値の両方がそろわないと処罰できないということに帰着するから，従来的な違法二元論とその理論枠組みを同じくすると評価することができる。

しかし，私の考えでは，行為無価値は独自に刑罰を根拠づけ得ないような，単に限定的意味しか認め得ないような，それほどに弱い処罰根拠ではない。行為規範違反はそれだけで立派に犯罪論のエンジンとしてはたらき得るのである。処罰は法益保護のためにのみ行われるが，たとえ応報的処罰の要請がなくても，法益保護のために合理的であれば，行為無価値のみで処罰を肯定することは可能である。もちろん，つねに処罰すべきであるとはいえない。しかし，たとえば，支払用カード電磁的記録不正作出準備の未遂(刑法163条の4第1項，163条の5)の場合のように，合理的な処罰理由が示されれば，これを刑事不法とす

---

[21] たとえば，大塚仁『刑法概説（総論）〔第3版〕』(1997年) 347頁以下，大谷實『新版刑法講義総論』(2000年) 247頁以下，254頁以下，西原春夫『刑法総論』(1977年) 114頁以下（ただし，同書116頁も参照），福田平『全訂刑法総論〔第3版増補〕』(2001年) 139頁以下など。

[22] 特に明快なのは，日髙義博「偶然防衛と違法モデル」『〔専修大学法学研究所紀要23〕刑事法の諸問題Ⅴ』(1998年) 126頁以下。

[23] 増田豊「消極的応報としての刑罰の積極的一般予防機能と人間の尊厳」『人間の尊厳と現代法理論〔ホセ・ヨンパルト教授古稀祝賀〕』(2000年) 155頁以下を参照。

ることに反対する理由はない（もし，客観的・物的不法による限定〔たとえば，いわゆる客観的危険説が未遂処罰の場合に要求する程度の内容のもの〕がつねにはたらくべきだとするのであれば，予備行為はおよそ処罰することが正当化されないことになるはずである）。従来の違法二元論が，行為無価値のみで処罰できないと考えてきたのは，そこにそれだけでは「人前に出せない内容」を考えてきたからなのであろう。それは，倫理違反という内容であったかもしれないし，少なくとも当該の刑罰法規の法益保護目的とは合理的な関連性を持たないような内容であったのであろう。しかし，そのような要素なのであれば，かりに処罰を制約する方向でのみ機能するものであるとしても，およそ考慮されるべきではない。

2　規範論的功利主義

現代でも通用する違法二元論は，基本的に結果無価値論と同じ功利主義の立場でなければならない。異なるところがあるとすれば，いわゆる結果無価値論が行為功利主義（アクト功利主義）であるのに対し，私はルール功利主義の立場を採るということである。すなわち，「およそその種の行為を一般的に許容したとき，社会にどのようなマイナス効果が生じるか」，そして「そのようなマイナス効果の発生を防止するためにどういう行動準則を示して遵守させるのがよいのか」という考慮（このような考慮にもとづき，その行為に〔強いまたは弱い〕否定的な評価を加えるとき，その評価が行為無価値の評価にほかならない）を抜きにしては，合理的な刑法的判断は不可能である。このような，行為を一般化した上での実害性の考慮（すなわち，規範論的考慮）を行うかどうかにおいて，道が分かれることになる。

一例として，一定の身分ある者の行為のみが処罰され，または刑が加重されている身分犯の場合を考えてみたい。保護責任者による遺棄（刑法218条）を単純遺棄（同217条）と比べてより強く禁止する（より重い違法評価を加える）ことは法益保護の観点から見てまったく合目的である（したがって，刑の相違を道徳的・倫理的な義務違反を根拠にして理由づけることはもちろん妥当でない）。しかし，たとえば，病気のため寝たきりとなり，自力では日常生活が不可能な被害者Aを遺棄する行為は，Aの世話をしている息子の甲（身分者）によるものであっても，隣人の乙（非身分者）によるものであっても，被害者に対する法益侵害性（Aの生命

または身体に対する危険の有無・程度）という点ではまったく同一である。このように，行為の具体的な法益侵害性ないし危険性という点では何ら区別されない行為であっても，法益保護の見地から区別することが合理的であることはいくらでも存在する。

既遂犯における故意一般を違法要素と解するかどうかがいわゆる行為無価値論と結果無価値論との分水嶺だといわれる。そして，「既遂の場合にも故意が違法要素だとすれば，それは，故意の存在自体が，社会倫理的に非難に値するから，違法だということになる」[24]と決めつけられることがある。しかしながら，刑法の任務は法益保護にあると解する立場からも，故意を違法要素として把握することの方がより合理的である。刑法が法益を保護するための手段は，一定の行為を禁止する規範（または法益の保全のために一定の行為を命令する規範）を国民に向けて明示し，その違反に対して刑罰を科すことによって規範の効力を維持し，人々を規範にしたがった行動へと動機づけること以外ではありえない。そして，より効果的な法益保護のためには，法益の侵害を直接的に目ざした故意行為を，そうでない行為と比べてより強く禁止しなくてはならないであろう。法益保護の思想に立脚するからこそ，故意はより重い規範違反性を基礎づけるものとして，違法要素とされなければならないのである。故意の行為規範と過失の行為規範とは「人間に対して本来別個な内部的・外部的態度を要求し，本来別個な社会規範として人間の社会生活を規律している。このことは，前者の規範は日常生活の中で一応意識の隅の方に押しやっていても差支えないが，後者の規範は常に身辺に置いておかなければならないという生活経験からも知ることができ」[25]る。また，かりに過失行為に関する刑法規範をとりやめても社会秩序にとり致命的なことにはならないとしても，故意による法益侵害を抑止する刑法規範を廃止することはまったく現実的ではないことを考えても，それぞれの行為規範としての相違が明らかである。このように，故意規範と過失規範とが行為規範として区別され，したがって，故意一般が違法性の強度に影響をもつ違法要素であることを法益保護の見地から理由づけることは十分に可能であるばかりか，むしろそう考えることの方がより合理的である。

---

[24] 平野龍一「日本から見たドイツ刑法学」警察研究61巻4号（1990年）6頁。
[25] 西原『刑法総論』（前掲注21）154頁。

V 結果無価値論への疑問

1 結果無価値論の基本思想

　結果無価値論は，法の立場から望ましくない客観的事態が生じたことを事後的に確認するところに違法判断の意味があるとする。私も，そのような判断には法的に意味があると考える。違法二元論を採る限り，未遂の判断にあたっても，結果の不発生が前提になる以上，結果が本当に発生していないかどうかを確認する必要があるし，危険結果を生じた客観的に危険な未遂（結果無価値が付け加わった未遂）とそうではない未遂（行為無価値のみの未遂）とは違法性の程度が異なり，それは量刑にも大きく影響するから，客観的事態の確認は前提となる。その意味では違法判断は事後判断である。しかしながら，このことから一元的な結果無価値論の正当性が導かれるものではあり得ない。違法性判断の内部にそのような客観的事実の確認の段階を設けてよいし，そのことには法的な意味があると思われるが，それだけでは刑罰論と関係づけられた実質的で完結した価値判断にはならないのであって，それは「不法の非独立的な一部分」にすぎないのである。

　もし，そのような客観的事実の確認がそれだけで処罰根拠となるというのであれば，それは刑法は事後処理のためにあるとする見解，将来の犯罪予防を考えずに過去に生じたことへの対応のみを考える刑罰論を採ることを意味するものである。学説史的な事実としても，結果無価値論は，応報刑論が支配した時代に応報刑論者により主張され，または，リストのような，一般予防を考慮しない（違法の処罰根拠づけ機能を多かれ少なかれ否定し，責任の段階における特別予防的考慮のみで刑罰を基礎づける）論者により主張されたのであった[26]。

　たしかに，結果無価値論がわが国の従来の法の在り方と整合的であったことは否定できないであろう。法の内容は，専門家でないふつうの国民にとり「不

---

[26]　結果無価値論の立場からは，たとえ責任を予防的見地から理解するとしても，それはせいぜい特別予防論に至るのが論理的な帰結である。この点で，髙山佳奈子『故意と違法性の意識』(1999年) はまさに理論的に首尾一貫している。結果無価値論の根本的欠陥は，違法の内部において，そしてそもそも犯罪論の内部において，一般人・通常人を基準とする行動準則違反の判断を収容する場所をまったく持ち得ないところにある。以上の点について，井田良『犯罪論の現在と目的的行為論』(1995年) 19頁以下を参照。

可視的なもの」であってよく，行為規範としての性格は希薄であってよい。む
しろ，それは裁判官に向けられた事例解決の規範である。このような考え方は，
国家機関に大きな裁量的判断の余地を与えた上で適正な判断を期待する「官僚
主義」の傾向と整合的である。いいかえれば，結果無価値論が有力となり得た
ことは，法を民に知らしめない，お上依存・官依存の日本社会の体質と無関係
ではない。しかし，このような法の在り方は決してそれに安住してよいもので
はなく，今後はこのような傾向からの脱却が目ざされなければならないであろ
う。官僚による裁量型規制から，個人の自己責任にもとづく，可視性を高めた
「ルール型規制」への転換が時代の要請だといわれる。現在では，「日本的官僚
主義」を克服するためにも，法的ルールの可視化・行動基準の可視化が指導原
理とされるべきであろう。このような行動基準論に対しては，その経験的効果
が実証されておらず，そればかりかそれは「虚構」であるとする批判があるか
もしれない[27]。しかし，刑罰法規による可罰的行為の事前告知が無意味である
というのなら，罪刑法定主義の原則そのものが否定されることにならざるを得
ないであろう。法による行動基準の定立が可能であり，現にそれが社会統制の
手段として重要な機能を営んでいることは，道路交通法のことを考えればきわ
めて明白なことでもある。結果無価値論は法の理念を蔑ろにし，かつ法の現実
に目を閉ざすものである。

　結果無価値論を支持する立場から，その基礎にあるのは自由主義の要請であ
り，客観的事態が生じたことをまず確認するところから始めることにより人権
侵害が食い止められるといわれることもある。しかし，これは「人権侵害を
たくらむ人々の知的能力」をあまりに低く見積もった議論であろう。そのような
形式論で押え込めるほど，それらの人々は愚かではあり得ない。むしろ人権保
障のためには，われわれ法律家が，刑罰論と結びついた実質的で合理的な価値
判断を鍛えるべきなのである。この点では，私も実質的犯罪論の支持者であ
る[28]。

　ちなみに，最近のドイツにおける刑法史研究は，結果無価値論の主唱者で
あったメッガーが，ナチスが支配した時代において，ヴェルツェルとは比較もで

---

[27] たとえば，生田勝義『行為原理と刑事違法論』(2002年) 80頁を参照。

きないほど,ナチズム翼賛的な学説の主張を展開していたことを明らかにした[29]。戦後,メツガーがヴェルツェルとの理論論争に力を入れたのは,過去のナチス理論へのコミットから目をそらさせる意図があったとさえいわれることがある[30]。たしかに,たまたま事実の問題として,結果無価値論の主張者の方が行為無価値論の主張者よりもリベラルな思想の持ち主であるということはあり得ることである。しかし,理論として,結果無価値論の方が行為無価値論よりもより人道的であるとか自由主義的であるとするのは,非合理的なプロパガンダであって,およそ学問的な命題として承認することは不可能であろう。

2　因果的違法論の批判

　結果無価値論とは因果的違法論である。それは違法の範囲を無限定なものとする。違法性の本質を法益侵害の因果的惹起として捉える因果的違法論からは,違法評価の対象が人である必要はないのであり,したがって,刑法の構成要件が人の行為を予定しているのは違法性の要請ではないことになるはずである。犬が人をかみ殺しても構成要件に該当して違法であるが,責任能力がないのにすぎない,とするのであろう。たとえ,これに修正を加えて何らかの理由(もっとも,どんな理由かが問題となろう)で「構成要件に該当するのは人の行為に限られる」としても,その場合の行為については「意思にもとづく」という要件を外し,純客観的に「人の身体の動静」として捉えることになろう。しかし,そうすると,行為性の要件による構成要件の限定は行われ得ないことになる。たとえば,甲に突き飛ばされて転倒しAの物を壊した乙も,器物損壊行為を違法に行ったことになるが,責任能力がなかったという理由で責任を否定されるに

---

[28]　たしかに,行為無価値を正面から考慮することへの警戒は歴史的理由を持つ。たとえば,平野「日本から見たドイツ刑法学」(前掲注24) 3頁以下を参照。しかし,理論が危険な使われ方をする可能性を有するからおよそ使うべきでないとする論理は,無能な研究者や法律実務家が多いから少しでも濫用の可能性のある理論を与えることはできないとする不遜な前提に立つものといえよう。それは自己の特権性・例外性を暗に前提とした学問的パターナリズムの立場というべきである。

[29]　Gerit Thulfaut, Kriminalpolitik und Strafrechtslehre bei Edmund Mezger (1883-1962), 2000 を参照。

[30]　この点につき, Francisco Muñoz-Conde, Edmund Mezger und das Strafrecht seiner Zeit, Journal der Juristischen Zeitgeschichte, Jahrgang 1, Heft 1, 2007, S. 11 ff. を参照。

すぎない，ということになってしまうであろう（また，そのような理論構成を回避するため，積極的な動作による直接的な結果惹起を要件とするとすれば，一般的に不作為犯や間接正犯の処罰は不可能なものとなってしまうであろう）。「人にとって予測可能かつ回避可能な出来事の範囲」に不法の範囲を限定しようとする発想自体が出てこないのである。

　もし違法評価が人間行為の評価であることを認めるのであれば，それは人間の能力の限界以上のことを要求することをやめるべきであろう。したがって，法的因果関係については，折衷的相当因果関係説を採るべきであるし，また，無過失行為は違法でないとすべきなのである。不法の範囲を広くとり責任で限定しようとする条件説こそ，結果無価値論の帰結であるが，そのような無限定な違法概念は，罪刑法定主義とも一般予防とも無縁である。およそ人間にしたがい得ない行動基準の設定と告知には何の意味があるのであろうか。

　ここでは，特に相当性による因果関係の範囲の限定について見てみよう。たしかに，まったく同一の規範違反行為であっても，法益侵害結果を生じさせれば違法性がより重いとされる（または，結果が生じてはじめて刑法的違法性を肯定される）ことは，（現段階ではなお克服できない）応報思想を根拠とするものである。しかし，「応報のための応報を加える」のは刑法の任務ではあり得ない。むしろ将来の犯罪予防，とりわけ一般予防のために有効であると認められる限度で処罰すべきだと考えるとき，狭義の相当性による限定が必然的なものとなるのである。すなわち，行為の時点を基準にして行為者にも一般人・通常人にも予測できないような出来事の展開を理由に重い違法評価を下すことには意味がないのであり，それは，刑法が行為規範の設定により回避することを目ざす結果ではあり得ないと考えられるからである。狭義の相当性による結果帰属の限定は，規範論的一般予防論，すなわち行為無価値論によってのみ可能である。社会の応報感情のなかにすでにその内在的限界が最初から備わっている（それをそのまま受け入れればよい）というようなものではなく，逆に，われわれは，規範論的一般予防の思想によりこれに制約を加えることにより，それを洗練された，より合理的なものに変えなければならないのである[31]。

　同じことは，正犯論・共犯論についても妥当する。正犯と共犯を区別しようとするとき，因果性・危険性のレベルでこれを行おうとしても困難である。因

果的違法論に固執すれば，正犯を直接正犯のみに限定する正犯論（その反面において，共犯の従属性を大幅に緩和する拡張的共犯論）に帰着するほかはないであろう[31]。これに対し，行為支配説は，正犯性を基礎づける本質的要素として，因果経過を利用して結果を実現しようとする意思，すなわち「故意」に注目する（それだからこそ，行為支配は「目的的行為支配」ともいわれる）。故意の有無が正犯性の決定的基準となることは，次のような事例を考えるとき明らかとなろう。甲が乙にナイフを渡し，それでAを傷つけることを命じたが，そのナイフの刃には猛毒が塗られていたとする。甲があらかじめそのことを知っておりAに対する殺意を有していたのであれば，甲は殺人の間接正犯であり，甲がそのことを知らず甲に傷害の故意しかないときには傷害の共犯でしかない。因果性・危険性という点ではまったく同等であっても，発生結果につき故意があることにより支配性が生じるのである。そうであるとすれば，正犯性の有無は構成要件該当性，したがって類型的違法の問題であるから，故意を違法要素としない体系においては行為支配説を採ることはできない。ここにおいて，行為支配説とは，行為者に故意を捨てさせ規範違反をやめさせることにより法益を保護しようとする刑法理論，すなわち行為無価値論の共犯論における別称にほかならないことが明らかとなるのである[33]。

---

[31] この点につき，井田「コメント」『理論刑法学の最前線』（前掲注10）49頁以下を参照。このように，相当性の観念にもとづく因果関係の規範的制限は，単なる（相対的で不確実な）価値判断にもとづくものなのではなく，行為の存在論的構造，すなわち法の存在論的基礎にもとづく合理的な限定である。刑法的価値判断に存在論的枠づけを与えてその偶然性・相対性を除去しようとする目的的行為論の方法論的意図はここにおいて見事に実現されていると私は考える。

[32] このことについては，たとえば，井田良「正犯と共犯」現代刑事法3巻6号（2001年）106頁以下，109頁以下において論じた。なお，結果無価値論の立場から主張されている遡及禁止論に対する私の評価については，同論文の108頁を参照。

[33] 詳しくは，井田「正犯と共犯」（前掲注32）106頁以下を参照。

■ 第8章

緊急避難の本質をめぐって

　　　　　　　　　　　　　　　Ⅰ　本稿の目的
　　　　　　　　　　　　　　Ⅱ　正当防衛との関係
　　　　　　　　　Ⅲ　違法性阻却事由説と二分説
　　　　　　　　　　　　　Ⅳ　刑法37条の解釈
　　　　　　　　　　　Ⅴ　いわゆる強要緊急避難

Ⅰ　本稿の目的

　現行刑法37条の規定する緊急避難は，ある法益の保護を貫徹するときには別の法益が失われざるを得ない緊急事態にあることを前提に，法益均衡の要件を破らない限りにおいて，両立不可能な法益のうちの一方の保全と他方の侵害を許している。その構造は比較的単純であるように見えながら，基本的な理解のレベルにおいてなお合意が形成されていない箇所が少なくない。議論が錯綜する背景として，現行37条がそもそも立法論的に見て問題をはらんだ規定であることを指摘することができよう。しかし，そればかりでなく，緊急避難が単純な「法益衡量」を基本原理とするものではなく，関係する諸利益の総合的な考慮と調整を要求するものであることは以前から指摘されてきたにもかかわらず[1]，具体的な解釈論においては法益衡量の単純な図式に押し込めようとする傾向が強かったことも，理論の発展を阻む要因となってきたように思われる。後述するように，生命と生命とが衝突する場合に代表される「法益同価値」の事例において一般的に違法性阻却の結論を認める通説の論理は，利益状況を具

---

[1]　この点については，たとえば，Hans Joachim Hirsch, in: Leipziger Kommentar, 11. Aufl. 1994, § 34 Rdn. 2 f., 53 ff. を参照。わが国の文献としては，特に，内藤謙『刑法講義総論（中）』(1986年) 312頁以下，420頁以下，小名木明宏「緊急避難における利益衡量と相当性についての一考察」法学研究67巻6号（1994年）26頁以下，山中敬一『刑法総論Ⅰ』(1999年) 487頁などを参照。

体的に衡量するのではなく，法益の対立を抽象的に捉える立場によるときはじめてこれを支持し得るものといえるのである。本稿は，緊急避難の理論的な構造を明らかにすることを目ざすものであるが，その際，「導きの糸」とされるべきは現行規定の文言ではなく，むしろ，関係諸利益の包括的な考慮とその適正な調整，解決原理の可能なかぎりの個別的類型化といった方法論上の指導理念である。

II　正当防衛との関係

(1)　緊急避難の不可罰性の根拠については見解の対立があるが（後述IIIを参照），緊急避難規定の解釈にあたり，同じ緊急行為としての正当防衛との共通性・連続性を基本に置く見解が現在では一般的である[2]。それは，違法性阻却事由としての緊急避難に関する限り，正しい方向性を示すものといえよう。正当防衛と緊急避難とでは，①国家機関による利益保護の時間的余裕がないという緊急の事態があることを前提として，②保護に値する正当な個人的利益の存在が要求される点において共通する。正当防衛が緊急避難と異なりより緩やかな要件のもとで（すなわち「補充性」と「法益均衡」の要件を欠いても）正当化されるのは，正当防衛の場合には，③攻撃者の「帰責性」のゆえにその法益（侵害法益）の要保護性が減弱ないしは否定されると考えられるからである。緊急事態に関わる①の要件，保全利益に関わる②の要件は，正当防衛と緊急避難に共通の事情であるが，侵害利益に関わる③の事情は正当防衛に特有のものである。

上の要件の①と②のうち1つが欠ければ正当防衛も緊急避難も認められない。すなわち，かりに現在する侵害を排除して正当な利益を保全するための行為であっても，その程度の価値の利益の保全のためには国家機関を通じての解決が優先すると考えられるために正当防衛も緊急避難も認められないことがある[3]。他方，かりに緊急事態が存在し，それ自体としては保護に値する権利が侵害されようとしているとしても，保全利益との関係でその権利の要保護性が否定されるときは，正当防衛も緊急避難も許容されない。たとえば，正当防衛

---

[2]　最近の文献のなかでは，橋爪隆「不正の侵害に先行する事情と正当防衛の限界」現代刑事法2巻1号（2000年）30頁以下が特に明快である。

行為に対し攻撃者自身が緊急避難で対抗することはできない。また，刑が執行されるとき，または逮捕・勾留などを受けるとき，受刑者や逮捕・勾留を受ける者がこれに対抗することもできない。違法な攻撃者の法益や受刑者等の法益の要保護性は，正当防衛行為者や刑の執行者等との関係で否定されており，その結果，受忍義務が生じると考えられるのである(4)。

このようにして，「法益衡量型の違法性阻却事由」の代表とされる緊急避難であるが，これを単純な法益衡量の原理で説明することはできないことは明らかである。そこで，法益衡量説と区別された「利益衡量説」は，それぞれの利益の具体的な要保護性や利益侵害の危険の程度などを含め考慮した上で，避難者側の利益の方が優越する場合として緊急避難を説明する(5)。もちろん，このような考え方は誤りとはいえない。しかし，それは自明のことであり，それで事足れりとする限り，緊急避難の本質論はトートロジーにすぎないものとなるおそれがある。必要とされることは，利益衡量の枠組み，そして，解決のために

---

(3) 窃盗犯人から自己の所有物を実力をもって取り戻すことが正当防衛では正当化されないことは，そのことによってのみ理由づけられるといえよう。この点について，山口厚『問題探究・刑法総論』(1998年) 56頁以下を参照。債務者による債務不履行に対し正当防衛権を行使できないことの説明も，国家機関による救済の優先という観点に求められるべきであろう。この点につき, Gunther Arzt, Notwehr, Selbsthilfe, Bürgerwehr, Festschrift für Friedrich Schaffstein, 1975, S. 80 ff. を参照。幼児が連れ去られ監禁され続けているときに，父親がその子を救い出す行為は，かりに略取後数日が経過しているとしても，正当防衛といえようが，たとえば，ある人が旅行で数日間自宅を留守にしてから帰宅したところ，その間にホームレスが入り込んで家に住みついていたという場合に，その時点で正当防衛権を行使できるかどうかは微妙である。このように見てくると，正当防衛と自救行為の限界は相対的・流動的なものである。国家機関による救済を待つことを期待できるかどうか，いかなる種類の法益に対しどのような態様の侵害があるかによって決せられることになるといえよう。なお，法の認める救済の可能性があったことを理由にして，正当防衛の成立を否定した判例として，東京高判昭和35・10・19東京高等裁判所判決時報(刑事)11巻10号276頁，大阪高判昭和59・6・29判例時報1138号158頁がある。
(4) この点につき，藤木英雄『注釈刑法(２)のⅠ総則(２)』(1968年) 264頁以下を参照。
(5) 前掲注１に引用した文献を参照。なお，山口『問題探究・刑法総論』(前掲注３) 97頁以下は，保全法益と侵害法益のそれぞれの保護価値と侵害の程度だけを考慮すべきだとするが，それでは狭すぎることは明らかであろう。たとえば，補充性の判断にあたっては，「退避にともなう行為者の負担」なども考慮されなければならない。特に人身に対する危険を回避するために物を壊そうとする場合などについては，必ずしも厳密な意味での退避不可能性は要求されないと解される。

作用する個別の原理のそれぞれを具体的に明らかにしていくことである。

　利益衡量の判断の大枠とされるべきは，結果（無）価値と行為（無）価値という二元的な判断形式である。緊急避難の要件も，正当防衛のそれと同様に[6]，事後判断を要求する結果（無）価値的要素と，行為時の判断を基準とする行為（無）価値的要素とに分けられる。緊急避難状況が存在すること（すなわち，要保護性の認められる法益に「現在の危難」が生じていること）[7]は前者の要素であって，現実に存在することを要し，ふつうの人でも危険であると信じるであろう，というだけでは足りない。これに対し「避難行為」の判断においては，規範の名宛人に対し行動基準として提示される内容が問われる。避難行為に関わる要件は行為（無）価値的要素であり，事後的・物理的な判断で決められるべきものではない。事後的な利益衡量の観点からは不要な行為であったとしても（たとえば，結局において危難を避けることができなかったという場合），そのことを理由にして緊急避難を否定してはならない（なお，そのことは侵害法益の主体に対し「状況的な不確実性」から生じる一定のリスクを負担させることを意味するが，それは，後述のように，保全法益の価値が侵害法益のそれに比して「著しく優越」する場合のみに正当化され得ることになるであろう）。緊急避難の成否を判断する際には，結果（無）価値と行為（無）価値という判断形式の大枠を前提として，侵害法益との関係で保全法益の要保護性をどの程度のものと考えるか（その具体的な衡量の原理については後に示す），それぞれの法益がさらされる危険の程度はどのくらいかが考慮されなければならないが，同時に，国家的救済をどの場合にどの程度優先させるべきか（前述したところを参照），行為者が退避を義務づけられたときに負う負担はどれほどか[8]，利益衡量の結論が将来に向けて規範の名宛人に示す行動基準として適切なものかどうかなどをそれぞれ明らかにしていくことが要求されるのである。

　(2)　正当防衛と緊急避難の共通性から導かれる１つの重要な帰結は次のことであろう。すなわち，正当防衛に特有なのは，③の攻撃者の「帰責性」の要件である。正当防衛として許容される防衛手段がどのようなものであるかは，攻撃の物理的な危険性や反復の可能性等によって単純に決せられるのではなく，

---

[6]　この点につき，井田良「正当防衛論」現代刑事法２巻３号（2000年）86頁以下を参照。
[7]　なお，異説として，曽根威彦『刑法総論［新版補正版］』（1996年）119頁も参照。
[8]　この点につき，前掲注５を参照。

攻撃者の「帰責性」の程度によって大きく左右される。帰責性が弱まれば弱まるほど，行為の正当化は緊急避難の要件に近い形で行われる。このように，正当防衛と緊急避難の限界は量的なものとして把握されなければならない。具体的にいえば，その攻撃が故意にもとづくものか，それとも過失によるものかにより，許容されるべき対応は異なる。駅のホームに上がる階段の途中で不注意によりつまずいて倒れかかってきた人に対し，故意で暴行を加えてきた人に対するのと同じように殴りつけることができると考えるべきではない。身をかわすことが容易に可能であれば身をかわすべきであり，そうでなくても消極的・受動的な対応にとどめるべきである。

これまでに述べてきたことの応用が，侵害が確実に予期される場合の取り扱いである。防衛行為者側の侵害の予期という事情の有無にかかわらず，相手方の攻撃が違法であることに変わりはないから，攻撃者側の法益の要保護性の減弱と，防衛行為者側の法益の要保護性の減弱とが競合する結果，相対的に防衛行為者側の権利性（法益性）が弱くなると考えられる。その度合にしたがって，防衛行為者が防衛のためにとり得る手段が限定され，緊急避難行為に近づいていくと考えることができる。そこで，ただちに過剰防衛が否定されるのではなく，通常よりもより緩やかに過剰防衛とされることになる[9]。

さらに，いわゆる自招侵害ないし自招危難の問題に関し，法益に危険が生じたことに行為者に落度がある場合において，正当防衛および緊急避難が否定され，または制限されるべきことの根拠は，みずから危険を引き起こし，または危険な状況に赴いたことにより，その者の法益の（侵害法益との関係における）要保護性が弱まり，法益保全行為が（より厳しい要件のものでしか）正当化されなくなるというところに求めることができよう[10]。保全法益の要保護性が減弱するのであるから，たまたまその場に居合わせた第三者による緊急救助・緊急避難の権利も同様に制限されることになる（誤想防衛・誤想避難の可能性があることは別

---

[9] この点につき，井田「正当防衛論」（前掲注6）91頁以下を参照。
[10] 責任阻却事由としての緊急避難については，責任阻却にまで至り得るためには，通常は違法減少が必要であると解されることから，自招性を理由にして違法減少が否定されることにより，かりに避難行為の時点で大幅な責任減少が認められるとしても，責任阻却にまで至ることはかなり困難とされることになるであろう。

論である)。逆に，みずから危険を引き起こした以上，自己の法益を保全することは許されないと考えられるとしても，他人の法益の要保護性はそのことにより減弱しないことから，他人の法益を保全する行為は，それが正当防衛であるとしても，緊急避難であるとしても，その成立が制限されることはないと考えられる。なお，法益保全行為に時間的に先立つ原因行為が実行行為性を有する限りにおいて，それを理由にして犯罪の成立を認め得ることがあるのは別論である。いわゆる「原因において違法な行為の理論」は，それ自体として十分に成り立ち得る考え方であり，自招侵害・危難に関する他の解決とも両立可能である[11]。

III 違法性阻却事由説と二分説

(1) 刑法37条の規定する緊急避難をめぐっては，それが違法性阻却事由であるか，それとも責任阻却事由にすぎないかの点に関し学説の対立がある。違法性阻却事由と解する[12]か，それとも責任阻却事由と解する[13]かにより，緊急避難

---

[11] もっぱらこの理論のみで問題を解決しようとするときには，不当な結論が生じるというにすぎない。この点につき，井田良『ケーススタディ刑法』(1997年) 157頁を参照。

[12] 板倉宏『刑法総論』(1994年) 210頁以下，内田文昭『刑法概要・中巻』(1999年) 120頁以下，大塚仁『刑法概説（総論）〔第3版〕』(1997年) 382頁，大谷實『刑法講義総論・第4版補訂版』(1996年) 279頁，香川達夫『刑法講義〔総論〕第3版』(1995年) 186頁以下，柏木千秋『刑法総論』(1982年) 174頁以下，川端博『刑法総論講義』(1995年) 352頁以下，木村光江『刑法』(1997年) 85頁以下，康元變「緊急避難の本質(1)〜(2・完)」早稲田大学大学院法研論集76号 (1996年) 1頁以下，77号 (1996年) 53頁以下，齊藤信宰『刑法講義〔総論〕第2版』(1996年) 214頁以下，坂本武志『刑法総論』(1990年) 90頁以下，佐久間修『刑法講義〔総論〕』(1997年) 216頁以下，高窪貞人「緊急避難の本質」福田平＝大塚仁編『演習刑法総論』(1983年) 136頁以下，団藤重光『刑法綱要総論・第3版』(1990年) 245頁以下，中野次雄『刑法総論概要・第3版』(1992年) 194頁以下，西原春夫『刑法総論』(1977年) 215頁以下，野村稔『刑法総論・補訂版』(1998年) 243頁以下，平野龍一『刑法総論II』(1975年) 228頁以下，福田平『全訂刑法総論〔第3版〕』(1996年) 160頁以下，藤木『注釈刑法(2)のI』(前掲注4) 261頁以下，同『刑法講義総論』(1975年) 178頁以下，前田雅英『刑法総論講義〔第3版〕』(1998年) 255頁以下，虫明満＝篠田公穂『大コンメンタール刑法〔第2版〕第2巻』(1999年) 437頁，村井敏邦「緊急避難の本質──違法阻却説の立場から──」中義勝編『論争刑法』(1976年) 53頁以下，山口『問題探究・刑法総論』(前掲注3) 91頁以下など。なお，可罰的違法性阻却説については，後掲注28を参照。

行為に対し正当防衛が可能であるか，共犯行為が可罰的となるか，緊急避難の要件をどのように考えるかなどの点の解決に違いが出てくることになる。

　通説は，37条の緊急避難を違法性阻却事由として理解する。その根拠は，37条は，自己の法益ばかりでなく他人（まったく無関係の第三者でもよい）の法益を保全するための緊急避難を認めているように読めるが，別の行為に出ることを期待できない（したがって，その違法行為に出たことを非難できない）ことを理由とする責任阻却事由だとすれば，自己の法益または親族など近しい関係にある者の法益の保全に限定されるはずであり，まったくの第三者のための緊急避難行為の不可罰性は責任阻却（適法行為の期待不可能性）では説明できないこと，また，37条は，責任の判断とは無関係であるはずの「法益の均衡」を緊急避難の要件としていること，かりに緊急避難行為が違法であり責任が阻却されるにすぎないとすると，緊急避難行為に対する正当防衛が認められることになって不当であること（たとえば，火災に巻き込まれた者がのがれるための唯一の手段として隣家の垣根を壊そうとする場合，これに対して正当防衛を行うことが可能だとすると不当である），緊急避難行為が責任を阻却されるにすぎないとすれば，制限従属性説の立場からは，その共犯が可罰的とされることになるが，それは妥当でないこと（前述の例で，火災に巻き込まれた者がのがれるための唯一の手段として隣家の垣根を壊したとき，これに協力した者が共犯として処罰されるべきことになってしまう），さらに，民法720条１項は，刑法の緊急避難にあたるケースのうちで，他人の不法行為を原因とする場合（たとえば，強盗犯人に追いかけられ，仕方なく他人の家の垣根を壊して逃げ込もうとするとき）損害賠償責任を否定しており，もしそれが刑法上違法だとすると，民法上適法なのに刑法では違法ということになってしまうが，これはおかしいことなどである。これらはかなり決定的な論拠であり，わが刑法のもとにおける解釈論としてというばかりでなく，実質的な解決の妥当性という見地からも，責任阻却事由説は採り得ないと思われる。

　(2)　通説たる違法性阻却事由説に対する有力な反対説がいわゆる二分説である。二分説のなかにもいくつかの異なった主張があるが，代表的なのは，緊急

───────────────

(13)　植松正『再訂刑法概論Ⅰ総論』（1974年）208頁以下，瀧川幸辰『刑事責任の諸問題』（1948年）95頁以下，日髙義博「緊急避難の本質――責任阻却説からの主張」『現代刑法論争Ⅰ〔第２版〕』（1997年）145頁以下など。

避難を原則的に違法性阻却事由と解しつつも，保全法益と侵害法益とが同価値の場合には責任阻却事由にすぎないとするもの[14]と，原則的に責任阻却事由としながら，保全法益が侵害法益に比べその価値において著しく優越する場合には違法性阻却を認めるもの[15]の2つであろう。これら2つの見解において一致しているのは，自己または他人の生命に対する危難を回避するために，無関係の第三者の生命を犠牲にする場合，それを法によって「正当化」される行為とし，したがって被害者側に正当防衛の権利も認めないというのは不当だとする点である。もちろん，通説によっても，犠牲を迫られる側には緊急避難が可能であり[16]，他に手段がない以上，反撃して相手方を殺害することも許容される（すなわち，緊急避難として違法性が阻却される）。しかし，緊急避難行為も適法とし，被侵害者による反撃も適法とすると，法は葛藤状態における価値判断を放棄する（緊急の事態のもとでどちらの行為が法的に正しいかをはっきりさせるという任務を果たせない）ことになり，これまた不当である[17]とするのが二分説の主張なのである。

(14) 梅崎進哉＝宗岡嗣郎『刑法学原論』（1998年）226頁以下，大嶋一泰「緊急避難の本質」藤木英雄＝板倉宏編『刑法の争点（新版）』（1987年）57頁以下，佐伯千仭『四訂刑法講義（総論）』（1981年）206頁以下，内藤『刑法講義総論（中）』（前掲注1）405頁以下，中義勝『講述犯罪総論』（1980年）142頁以下，中山研一『刑法総論』（1982年）269頁以下，山中『刑法総論Ⅰ』（前掲注1）481頁以下，米田泰邦「緊急避難における相当性の研究」司法研究報告書19輯2号（1967年）23頁以下などを参照。特に生命対生命の場合および身体対身体の場合についてのみ責任阻却事由とするのは，阿部純二「緊急避難」『刑法講座・第2巻』（1963年）146頁以下，同「緊急避難」『刑法基本講座・第3巻』（1994年）90頁以下，同『刑法総論』（1997年）150頁以下，木村亀二『刑法総論〔増補版〕』（1978年）265頁以下，さらに，生命対生命の場合のみについて責任阻却事由とするのは，荘子邦雄『刑法総論〔第3版〕』（1996年）255頁以下である。

(15) 森下忠『緊急避難の研究』（1960年），特に118頁以下，228頁以下，同「緊急避難の法的性質」中義勝編『論争刑法』（1976年）70頁以下，同『刑法総論』（1993年）104頁以下。これは，現在のドイツ法における緊急避難の規制の基本的な考え方をわが国の刑法の解釈論として導入するものといえよう。同様に，違法性阻却のためには「著しい利益の優越」を要求し（ただし，防衛的緊急避難のケースをのぞく），それ以外の場合には期待不可能性を理由とする責任阻却を認めるにとどめるのは，Akihiro Onagi, Die Notstandsregelung im japanischen und deutschen Strafrecht im Vergleich, 1993 である（なお，本研究は，日本刑法の緊急避難に関する包括的な研究であり，数々の有益な指摘を含んでいる）。

(16) 反対，植松『再訂刑法概論』（前掲注13）208頁，212頁，森下『緊急避難の研究』（前掲注15）232頁以下など，同「緊急避難の法的性質」（前掲注15）72頁，76頁以下。

(17) たとえば，森下『緊急避難の研究』（前掲注15）232頁など。

Ⅲ 違法性阻却事由説と二分説

　通説と二分説の対立につき検討するにあたっては，2つの場合を区別する必要があろう[18]。緊急避難行為を行う者をX，それによって侵害を受ける者をYとすれば，第1類型の事例は，危難に遭遇したXが，危険を免れているYに対して侵害を加える場合である。たとえば，船が難破したというときに，あらかじめ非常用の浮輪を確保しておいたYが海上に浮かんでいたところ，Xがこれを奪うことによってYを死に至らせたというケースがこれにあたる。第2類型の事例は，XもYもともに危難に遭遇している場合，すなわち，保全法益の主体も侵害法益の主体もいずれも危難に遭遇している場合である。よく出される設例のように，船が難破して海に投げ出された2人が同時に1枚の板に泳ぎ着いたが，その板は1人の体重をようやく支えるに足るだけのものであったので，そのうちの1人が他を押しのけ，結局押しのけられた者は溺死したという場合，また，ミニョネット号事件[19]のように，餓死の危険にさらされた数人のうちの1人が他の人を殺してその人肉を食するような場合，それらの行為を禁じるとすれば，法は全員に対し死を選ぶこと以外の選択肢を残さないことになり得よう。1人でも生き残るとすれば，その方が全員が死ぬことよりもベターではないかと考えることは不可能ではない[20]。同じことは，防衛的（防禦的）緊急避難[21]，すなわち危難の発生源になっている法益に向けられた緊急避難（すな

---

[18] この種の緊急避難状況の区別については，森下『緊急避難の研究』（前掲注15）129頁以下を参照。

[19] 森下忠『緊急避難の比較法的考察』（1962年）169頁以下を参照。井田『ケーススタディ刑法』（前掲注11）150頁も見よ。

[20] 坂本『刑法総論』（前掲注12）93頁，村井「緊急避難の本質」（前掲注12）64頁以下などを参照。このような形での生命対生命の衡量自体も，生命という法益の保護の相対化につながるとして反対することも可能であろう。たとえば，Günther Jakobs, Strafrecht, Allgemeiner Teil, 2. Aufl. 1991, 13/23, S. 420 ff.; Claus Roxin, Strafrecht, Allgemeiner Teil, 3. Aufl. 1997, § 16 Rdn. 31 ff., S. 623 ff. を参照。しかし，それは厳格にすぎると思われる。なお，違法・適法という評価を差し控えるべき「法的に空虚な領域」にあたるとするものとして，金沢文雄『刑法とモラル』（1984年）95頁以下がある。

[21] 攻撃的緊急避難と区別された防衛的緊急避難については，小田直樹「緊急避難と個人の自律」刑法雑誌34巻3号（1995年）337頁以下，吉田宣之『違法性の本質と行為無価値』（1992年）102頁以下，同「防御的緊急避難の再検討」『西原春夫先生古稀祝賀論文集・第1巻』（1998年）311頁以下が詳しい。なお，川口浩一「緊急避難」伊藤寧ほか『刑法教科書・総論（上）』（1992年）228頁は，「転嫁型緊急避難」と「反撃型緊急避難」という用語を提案する。

わち，二面構造を持った緊急避難）の一定の場合についてもいえるかもしれない。たとえば，互いの身体をザイルで結んでロッククライミングをしているXとYのうちのYが崖から転落しXがザイルでYの身体を支えるという状況になったが，XがYの体重を支えきれなくなりザイルを切ってYを崖下に落として死亡させたというようなケースである（この事例ではYが危険の発生源であり，緊急避難行為は危険を生じさせている法益主体に向けられている）[22]。さらに，同一人において保全法益と侵害法益が衝突する場合も第2類型に入るであろう。たとえば，子どもが火災で燃えさかる家屋の3階に取り残され焼死する危険が迫っているというときに，救助のため3階にたどり着いた人が最悪の事態を避けるための最後の手段としてその子を窓から外に投げ下ろすようなケースが考えられる。

　違法性阻却事由説は，第2類型の事例ではなお正当性を主張できると思われるが[23]，問題は第1類型の事例である[24]。生命保護の理念からするとき，完全に保護に値する生命（いささかも要保護性に欠けるところのない生命）が「適法」に奪われることを認めてはならない。脳死移植に関する「違法性阻却説」に対し多くの学説が批判的なのは，まさにそのような形での「生命保護の相対化」を許すべきではないと考えるからである[25]。緊急の事態であることのみがこのような生命保護の相対化を許す理由になるとは思われない。しかも，第1類型の事例は，抽象的な「法益」の価値は同等といえても，具体的な利益状況としては，侵害法益の方により高い要保護性が認められる。すなわち，保全利益と侵害利益の相互を具体的に衡量すると，被侵害者側の利益は完全に保護に値するものである一方で，行為者側の利益についてみると，迫り来る危難は「ふりかかった運命」なのであり，原則としてはこれを甘受する（か，第三者に損害を転嫁することなく回避する）ことが要求されるはずのものなのである。「ふりかかった運命

---

[22] この事例について，Onagi, Die Notstandsregelung（前掲注15）S. 111 ff. が詳しい。
[23] 前掲注20を参照。
[24] 村井「緊急避難の本質」（前掲注12）65頁は，「要は，このような場合，全体が無に帰すかその一部でも救うかというぎりぎりの選択状態に全員が立たされているという事実認識を持ち，法は，全体の無よりも一部の有に優越性を与える以外に，他の道徳的要請をなさないということを率直に承認するか否かである」とするが，それはただ第2類型の事例についていい得るものにすぎない。
[25] 井田良「臓器移植法と死の概念」法学研究70巻12号（1997年）202頁以下を参照。

Ⅲ 違法性阻却事由説と二分説

は甘受すべきである」とする原則を破って損害を第三者に転嫁しようとするときには，侵害利益と比較してその要保護性が劣後することを認めざるを得ない。第三者側にはその限りで正当防衛の権利を認めてよいのである[26]。もちろん，避難行為を適法と考えるときでも，これに対する緊急避難による対抗は認められよう。しかし，そうだとすると，「正対正」となりまさに強者が勝つ無法地帯を認めることになってしまう。二分説の立場から，生命と生命が両立不能の状況にあるとき，法はどちらが優位にあるかという比較をなし得ないといわれることもあるが[27]，むしろ逆に，被侵害者側の利益が優位することを明確にするために二分説が採られるべきなのである[28]。このようにして，第1類型の「法益同価値」の事例については，違法性阻却を否定する二分説が妥当といわなければならない。

（3） それでは，この第1類型の事例については，どのような要件のもとに違法性阻却を認め得るであろうか。保全利益と侵害利益の衡量にあたり，被侵害者側の法益が完全に保護に値し，他方で行為者側の利益については「ふりかかった運命は甘受すべし」の原則がはたらくことが重要である。行為者側に損害転嫁を許容し被侵害者側に損害転嫁の甘受を納得させるためには，少なくとも行為者側の法益の価値が侵害法益のそれを「著しく優越する」[29]ものであること

---

[26] この点につき，内藤『刑法講義総論（中）』（前掲注1）423頁以下を参照。ただし，攻撃者の帰責性の減弱ゆえに，許される反撃の程度は限定されたものとなり得る。井田「正当防衛論」（前掲注6）85頁以下を参照。なお，井上宜裕「緊急避難の不可罰性と第三者保護に関する一考察（3・完）」法学雑誌44巻3号（1998年）461頁以下は，生命を保全するために生命を害したとき，可罰的違法性が阻却されるにすぎないとし，その反面において，被侵害者は正当防衛権を有するとする。すぐれた理論構成だと考えるが，人の生命を違法に侵害する行為であるとしながら，それが刑法的違法性を持たないとすることが可能かどうかには疑問がある。

[27] 阿部『刑法総論』（前掲注14）151頁。

[28] 注目に値する理論構成として可罰的違法性阻却説があり，これによれば，避難行為の相手方には正当防衛権が認められることになる。井上宜裕「緊急避難の不可罰性と第三者保護に関する一考察（1）～（3・完）」法学雑誌44巻1号（1997年）69頁以下，44巻2号（1998年）326頁以下，44巻3号（1998年）452頁以下，曽根『刑法総論』（前掲注7）115頁以下，同「緊急避難の本質――可罰的違法阻却説からの主張」『現代刑法論争Ⅰ〔第2版〕』（1997年）151頁以下，同『刑法の重要問題〔総論〕補訂版』（1996年）76頁以下，松宮孝明『刑法総論講義・第2版』（1999年）140頁以下。この見解については，前掲注26，後掲注30を参照。

（それに加えて，被侵害者側に民法上の損害賠償請求権が保障されること）が必要だというべきであろう[30]。このように，「著しい法益の優越」を要求することの根拠[31]は，双

---

(29) ドイツ刑法34条は「利益」の著しい優越性を要求している。最近のドイツの多数説は，「著しく」に大きな意味を認めず，利益の優越性が疑いないことをもって足りるとする。たとえば，Jürgen Baumann/Ulrich Weber/Wolfgang Mitsch, Strafrecht, Allgemeiner Teil, 10. Aufl. 1995, § 17 Rdn. 82, S. 339; Walter Gropp, Strafrecht, Allgemeiner Teil, 1998, S. 190; Theodor Lenckner, in: Schönke/Schröder, Strafgesetzbuch, Kommentar, 25. Aufl. 1997, § 34 Rdn. 45; Roxin, Strafrecht（前掲注20）§ 16 Rdn. 77 f., S. 647 など。たしかに，「法益」の優越ではなく，総合的な利益衡量の結果としての「利益」の優越を要求するのであれば，それが肯定されるときには被侵害者側にすでに受忍を義務づけ得るのであり，その優越性が「著しい」ものである必要はないことになるであろう。ちなみに，ドイツの学説のなかにも，生命の危険など人身への重大な危険を回避するために財産的法益を侵害するような場合のみに限定して正当化を肯定する見解として，Michael Köhler, Strafrecht, Allgemeiner Teil, 1997, S. 281 ff. がある。

(30) 井上「緊急避難の不可罰性と第三者保護に関する一考察（3・完）」（前掲注26）461頁以下は，保全法益が著しく優越するときには正当化されるが，それが侵害法益の価値をただ上回るにすぎない場合および法益同価値の場合には可罰的違法性が阻却されるにすぎないとする。これに対し，曽根『刑法総論』（前掲注7）116頁以下，同「緊急避難の本質」（前掲注28）151頁以下，同『刑法の重要問題』（前掲注28）82頁以下，同『刑事違法論の研究』（1998年）83頁以下，松宮『刑法総論講義』（前掲注28）140頁以下は，保全法益が著しく優越する場合であっても，人の不法行為に由来する危難であるときをのぞき（民法720条1項），被侵害者に民法上の損害賠償請求権が認められることから，避難行為は違法であり，被侵害者に正当防衛権が認められるとする。しかし，それは妥当な結論だとは思われない。この点につき，井上「緊急避難の不可罰性と第三者保護に関する一考察（1）」法学雑誌44巻1号（前掲注28）74頁以下の批判は正当である。たとえば，山中で数日間も道に迷って餓死寸前になった者が他人の家の庭のリンゴを食べて餓死をまぬがれようとすることに対しても，正当防衛が可能になってしまうであろう（これに対し，松宮・前掲は，正当防衛が認められる場合と認められない場合があるとするが，その区別は行為の違法性の有無と一致しなければならないであろう）。民法上の損害賠償責任は不法を前提としない無過失責任というべきである。井上「緊急避難の不可罰性と第三者保護に関する一考察（3・完）」（前掲注26）464頁以下，木村『刑法総論』（前掲注14）268頁注（2），坂本『刑法総論』（前掲注12）91頁，中森喜彦『新判例コンメンタール・刑法2』（1996年）57頁などを参照。ドイツ民法904条の解釈としても，被侵害者側に受忍義務が認められ（すなわち，侵害は適法），しかし加害者に対し「受忍の代償」として損害賠償請求権が認められるとされている。行動基準の問題としては，全法秩序を通じて適法と考えられるのである。フランス民法の解釈については，井上「緊急避難の不可罰性と第三者保護に関する一考察（3・完）」（前掲注26）455頁以下を参照。

(31) 山口『問題探究・刑法総論』（前掲注3）93頁，103頁は，損害転嫁の許容が，著しい法益の優越の場合に限定される理由が明らかでないとする。

III 違法性阻却事由説と二分説

方の利益状況の考慮と調整の必要性にある。

これに対し、第2類型の事例については、他に侵害回避の手段がない限りで、同価値の法益を保全した場合には、違法性阻却を認めてよいであろう。第2類型には入らない防衛的緊急避難の事例があるとしても、これについても、侵害法益の主体が危険源となっており、その危険源に向けて防衛する場合なのであるから、侵害法益の相対的な要保護性は減弱し、「法益同価値」の限度までは対抗を許す理由があるといえよう[32]。防衛的緊急避難については、より緩和された補充性の原則が適用され、また相手方の行為よりもより強い反撃行為を行うことができるとする見解もあるが[33]、少なくとも人を客体とする限り、補充性を要件とすべきであり、保全法益と侵害法益のバランスが必要と解するべきであろう。ただし、物が危険源となって危難が引き起こされた場合には、民法720条2項が、その物を損壊する行為について損害賠償責任を否定していることに注意しなければならない。それは防衛的緊急避難の特殊な場合であり、そこでは、法益の均衡も補充性も要件とされていない。その基礎にあるのは次のような考え方であろう。すなわち、危険源となっている物から危険な事態が生じたとき、いわれのない危難に遭遇した人には、その物を破壊することにより危難からのがれることを可能にすべきであり、他方、物の所有者には、自己の物が危険な事態を生じさせた場合にはそれが破壊されることもあるというリスクを負担させてよいというものである。このような考え方は説得力を持つというべきであり、しかも、民法が適法とし民事責任を否定する行為を、刑法が刑罰をもって禁止するというのは矛盾であるから、同条が適用される事例では、刑法上も行為を適法としなければならない。それは、刑法37条によってカバーされるべき防衛的緊急避難と区別された、特殊な防衛的緊急避難である。正当防衛ではないが、物の損壊に関する限りは法益の均衡も補充性も要件とされないのである（もちろん、物の所有者側に一定のリスクを負担させることが妥当だとしても、避難行為者が、軽微な財産的法益を守るため、重大な財産的法益を侵害しようとする場合につい

---

[32] この点につき、小田「緊急避難と個人の自律」（前掲注21）343頁以下を参照。なお、この種のケースについて、結果無価値論の立場から正当防衛を認める見解が有力であるが、それが妥当でないことについては、井田「正当防衛論」（前掲注6）85頁、89頁を参照。
[33] 康「緊急避難の本質（2・完）」（前掲注12）法研論集77号67頁。

てまで,所有者側に反撃を甘受する義務を認めることは行き過ぎだと考えることはできる)[34]。これに対し,人の無過失行為,または行為とはいえない動作・不動作から危険が生じているときは,その人に対する反撃は通常の防衛的緊急避難でしかカバーされない。すなわち,法益同価値の限度内でしか正当化はされないことになる。

緊急避難正当化のための法益衡量の要件

〈第1類型〉

	攻撃的緊急避難	防衛的緊急避難
人が客体	著しい法益の優越が必要	法益同価値で足りる
物が客体	著しい法益の優越が必要	法益衡量の要件は不要

〈第2類型〉

	攻撃的緊急避難	防衛的緊急避難
人が客体	法益同価値で足りる	法益同価値で足りる
物が客体	法益同価値で足りる	法益衡量の要件は不要

Ⅳ 刑法37条の解釈

以上のような意味における(多分に複雑な)二分説のみが合理的な解決を与えると考えたときでも,それを現行の刑法37条[35]の解釈として主張することは可能であろうか。まず,37条1項が要求している「これによって生じた害が避けようとした害の程度を超えなかった場合に限り」という「法益均衡」の要件は,防衛的緊急避難および第2類型の攻撃的緊急避難の正当化の要件としてのみ妥当であると考えられる。これに対し,第1類型の攻撃的緊急避難に関する限りは,違法性阻却のためには「著しい法益の優越」まで要求すべきである。ここでは,解釈論として,そのような縮小解釈が可能であるのかどうかが問題とな

---

[34] この点につき,Onagi, Die Notstandsregelung（前掲注15）S. 107 f. を参照。
[35] 同条の立法の沿革については,松宮孝明「日本刑法37条の緊急避難規定について」立命館法学262号（1998年）1038頁以下が詳しい。

る。

　さらに,「法益同価値」の場合の責任阻却については,37条1項が「他人」に何らの限定も加えておらず,親族等の自分と特別な関係にある人ではない人の生命を守るため,別のある人の生命を犠牲にすることを認めているように読めることが問題になる[36]。その一般的な（例外なしの）不可罰性を適法行為の期待不可能を根拠に説明することは困難であるように思われる。このことを「政策」によって説明しようとする見解もあるが[37],「法益同価値」の場合に行為者の動機づけへの影響を具体的に考慮せずに一般的に責任を免除することは,まったく不合理な「政策的判断」といわざるを得ない。そこで,適法行為の期待不可能性の要件を「やむを得ずにした行為」の文言に読み込むか[38]（その文言は,補充性のみならず,適法行為の期待不可能性をも要求するものということになる）,または,免責緊急避難の本質に照らして縮小解釈を施し,個別事例において真に適法行為の期待可能性がなかった場合のみに緊急避難の成立を認めること[39]が解釈論として可能であるかどうかが問題となる[40]。

　問題の根源は,現行37条1項の規定が文言上あまりに広く緊急避難を認めているところにある。もともと「ふりかかった運命は甘受する」ことが原則であるべきなのだから,単純に法益均衡と補充性の要件が充足されるのみで第三者に犠牲を強いることはできないはずである。同条を字句どおりに理解する限り,たとえば,すぐにでも腎臓を移植しない限り生命が危ぶまれる患者を救うため,他人から強制的に腎臓を摘出する行為まで（補充性の要件がみたされるならば）許されることになってしまうであろう[41]。学説のなかには,緊急避難の要件として避難行為の「相当性」を要求することにより[42],または「人格の自律性」を重

---

[36] これに対し,保全利益の価値が侵害利益のそれに劣後する場合の責任阻却は,37条を根拠条文とすることはできず,超法規的責任阻却としてのみ可能であろう。ただし,責任阻却にまで至り得るためには,通常は違法減少が前提となるべきであるから,法益のバランスを明白に害する行為について責任阻却が認められることはきわめて稀であろう。
[37] 内藤『刑法講義総論(中)』（前掲注1）426頁以下,山中『刑法総論Ⅰ』（前掲注1）488頁。
[38] 森下『緊急避難の研究』（前掲注15）239頁以下を参照。
[39] Onagi, Die Notstandsregelung（前掲注15）S. 48 ff. を参照。
[40] これに対し,川口「緊急避難」（前掲注21）238頁以下は,免責的緊急避難の法文上の根拠を37条1項ただし書に求める。

要な利益としてあわせ考慮することにより⁽⁴³⁾，このような場合に緊急避難が成立することを否定し，不合理さを緩和しようとするものもある。しかしながら，そのような限定的要件は，人身への重大な侵害の正当化を許さないドイツ刑法34条には合うかもしれないが，わが国の刑法37条には適合しない。そのような要件を付加するとき，ある人の生命を救うために第三者をその意思に反して殺害したりひどく傷つけたりすることは，すべからく「不相当」とされるであろうし，また人格の自律性を害することになるはずであるから，緊急避難による正当化はことごとく否定されることになってしまうであろう。

こうして，37条が立法論として不当な面を持ち，いずれにしても限定が必要であるならば，場当たり的な（たとえば，自律性といった，理由にならない概念を用いた）限定ではなく，一定のバックボーンを持った何らかの合理的な理由にもとづく限定を行うべきである。私の見る限り，合理的な限定は上に述べたような二分説によってのみ与えられる。それでは，そのような37条1項の限定解釈は罪刑法定主義の原則に違反しないであろうか。結論からいえば，罪刑法定主義違反の非難は当たらないと考えられる。まず，違法性阻却事由としての側面についてであるが，たしかに，刑法上の違法性阻却事由は規範の名宛人に対し行動基準を告知・提示するものである。しかし，それは同時に，各自の法益を守ろ

⁽⁴¹⁾ 森下「緊急避難の法的性質」（前掲注15）79頁は，救急病院の医師が重傷の患者の生命を救うため多量の輸血を必要とする手術を行うにあたり，病院の付近を通行中の者からその意思に反して血液を採取したというケースをあげ，血液採取を認めることが「正義・公平という法秩序の基本理念にかなうものとは，とうてい考えられない」とする。しかし，救命のための血液採取であれば，保全法益が著しく上回るといい得るのであるから，正当化を否定する理由はないであろう（刑訴法上の強制処分として一定量の強制採血が認められることがあることも考え合わせる必要があろう）。同旨，Baumann/Weber/Mitsch, Strafrecht（前掲注29）§ 17 Rdn. 78, S. 338; Roxin, Strafrecht（前掲注20）§ 16 Rdn. 44, S. 629など。救命のための唯一の手段として被害者を突き飛ばして怪我をさせる場合とどのように異なるのか私には不明である。この点について，松宮「日本刑法37条の緊急避難規定について」（前掲注35）1061頁も参照。

⁽⁴²⁾ 大谷『刑法講義総論』（前掲注12）283頁以下，斎藤信治『刑法総論［第3版］』（1998年）197頁以下，佐伯『刑法講義』（前掲注14）207頁以下など。

⁽⁴³⁾ 内藤『刑法講義総論(中)』（前掲注1）419頁以下，小名木「緊急避難における利益衡量と相当性についての一考察」（前掲注1）32頁以下，山中『刑法総論Ⅰ』（前掲注1）497頁以下など。

うとする者どうしの間の利害の調整をはかるものでもある。違法性阻却を過度に広く許容することは，他方で相手方の利害を不当に閑却することであり，その相当な反撃を違法として禁じることにほかならない。罪刑法定主義の遵守を口実にして，その法益を公平に保護されるべき相手方の具体的な利益を無視することはできない。法はここにおいて平等・適正な利害の調整に心がけなければならないとすれば，行動基準告知としての側面も一定の制限を受けざるを得ない。第1類型の攻撃的緊急避難の正当化に関する限りで，37条1項の要件を限定することは刑法の解釈として許されると思われる。

同様に，第1類型の攻撃的緊急避難の際に認められるべき責任阻却については，これを他人一般の法益の保全の場合すべてについて認めるべきではなく，行為者と危難に遭遇した人との間に親族関係等の特別な関係がある場合のみに限定されるべきである。違法性阻却の場面に比して，責任の領域においては，文言を限定する解釈はより容易に認められよう。それは責任の場面においては，法律の規定による行動基準の提示ということは問題とならないからである。動機づけのコントロールが困難であったことから真に責任阻却を認め得る場合のみに限定して37条1項を適用するという解釈は，罪刑法定主義の見地からの疑義にさらされるものではないように思われる。

V いわゆる強要緊急避難

行為者が他人に強制されて構成要件該当行為を行ったとき（たとえば，言うことをきかないと殺すぞと脅されてやむを得ず窃盗をしたとき），それが緊急避難となり得るかどうかが強要緊急避難の問題である。前述のような意味での二分説を採る限り，殺すぞと脅され生命に対する危険を回避するために第三者の生命を奪おうとする攻撃的緊急避難行為は，37条1項の緊急避難の要件をすべて充足するときでも違法であるから，被害者はこれに対し正当防衛で対抗することができる。

これに対し，違法性阻却事由説を採る通説も，これを適法行為である（したがって，これに対し正当防衛で対抗することはできない）とは考えず，期待可能性がないとして責任が阻却されるにとどまると解するようである[44]。しかし，違法性阻

第8章　緊急避難の本質をめぐって

却事由説の立場を前提としたとき，このような限定を加えることができるかどうかは疑わしい(45)。行為が「不正に加担」するものであり，法秩序の侵害をもたらす場合に，緊急避難による正当化を認めることは背理である，ともいわれるが(46)，攻撃的緊急避難のケースで，危難が背後者の違法行為に起因するときにはいつでも，違法行為を原因として法益侵害が発生するという意味では，緊急避難行為は「不正に加担」する行為であり，法秩序の侵害を引き起こすものなのである。たとえば，強盗犯人Xから身を守るためYがやむを得ず第三者Zの法益を侵害する行為は緊急避難の1つの典型であるが，XがひそかにZに生じる法益侵害を意図していたとすれば，Yは「不法に加担」し，法益侵害を引き起こしたことになる。それだからといって，緊急避難の成立を制限することは妥当でないし，制限のための要件も問題となろう(47)。YがXの意図を知っていたかどうかで区別するのも理由がないと思われる。他方，強制されて行為する者の立場を考慮すると，すべての場合に被害者側の正当防衛による反撃にさらしてよいとはいえない。生命侵害を回避するために第三者の財産を侵害する行為などについては違法性阻却を認めてさしつかえないであろう（被侵害者側に誤想防衛の可能性があることは別論である）(48)。すなわち，「著しい法益の優越」がある場合には違法性阻却を認めることがむしろ妥当なのである（この場合には，被侵害者側には，防衛的緊急避難のみが可能である）。

このように考えてくると，強要緊急避難が困難な問題を生じさせるとすれば，

---

(44)　大塚『刑法概説（総論）』（前掲注12）458頁，大谷『刑法講義総論』（前掲注12）365頁などを参照。責任阻却事由説に詳細な理由づけを与えたのは，橋田久「強制による行為の法的性質（1）～（2・完）」法学論叢131巻1号（1992年）90頁以下，同4号（1992年）92頁以下である。なお，東京地判平成8・6・26判例時報1578号39頁は，強要にもとづく殺人の事例について緊急避難の要件を検討した上で，過剰避難にとどまるとした。

(45)　違法性阻却事由説の立場を前提とする限り，違法性阻却を否定する論理を立てることが困難だとする点で，山口『問題探究・刑法総論』（前掲注3）110頁以下は正当だと思われる。

(46)　橋田「強制による行為の法的性質（1）」（前掲注44）法学論叢131号1号104頁以下。

(47)　山口『問題探究・刑法総論』（前掲注3）111頁を参照。

(48)　松宮『刑法総論講義』（前掲注28）146頁は，「社会連帯」という観点から被侵害者側に「受忍義務」が生じる場合だとする。しかし，それはとりもなおさず，避難行為が適法であることを意味するのである。法秩序に反する行為により法益を侵害される側に受忍義務が生じるという論理は理解が困難である。

それは攻撃的緊急避難に関し一律に違法性阻却を認める通説それ自体が難点を含んでいるからなのであり,「著しい法益の優越」がある限度で緊急避難を認める二分説の立場を前提にする限り, 不当な結論が導かれることはなく, その基本思想に修正の必要はないと考えられるのである[49]。

---

[49] 同旨, Baumann/Weber/Mitsch, Strafrecht（前掲注29）§ 17 Rdn. 81, S. 339; Hirsch, in: LK（前掲注1）§ 34 Rdn. 69a; Jakobs, Strafrecht（前掲注20）13/14, S. 416 f. など。ただし, 前掲注29も参照。

■ 第9章

過失犯理論の現状とその評価

　　　　　　　　　　　　　　　　　　Ⅰ　はじめに
　　　　　　　　　　　　　　　　Ⅱ　過失犯理論の発展
　　　　　　　　　　　Ⅲ　予見可能性の内実と位置づけ
　　　　　　　　　　　Ⅳ　結果回避義務と行動準則
　　　　　　　　　　　　　　Ⅴ　過失犯の実行行為

Ⅰ　はじめに

　現在，過失犯ほど，学説と実務の双方から強い関心を持たれている刑法上のテーマは他に殆どないと思われるが，過失犯をめぐる議論は錯綜し，複雑な様相を呈しており，「論点整理」が必要な状況にある。本稿が以下において試みようとするのは，過失犯理論の根本問題を可能な限りクリアな形に整理し，解決のための論理の道筋を示すことである。過失犯をめぐる議論の発展を振り返ることからはじめ，解決を迫られているいくつかの問題を明らかにした上で，いわゆる新過失論の立場から，採られるべき基本的な考え方の方向性を粗描することとしたい[1]。

Ⅱ　過失犯理論の発展

1　旧過失論と新過失論

　旧過失論は，ドイツでも1960年代までなお通説的立場として主張されていた

---

[1]　私はこれまで，過失犯につき，「薬害エイズ帝京大学病院事件第一審無罪判決をめぐって」ジュリスト1204号（2001年）26頁以下（本書第10章159頁以下），「過失犯における『注意義務の標準』をめぐって」刑法雑誌42巻3号（2003年）333頁以下（本書第11章183頁以下），『刑法総論の理論構造』（2005年）111頁以下において検討を加えてきた。主要な文献もそこに引用されているので，あわせて参照していただければ幸いである。

見解であり，故意犯と過失犯とをパラレルに理解するところに特色があった。行為から法益侵害結果が因果的に惹起されればその行為は違法であり，その法益侵害結果を認識して行動したのであれば，重い責任としての故意があり，結果を認識していないときでもそれが認識可能であれば軽い責任としての過失がある。リストの教科書には，「過失とは，予見可能な結果を予見しないことである」という古典的定義が示されている[2]。故意と過失は，悪しき心理状態としての責任の2つの「種類」であるとされ，過失とは結果が予見できたのに予見しなかったという点で，注意を欠いた，(故意行為の場合ほどではないにせよ)悪い心理状態として把握された。旧過失論の理論的基礎は，結果無価値論（因果的違法論）および心理的責任論だったのである。

このような過失の理解に対しては，2つの点において批判が加えられた。ドイツにおける新過失論の代表的主張者はヴェルツェルであったが，その教科書には次のような設例が示されている[3]。見通しの悪いカーブでAの運転する自動車とBの運転する自動車が正面衝突し，AとBの両方がケガをしたというケースである。原因はAの車両がセンターラインを越えて反対車線に進入したことにあり，Bの方は適切に運転していたというとき，旧過失論によれば，BもまたAに生じた法益侵害結果を因果的に惹起した以上，Bの行為は違法であり，ただ結果発生の予見可能性がないことから責任が否定されるにすぎないということになる[4]。しかし，交通規則を守って安全に車を運転する行為が，違法な行為，すなわち「法によって禁じられた行為」と評価されるのはおかしい。Aの行為のみが違法であり，Bの行為は適法というのでなければならない[5]。そこで，新過失論は，Bのように「法により客観的に命じられた注意」を尽くしている場合には，かりに法益侵害結果が発生したとしても，それは「不幸なことではあるが，不法ではない」[6]という。いいかえれば，結果回避のための，

---

[2] Franz von Liszt, Lehrbuch des deutschen Strafrechts, 21. und 22. Aufl. 1919, S. 176.
[3] Hans Welzel, Das deutsche Strafrecht, 11. Aufl. 1969, S. 128.
[4] 最近，新聞報道された交差点での衝突事故においても，まったく同様のことが問題となるであろう。朝日新聞2005年7月18日朝刊（14版）31頁を参照。
[5] これに対し，最近でも，基本的に旧過失論を支持する橋爪隆「過失犯（上）」法学教室275号（2003年）76頁以下は，この種の事例でBの行為を違法とすることを正面から是認する。
[6] Welzel, a. a. O., S. 135.

社会生活上必要な一般的注意を守っていれば適法であり，それに違反した行為であってはじめて違法とされるべきだとする。

　旧過失論に対するもう1つの批判は，過失認定のより実際的な側面に関わる。現代社会においては，一定の危険性を伴う多くの行為が存在し，法的に・社会的に許容されている。危険な行為とは結果発生がある程度予見可能な行為にほかならないから，法益侵害結果が発生したとき，予見可能性を緩やかに理解する限りつねに予見可能性が肯定されることにもなりかねない。新過失論は，予見可能性の有無という基準は（少なくともそれだけでは）過失処罰を限界づけるのに適した基準ではないとする[7]。予見可能性は程度を付すことのできる概念であり，かつ予見の対象の具体化・抽象化には無限の段階がある。その意味では，予見可能性は原理的に不明確な判断基準である。予見可能性の有無にかかわらず，さらには，予見可能性があっても，それでも過失犯を成立させるべきでない場合がある，というのが新過失論の中核的主張である。

　新過失論は，予見可能性に加えて，「結果回避義務」により過失犯の成立範囲の限定をはかろうとする。結果回避義務の内実は，とりわけ行為者の立場に置かれた一般通常人に遵守が要求される社会的行動準則により定められる。この社会には，一定の危険行為を行うときにわれわれが遵守することを要求される無数の社会的ルールがネットワークのように存在している。社会的行動準則の一部は，道路交通法のような法律の規定により成文化されているが，そうでないルールもきわめて多い。一定の法益侵害結果を回避するためにそういう社会的行動準則を守ることが要求されるとき，結果回避義務の内容は社会的行動準則と一致する。

　刑法理論との関わりで新過失論の理論的基礎を説明するならば，罪刑法定主義との関係が最も重要である。罪刑法定主義の原則は，国民に対し何が禁止されているかを可能な限り明確に示し，そのことにより国家刑罰権の行使に歯止めをかけるとともに，犯罪予防をはかろうとする。罪刑法定主義と行動ルールの明確化による一般予防とは1つのものである。それでは過失犯の場合はどう

---

(7) 結果無価値論のように，違法の内容は法益侵害に尽きると考えれば，法益侵害が予見可能であるにもかかわらず行為に出た行為者は非難できることになる。予見可能性こそが過失の本質だとする旧過失論は，結果無価値論のコロラリーにほかならない。

か。「過失により人を傷害した者は」とか「過失により人を死亡させた者は」という規定からは,危険行為を行うときの具体的な行動基準は何も引き出せない。ヴェルツェルは,過失犯の構成要件は「開かれた構成要件」であり,補充を必要とすると述べた。補充のための指導原理が「社会生活上必要な注意」であり,補充のための具体的手段が社会的行動準則である[8]。なぜそのような補充が求められるかといえば,罪刑法定主義と行動ルールの明確化による一般予防という,もっとも重要な刑法の基本原則を,過失犯の領域においても可能な限り実現したいからである。こういう考え方を排斥する旧過失論は,過失処罰は純粋の応報的処罰であってよいとする立場である。

2 新・新過失論

新過失論は日本において独自の展開を遂げた。藤木英雄の創唱にかかり,一般に危惧感説(ないし不安感説)と呼ばれる学説が主張されるに至った。それは,新過失論の立場を前提としつつ,結果回避義務を課す前提としての予見可能性を肯定するためには,結果の発生が具体的に予見可能である必要はない,「その種の結果の発生がありうるとして,具体的に危惧感をいだく程度のもの」であれば足りるとし,「万一にも生じうべき事態」が実現すればそれで予見可能性の要件が充足される場合もあるとした[9]。それは,「新しい新過失論」であり,まさに新・新過失論の立場であった。

その主張の核心は,「予見可能性の結果回避義務関連性」という一言で総括できる。すなわち,予見可能性はおよそあるかないかという形で抽象的にその有無を問い得るものではなく,採られるべき結果回避措置との関係で相対的に定められ,低い程度の予見可能性に対しては弱い結果回避措置が対応し,高い程度の予見可能性に対してはその行為をおよそただちに中止するという結果回避措置が対応するというように,結果回避義務との相関関係が存在する。ここから,危惧感説の主張者は,課されるべき結果回避措置の内容いかんによっては,結果発生の蓋然性はかなり低いものであってもかまわない,たとえ結果発生の

---

[8] Welzel, a. a. O., S. 131 ff.
[9] その理論的到達点は,藤木英雄『刑法講義総論』(1975年) 233頁以下において示されている。

可能性が低くても，その低いレベルに対応する結果回避義務が課されてよい場合がある，と考えたのである。

　この学説が展開されるきっかけとなったのは，いわゆる森永ヒ素ミルク事件であった[10]。この事件では，乳幼児の飲む粉ミルクを製造する工場において，信頼できる薬問屋に対し，工業用の薬品であった「第2燐酸ソーダ」を注文して納入させ，その安全性が確認されていないのに，その内容を化学検査することなく，製造過程でミルクのなかに安定剤として混入していたところ，あるとき，注文とは異なる，すなわち第2燐酸ソーダではない，しかもヒ素を混入した薬剤が納入されたため，有毒なミルクが製造され，多数の乳幼児に死傷の結果を生じさせたのであった。危惧感説は，ヒ素を含む薬剤が納入される予見可能性はなかったかもしれないが，安全性の確認された薬剤を注文・使用するか，そうでなければいちいち自前で検査するという結果回避措置を義務づける前提としての予見可能性としては，有害な薬物が混入する危惧感があればそれで十分であり，本件では結果回避義務違反が認められてよいとしたのである。

3　小　　括

　旧過失論とは，予見可能性の有無を過失犯成否の基準とする見解であり，これに対し，新過失論は，予見可能性に加えて，結果回避義務違反を要求して違法行為の範囲を限定する理論である。新・新過失論，すなわち危惧感説は，新過失論を前提として，予見可能性がかなり低くても，つまり万一の場合でも結果回避義務を肯定する学説である。注意すべきことは，多くの場合，予見可能性が肯定されると，結果回避義務もありとされるのであって，旧過失論と新過失論の間の実際的結論の違いはそれほど明白なものではないことである。また，具体的予見可能性か危惧感かの実際的差異も見かけほど大きなものではない。ただ，基本的な考え方が異なるとき，それが結論の相違に影響することはあるし，なぜ何のために処罰をするか，いかなる場合に処罰が正当化されるかに関する理論的なバックボーンをなおざりにはできないことはいうまでもないとこ

---

[10]　特に，高松高判昭和41・3・31高刑集19巻2号136頁を参照。差戻し後の第一審判決である徳島地判昭和48・11・27判例時報721号7頁は，危惧感説を採用して，工場の製造課長（のみ）の刑事責任を肯定した。

ろである。その意味で，いまだ新旧過失論の対立の正確な理解を踏まえることの重要性が失われたとはいえない。

Ⅲ　予見可能性の内実と位置づけ

　ここまで論じてきたことを前提として過失犯をめぐる諸問題を概観するとき，まず取り上げられるべきテーマは予見可能性である。予見可能性をめぐっては，具体的予見可能性説と危惧感説とが対立している。この根本的対立は，予見可能性における「予見の対象」と「予見の程度」という2つの問題と関連している。結論を先に述べると，「予見の対象」の問題との関係では両説の実際的相違は殆ど存在しないが，「予見の程度」の問題をめぐり両説は顕著な違いを示す。

　具体的予見可能性説が通説であり，それが判例の採る基本的立場でもあると見られているが，具体的予見可能性説も，現実に発生した態様の具体的結果と因果経過の詳細が予見可能であったことまで要求するものではない。一般には，その種の構成要件的結果の発生とそれに至る因果経過の基本的部分ないし本質的部分とを予見し得たことで十分だとされており，下級審判例の大勢もこれに従っている。しかし，具体的可能性説は，この「基本的部分」の捉え方いかんでは，危惧感説に接近する。北大電気メス事件に関する札幌高裁判決[11]も，「基本的部分の予見」が可能であることを要求しながら，因果経過をかなり抽象化して捉えており，そこには，行為時における危惧感を要求することとの間に言葉の違い以上のものは感じられない[12]。

　最高裁判例が「基本的部分」を問題とする見解を採るかどうかは明らかではないが，予見の対象をかなり抽象化して捉えている。たとえば，近鉄生駒トンネル火災事件に関する最高裁判決[13]は，この事件以前には学術的に報告されたことのない，まさに予見不可能な因果経路をたどって結果が発生したが，別の

---

[11]　札幌高判昭和51・3・18高刑集29巻1号78頁。
[12]　詳しくは，井田良「予見可能性の意義」芝原邦爾ほか編『刑法判例百選Ⅰ総論［第5版］』（2003年）100頁以下を参照。
[13]　最決平成12・12・20刑集54巻9号1095頁。

因果経路をたどって結果が発生し得ることは予見可能であったというケースに関するものであった。かりに現実に結果を引き起こした予見不能な因果経路を「因果経路①」とし，予見可能であったがこの事件ではその経路を通らなかった因果経路を「因果経路②」とすると，この判決によれば，「因果経路①」と「因果経路②」とを包摂する，抽象化された「因果経路③」を想定できるときには，予見可能性を肯定できるというのである[14]。

　とりわけ結果発生の高度の可能性ある行為が行われたとき，予見の対象は大幅に抽象化される。最高裁は，被告人が，後部荷台に2人が乗車していたことを知らずに普通貨物自動車(軽4輪)を制限速度を大幅に超える速度で運転し，操作を誤って道路左側に設置してある信号の柱に左側後部荷台を激突させ，後部荷台の2人を死亡させたという事案につき，「被告人において，右のような無謀ともいうべき自動車運転をすれば人の死傷を伴ういかなる事故を惹起するかもしれないことは，当然認識しえたものというべきである」としている[15]。この結論は，具体的予見可能性説の論者からも支持されている。

　以上のように，「予見の対象」に関する実際的な結論という点では，具体的予見可能性説と危惧感説との相違は殆ど認識できない。私は，結局のところ，「予見の程度」をめぐって，この2つの見解ははっきりとその結論を異にすると考えている。前述のように，危惧感説は，「予見可能性の結果回避義務関連性」を肯定する見解であった。ここから，課されるべき結果回避措置の内容いかんによっては，結果発生の蓋然性はかなり低いものであってもかまわない，万が一の程度の結果発生の可能性であっても，その低いレベルに対応する結果回避義務が課されてよい場合があるとされるのである。

　もちろん，危惧感説が「何らかの危険が絶無であるとして無視するわけにはいかない」「何が起こるかわからない，しかし何かは起こりそうである」という程度の危惧感があれば足りるとするのであれば，それではあまりに漠然としており，結果回避のための具体的対応を想定することも困難である。予見の対象

---

(14) 朝山芳史「時の判例・鉄道トンネル内における電力ケーブルの接続工事を施工した業者につきトンネル内での火災発生の予見可能性が認められた事例」ジュリスト1209号（2001年）143頁以下を参照。

(15) 最決平成1・3・14刑集43巻2号262頁。

はあくまでも構成要件的結果でなければならないから、「予見可能性の法益関連性」まで否定することはできない。しかし、私は、この点を修正する限り、危惧感説は基本的に支持されるべき見解だと考える。たとえば、高速道路を走る際に、横を向いて前方をまったく注視していなかったところ、たまたま高速道路上に進入してきた人をはねて死亡させてしまったとしよう。高速道路を運転するときに進路上に人が駆け出してくるという可能性はまずないといえるかもしれない。しかし、それにもかかわらず、前方を注視して運転をコントロールするという結果回避義務を課す前提としては、万が一にでも（たとえば、事故等があって）進路上に人がいる可能性があるということで足りる。予見可能性は無前提に問われるものではなく、一定の結果回避義務を課すことの前提としてどの程度の予見可能性がなければならないかという形で問題が立てられなければならない。詰まるところ、分水嶺となるのは、予見可能性の結果回避義務関連性を肯定するかどうか、いいかえれば、前述のような意味における新過失論を採るかどうかである。

　予見可能性の結果回避義務関連性の問題は、デパートやホテル等の火災事件において先鋭化した形で問題となる管理・監督過失の事例の解決において大きくクローズアップされた。ホテル、デパート、病院などにおいて何らかの原因で大規模な火災が発生したとき、消火・避難誘導等の義務履行にあたって不注意であった者を指導、監督する立場にある者の監督上の落度（すなわち監督過失）を理由として、または、火災による死傷との間に因果関係のある人的・物的な防火管理体制の不備について管理責任を負う者の落度（すなわち管理過失）を理由として業務上過失致死傷罪の成立を認め得るかどうかが問われる。ここでは、出火に関する予見可能性があるのかどうかが問題である。出火の原因が不明で、それはおそらく放火だったのではないかと疑われる事例を考えると、火災の発生の可能性はそれ自体としてはかなり低いものであり、それはまさに万が一の事態であり、危惧感以上のものを認め難いのではないかと思われる。もし結果回避義務とは独立に、結果発生を前提としてその予見可能性があるかどうかを問題とすれば、予見可能性そのものは低く、むしろ否定されざるを得ないことになるであろう。これに対し、ここでは万一の事態（そして起こってしまってからは取り返しのつかない事態）に対処することが要求される形の結果回避義務が問題

となっていることから，それを課すために要求される予見可能性の程度はかなり低いものであってよいと考えてはじめて，過失処罰の要件としての予見可能性は肯定されるのである。

Ⅳ　結果回避義務と行動準則

　新過失論は，たとえ結果の予見可能性が肯定されても，または予見可能であるかどうかにかかわらず，法がその行為を許容し，結果回避措置を義務づけないことがあると説く。それは，行為者個人が社会の一員として求められているものを考慮することにより，刑法に「社会性」を取り戻そうという試みであり，また，罪刑法定主義の要請に応えるとともに，行動準則を明らかにして一般予防をはかろうとするものである。結果回避義務による過失認定の限定という観点から特に注目されるのは，信頼の原則であろう。新過失論の立場からは，信頼の原則が適用される場合には，結果が予見可能であるにもかかわらず，または予見可能であるかどうかにかかわらず，過失が否定される。それは，社会的に不可欠な共同作業を可能にするための共働者間の役割分担に関する社会的ルールの形成を促し，これとあいまって法益を保護しようとするためのものである。他者の管轄領域内の事柄については，かりに自己の領域からも「その様子がかいま見える」としても（すなわち予見可能であるとしても），それに対応した結果回避措置までとることは要求されない。

　結果回避義務と行動準則の問題に関し注目すべき判断を示したのが，薬害エイズ帝京大学病院事件に関する東京地裁判決であった[16]。東京地裁は，事件当時において結果発生の予見可能性はあったがその程度は低く，その程度の予見可能性を前提とすると，被告人が非加熱製剤の投与を原則的に中止しなかったことにつき結果回避義務違反があったとはいえないとした。この判決は，予見可能性の結果回避義務関連性を肯定しているという点でも興味深いが，行為の時点においてしたがうことの要求される行動準則が注意義務の内容を決めるとした点で新過失論の基本思想に合致する。この判決を紹介する判例時報のコメ

---

[16]　東京地判平成13・3・28判例時報1763号17頁。

ントには，より明確に，次のように述べられている。すなわち，「開かれた構成要件を持つ過失犯において，行為当時には現実に想定し難かったような行動準則を事後的に設定し，それに従わなかったとして当時の行為を処罰するようなことは罪刑法定主義の趣旨からも相当でない」とするのが本判決の基本的立場である，と。具体的には，この判決は，全国の血友病専門医についても，加熱製剤の承認・供給に至る以前の段階で非加熱製剤の使用を中止した例は殆ど見られなかったという当時の実情に照らせば，被告人が非加熱製剤の投与を原則的に中止するという判断をしなかったことが刑法上の過失の要件たる注意義務違反に当たると見ることには無理があるとした。事後に形成された行為規範の遡及的適用という「後出しじゃんけん」は，公正さの見地からも，そして犯罪予防という功利的見地からも禁止されるのである。

　私は，過失犯理論はこの判決に示された方向に進むべきだと考える。中心的課題は，一般条項的な不明確さをともなう過失犯の構成要件の内容を可能な限り具体化するところにある。そのためには，これまで部分的にしか行われてこなかった客観的注意義務の類型化のための指針を明らかにし，そして結果回避義務が個々の生活場面において具体的にどのように類型化されるのかを(実務における過失認定にも資するような形で)逐一示すことが必要となる。もちろん，結果回避義務の内容を満足のいく形で類型化することはきわめて困難なことである。しかし，結果回避義務の類型化とは，刑法が承認し国民に対し一般的に遵守を要求する行動基準の明確化のことにほかならない。これを否定することは，過失犯については，行動基準の提示を放棄することを意味し，したがって，罪刑法定主義が妥当しないということを自認してそれに甘んじること，そして規範による一般予防をあきらめ，絶対的応報刑論に後退することを意味する。行動基準の類型化が可能であり，また法的規制の手段として重要性を持つことは，たとえば道路交通法のことを考えても，きわめて明白なことであるように思われる。

V 過失犯の実行行為

　新過失論によるとき，過失犯の実行行為はどのように捉えられるべきであろ

うか[17]。結果回避義務とは，結果回避のため，行為者の立場に置かれた一般通常人に遵守が要求される「行動基準」を想定したとき，それにかなった態度を採るべき義務のことをいう。交通事故の場合であれば，死傷結果を回避するために歩行者の動静を注視したり，車間距離を保持したり，減速や一時停止を行ったりする義務のことである[18]。実務における過失認定では，結果を予見しなかったということではなく，具体的にどのような結果回避措置を怠ったかが必ず明らかにされることから，それは新過失論の立場に親和的とされることもある[19]。このような意味における結果回避義務を果たすことにより，行為は「許されない危険行為」から「許された危険行為」となる。過失犯の実行行為とは，そういう結果回避義務を怠って自動車を走らせるという，許されない危険行為たる「作為」のことである。新過失論によるとき，過失犯の実行行為はすべて不作為として捉えられるとする批判が一部に流布されているものの，それは当たっていない[20]。

　実行行為（不作為義務違反）と結果回避義務違反の区別は，別の問題との関係でも重要な意味を持つ。実行行為がなかったとしても，すなわち不作為義務の違反がなかったとしても結果が発生していたであろうという場合には，条件関係が否定される。「許されない危険行為」も，結果回避義務を履行することによ

---

[17] 過失犯の実行行為をめぐっては，いわゆる段階的過失が問題となる。直近過失一個説を採り得ない理論的根拠は，過失犯については拡張的正犯概念が妥当するところに求められよう。

[18] 結果回避義務は，人的に相対的なものである。刑法は，一定の知識や能力を持った人が現に存在し，社会において現に活動していることを前提とした上で，その知識を活用し能力を発揮して法益侵害の結果を回避することを義務づける。この社会には，医師の手術のように，一定の学識を有し技能を修得し経験を積んだ専門家だけが行うことを許されている一連の危険行為が存在している。刑法は，そのことを前提として，法益侵害を回避するため，必要な能力を持たない人に対しては，当該危険行為を行うことそれ自体を禁止し，能力を持つ専門家であればそれを行う際に専門家としての注意を払うことを要求する。まったく同一の危険行為であっても，各人の有する注意能力の違いに応じて，刑法は異なった注意義務の遵守を要求するのである。詳しくは，井田「過失犯における『注意義務の標準』をめぐって」（前掲注１）335頁以下（本書第11章185頁以下）を参照。

[19] たとえば，土本武司『過失犯の研究』（1986年）12頁以下を参照。

[20] この点につき，たとえば，Hans Joachim Hirsch, Strafrechtliche Probleme, 1999, S. 359 ff. を参照。

り「許された危険行為」として行うことを許される。その際，結果回避義務を尽くしたときにも結果が発生したであろうというときには，因果関係は肯定されるが，結果回避義務違反と発生結果との間の条件関係がなく，その意味における結果回避可能性[21]が否定される[22]。ドイツの古い判例のなかには，医師が麻酔目的で患者にノヴォカインを注射すべきところ，誤ってコカインを注射したため患者を死亡させたが，患者の状態ではノヴォカインでも死亡していたであろうというケースについて条件関係を否定したものがある。しかし，ここで問題となっているのは，条件関係ではなく，結果回避可能性にほかならない。

　最近，最高裁は，黄色点滅信号で徐行義務があるのにこれを怠って時速30ないし40キロメートルで交差点に進入した際，左側から交差道路を暴走してきた車両と衝突して業務上過失致死傷罪に問われた自動車運転者につき，時速10ないし15キロメートルへの減速措置をとったときでも事故の回避可能性があったとするには合理的な疑いを容れる余地があるとして無罪を言い渡した[23]。ここでは，時速30ないし40キロメートルで交差点に入ることはそれ自体として注意違反の行為（許されない危険行為）なのであり，かりに過失未遂罪が存在するとすれば処罰できたはずである。ただ，減速義務を果たしていたとしても，結果を回避できたとは断定できないとされた。ここでは，基本的には上述のノヴォカイン事例と同じく，結果回避義務違反と結果との関係（その意味における結果回避可能性）の存在が疑問とされたと理解できるのである。

---

[21]　この場合にも，およそその行為を思いとどまることにより結果を回避できるのであるから，その意味における結果回避可能性は存在する。しかし，過失行為の場合には，結果回避義務を果たすことを条件として，その行為を行うことは「許される」のである。

[22]　これに対し，結果回避義務違反の観念の否定する旧過失論は，この意味における結果回避可能性の判断を条件関係論に取り込まざるを得ないであろう。

[23]　最判平成15・1・24判例時報1806号157頁。

第10章

薬害エイズ帝京大学病院事件第一審無罪判決をめぐって

Ⅰ　はじめに
Ⅱ　事件の概要と判決要旨
Ⅲ　本判決の意義と評価
Ⅳ　結びにかえて

Ⅰ　はじめに

　1980年代，アメリカ合衆国での売血者の血液を混ぜて作られた非加熱濃縮血液凝固因子製剤（非加熱製剤）を通じて，世界各国にHIV（エイズ原因ウイルス）が拡散し，ウイルスを非活性化した加熱製剤が普及するまで，非加熱製剤を投与された多数の血友病患者等がこれに感染し，さらにはエイズ（後天性免疫不全症候群）を発症した。わが国でも，とりわけ1983年から85年にかけて，アメリカ合衆国由来の血液から作られた非加熱製剤の投与を受けて1800人以上もの血友病患者がHIVに感染し，うち500人以上が死亡するという未曾有の惨事が引き起こされた。これが薬害エイズ事件であり，「戦後最大」の薬害事件ともいわれる。

　わが国の薬害エイズ事件に対する刑事責任の追及は，因果関係の立証が可能であった2人のエイズ発症患者の死亡の結果をクローズアップし，厚生省担当官，製薬会社幹部，血友病治療の権威とされた医学者という三者（いわば官・業・医）がそれぞれ発生結果に対して競合的に過失責任を負うとする構図を描いて展開された。そのうちの本件は「薬害エイズ事件帝京大ルート」とも呼ばれ，帝京大学病院の第1内科長として，血友病患者の治療方針を決定したばかりでなく，斯界の権威者として血友病治療に関わる医療水準を形成し，厚生行政を指導する立場にもあったとされる被告人が，同病院でHIVに汚染された非加熱製剤の投与を受けエイズを発症して死亡した1人の被害者との関係で，業務上過失致死罪に問われた事件である。東京地裁（刑事第10部）は，平成13（2001）年

3月28日,事件当時において結果発生の予見可能性はあったがその程度は低く,その程度の予見可能性を前提とすると,わが国の大多数の血友病専門医が血友病患者の通常の出血に対し非加熱製剤を使用していたという当時の実情に照らせば,非加熱製剤の投与を原則的に中止しなかったことにつき結果回避義務違反があったとはいえない,として過失を否定し,被告人を無罪とする判決を下した[1]。

本稿においては,事件の争点とこれに対する裁判所の判断を紹介し(後述Ⅱ),過失を否定した判決の論理を検討しながら,本判断の持つ刑法学上の意味を明らかにすることを試みたい(後述Ⅲ)。当然のことではあるが,過失(したがって,結果予見可能性と結果回避義務違反)の有無・程度は,主として,法廷に顕出された証拠の評価により決せられる事実認定の問題であり,証拠に接していない私にその当否について論評を加えることはできない。以下では,もっぱら判決の法的論理の妥当性が検討されることとなる。

Ⅱ 事件の概要と判決要旨

1 事実と争点

本件被害者は,先天的に血液中の第Ⅷ因子を欠く血友病患者であり,以前から被告人のもとで治療を受けていたが,昭和60(1985)年5月から6月にかけて手首関節内出血の治療のために帝京大学病院に来院した際,3回にわたり,内科医師によりクリオブリン(非加熱第Ⅷ因子製剤)を投与され,これによりHIVに感染し,その後,エイズを発症,平成3(1991)年12月に死亡した。当時,被

---

[1] なお,非加熱製剤を販売した製薬会社(ミドリ十字)の当時の代表取締役社長ら3人が,加熱製剤の販売開始後も,非加熱製剤の販売中止や回収をしなかったことから,1986年4月に大阪の病院で肝臓病治療の際に非加熱製剤(第Ⅸ因子製剤)を投与されて1995年12月に死亡した肝臓病患者との関係で業務上過失致死罪に問われている事件(「ミドリ十字ルート」)では,平成12(2000)年2月24日,被告人3人に対し有罪の実刑判決が下され(判例タイムズ1042号94頁),同事件は2001年現在,控訴審で審理中である。また,当時の厚生省生物製剤課長が,2人の被害者の死亡との関係で厚生行政上の不作為過失を問われ,業務上過失致死罪の刑事責任を追及されている事件(「厚生省ルート」)は,東京地裁に係属しており,本件と同じ裁判長のもとで本年(2001年)9月28日に判決が下される予定である。

告人は血友病治療の最高権威であり，帝京大学副学長をつとめ，かつ帝京大学病院第1内科長・同内科血液研究室の責任者として血友病患者に対する基本的治療方針を決定していた。被告人は，平成8（1996）年9月，被害者の死亡につき業務上過失致死罪（刑法211条前段）の罪責を負うとして起訴された(2)。

　検察官は，①被告人はその絶大な権限にもとづき帝京大学病院における血友病患者に対する基本的な治療方針を決定・指示しており，その方針の変更も被告人のみが決定・指示することができたこと，②被告人は，遅くとも昭和59（1984）年11月ころまでに，エイズに関する内外の文献，国際シンポジウムにおける研究発表，帝京大学病院血友病患者についてのギャロ博士による抗体検査結果，部下の血友病専門医の進言などから，血友病患者に対して非加熱製剤の投与を続けた場合，まだHIVに感染していない患者を高い確率で新たに感染させ，時の経過とともにそれらの感染者の多くにエイズを発症させて死に至らしめることを予見するに十分な事実を認識していたこと，③本件被害者の出血は生命の危険に関わる重篤な出血ではなく，あえてHIVに感染する危険性の高い非加熱製剤を投与すべき事情は存在せず，血液製剤を用いた補充療法を行わないか，また，補充療法を行うとしても，国内血由来の安全なクリオ製剤を発注するなどして代替治療措置を講じることは可能であったし，非加熱製剤の危険性にかんがみ代替治療を採用すべきであったことなどを主張し，被告人は生命に切迫した危険がない場合には非加熱製剤の投与を控えさせる措置をとるべきところ，これを怠って被害者を死亡させたものとして業務上過失致死罪の罪責を負うことは明白だとした。

　これに対し，弁護人は，①被告人は診療上の指揮監督権限を有しておらず，血友病患者の治療方針を決定・指示していた事実はないこと，②本件当時の時点では，HIV抗体陽性の意味や抗体陽性者からのエイズ発症率はいまだ不明であり，非加熱製剤の短期間・少回数の使用によるHIV危険の確率はきわめて小さいものと考えられていたこと，③当時の血友病専門医の大多数は血液製剤の使用がエイズを発症させる危険は大きくなく，むしろ非加熱製剤の治療上のメ

---

(2)　本件被害者については，帝京大学病院において血清検体が冷凍保存されており，遺伝子検査により感染時期の特定が可能であったため，血液製剤の投与と結果との間の因果関係が証明可能であったという事情がある。

リットの方が大きいと考えており，非加熱製剤の使用は当時の医療水準に照らせば誤りとはいえなかったこと，④クリオ製剤はデメリットが大きく，また市場に存在しなかったのであるから，これを治療の柱として使うことを骨子とする治療方針への転換など現実的ではなく，そこに不作為の過失を認める余地はないことなどを主張した[3]。

東京地裁（刑事第10部）は，平成13年3月28日，大要次のような理由にもとづき，被告人に対し無罪の言渡しをした。

2 判決理由の要旨

(1) 検討に当たっての基本的視点

エイズと血液製剤の関係は，世界各国で長期間にわたって広く関心を集めてきた難問であり，それだけに数多くの資料が存在する。本件における事実の認定に当たっては，事件当時に公表されるなどして客観的な存在となっていた論文など確度の高い客観的資料を重視すべきである。また，本件において直接問題となるのは，昭和59年ないし昭和60年当時における被告人の行為であるが，公訴が提起されたのは，昭和59年から起算すれば12年後の平成8年9月であった。そして，平成9年3月から平成12年9月にかけて公判審理が行われたが，事件当時の状況を忠実に再現するという観点からは，時の経過による記憶の減退や変容という問題を避けて通ることは難しい状況にある。関係者の供述内容を吟味するに当たっては，このような時の経過に伴って生ずる問題にも十分留意する必要がある。

(2) 業務上過失致死罪の前提となる被告人の立場

被告人は帝京大学病院の第1内科長かつ血液研究室の責任者という指導的地位に就いていたことに加え，血友病の治療について抜きんでた学識経験と実績を有すると目されていたことから，これらに由来する権威に基づき，自ら第1内科における血友病に係る基本的治療方針を決定していたものであり，本件当時，同内科において非加熱製剤が投与されていたのは，被告人の意向によるものであった。被告人は，非加熱製剤を投与する体制を構築し，かつそのような

---

[3] 検察官と弁護人の主張については，新聞記事等を参照して要約した。

体制を維持していたものであるから，同内科において血友病患者の出血に対し非加熱製剤が投与されていたことについて，被告人の過失行為の有無を問題とすることは法律上十分可能というべきである。また，第1内科における血友病患者の基本的治療方針を決定していた行為は，業務上過失致死罪にいわゆる業務性の要件を満たすことに疑問は生じない。

(3) 本件被害者のエイズ発症・死亡原因

被害者は，帝京大学病院第1内科において，手首関節内出血の止血治療のため，昭和60年5月12日，6月6日，6月7日の3回にわたり非加熱製剤を投与されたことによりHIVに感染した者と推認するのが相当であり，また，HIV感染に起因する悪性リンパ腫により，平成3年12月に死亡したものと認められる。

(4) 結果予見可能性

被告人は，ギャロ博士に依頼して昭和59年9月ころに入手した，帝京大学病院血友病患者48名のHIV抗体検査の結果によると，約半数の23名が抗体陽性であった。しかし，世界の最先端のウイルス学者がそのころ公にしていた見解等に照らせば，本件当時，HIVの性質やその抗体陽性の意味については，なお不明の点が多々存在していた。すなわち，エイズ原因ウイルスの正体をめぐってなお混乱があったし，とりわけ，(イ)エイズ原因ウイルスに対する抗体陽性者は感染性のあるウイルスの現保有者であるか，また，抗体陽性者のうちウイルス現保有者であるものの割合はどの程度か(抗体陽性の第1の意味)，(ロ)ウイルスの現保有者は将来にわたってウイルスを保有し続けるか，また，将来にわたってウイルスを保有し続ける者の割合はどの程度か(抗体陽性の第2の意味)，(ハ)抗体陽性者の有する抗体はウイルスの活動(感染，発症等)に対して防御的作用を有するか，また，その防御効果はどの程度か(抗体陽性の第3の意味)，(ニ)抗体陽性者はエイズを発症するか，また，エイズを発症する者の割合はどの程度か(抗体陽性の第4の意味) などをめぐっては，本件当時に公表されていた世界のHIV研究の最先端にあったウイルス学者による学術論文や学会発表によっても，見解が分かれ，推測ないし仮説以上の言明は見られず，一義的で明確な認識が抱かれていなかった。被告人も，本件投与行為のころまでに，従来の感染症の常識とは大きく異なるHIV感染症の性質を認識してはいなかった。たしかに，帝京大学病院には，ギャロ博士の抗体検査結果やエイズが疑われる2症例など同病院に固

有の情報が存在したが，これらを考慮しても，本件当時，被告人において，血友病患者たる抗体陽性者の多くがエイズを発症すると予見し得たとは認められない。また，本件当時（すなわち昭和59年11月末ころから昭和60年5月12日まで）の非加熱製剤によるHIV感染の客観的な危険性は，正確に認定することは不可能であるものの，単回感染率はもとより検察官が主張する全期間を通じた累積感染率においても，高いものであったとは認められない。したがって，被告人には，外国由来の非加熱製剤の投与により血友病患者をHIVに感染させた上，エイズを発症させてこれを死亡させ得ることの予見可能性はあったし，被告人自身もその危険性を認識していたものと認められるが，その程度は低いものであった。このような結果予見可能性の程度を前提として，なお被告人に結果回避義務が認められるかどうかが過失責任の成否を決定することになる。

(5) 結果回避義務違反

　医療行為は，一定の危険を伴うが，治療上の効能，効果が優ると認められるときは，適切と評価される。本件においては，外国由来の非加熱製剤を投与することによる「治療上の効能，効果」と予見することが可能であった「エイズの危険性」との比較衡量，そしてさらに，「非加熱製剤の投与」という医療行為と「国内血由来のクリオ製剤による治療等」との比較衡量も問題となる。本件についてみると，被害者に生じたような関節内出血は，直接に生命にかかわる症状ではないものの，患者に激痛とともに関節の腫脹・運動制限をもたらし，さらには出血に起因する滑膜の炎症等の病理的変化を生じ，その結果として再出血も生じやすくなり，関節内出血を繰り返すと関節軟骨が破壊され，ついには肢体不自由者になるという，重大な後遺症をもたらす症状である。本件当時において，関節内出血を起こして病院で受診した本件被害者に対する医師の現実的な選択肢として，血液製剤による補充療法を行わないという治療方針を考慮すべきであったとは認めがたい。非加熱製剤は，クリオ製剤と比較すると，止血効果に優れ，夾雑タンパク等による副作用が少なく，自己注射療法に適する等の長所があり，同療法の普及と相まって，血友病患者の出血の後遺症を防止し，その生活を飛躍的に向上させるものとして高く評価されていた。これに対し，非加熱製剤に代えてクリオ製剤を用いるときには，副作用が多く，保管・投与等が難しく，血友病の治療に少なからぬ支障を生ずる等の問題があった。

このため，本件当時，我が国の大多数の血友病専門医は，非加熱製剤には感染症のリスクがあるという欠点があるにもかかわらず，各種の事情を比較衡量した結果として，血友病患者の通常の出血に対し非加熱製剤を投与していた。他方，クリオ製剤への転換は現実的な選択肢であったともいえない。すなわち，血友病治療の権威者である被告人がクリオ製剤への転換を行うならば，ほとんどの専門医も転換するということになり，全国的な需要の殺到に見合うほどの供給が可能であったかどうかが疑問となる。

　過失における注意義務は，一般通常人の注意能力を基準とすべきであり，本件では，通常の血友病専門医の注意能力がその基準となる。刑事責任が問われるのは，通常の血友病専門医が被告人の立場に置かれれば，およそそのような判断はしないはずであるのに，利益に比して危険の大きい医療行為を選択してしまったような場合である。本件についてみると，検察官が主張する「血友病患者の出血が生命に対する切迫した危険がないものであるときは非加熱製剤の投与を控える」という治療方針は，本件当時の我が国のほとんどの血友病専門医も採用していなかった。また，本件当時の被告人の立場に置かれたならば，通常の血友病専門医が非加熱製剤の投与をしなかったであろうと考えられる根拠もない。部下による「進言」があったことは認められるが，いずれも切羽詰まったものではなかった。全国の血友病専門医についても，被告人との情報格差が解消された後でさえ，加熱製剤の承認・供給に至る以前の段階で非加熱製剤の使用を中止した例はほとんど見られなかった。こうした当時の実情に照らせば，被告人が非加熱製剤の投与を原則的に中止するという判断をしなかったことが刑法上の過失の要件たる注意義務違反に当たるとみることには無理がある。

　被告人が，昭和58年当時，厚生省のエイズ研究班の班長として，クリオ製剤に全面的に転換することをしなかったことに影響を及ぼしたのではないかという点については，本件公訴事実との関係が明らかでない。また，昭和59年初めころまでの被告人の言動が加熱製剤の治験を遅らせたのではないかという点については，それが現実の我が国における加熱製剤の供給開始時期にどのような影響があったかを正確に推認することは不可能であるというほかない。

(6)　被告人の刑事責任について

　血友病治療の過程において，被害者がエイズに罹患して死亡するに至ったと

いう本件の結果は，誠に悲惨で重大である。しかし，本件は，エイズに関するウイルス学の先端的な知見が血友病の治療という極めて専門性の高い臨床現場に反映されていく過程を対象としている。科学の先端分野に関わる領域であるだけに，そこに現れる問題は，いずれも複雑で込み入っており，多様な側面を持っていた。これらについて的確な評価を下すためには，対象の特性を踏まえ，本件公訴事実にとって本質的な事項とそうでない事項とを見極めた上で，均衡のとれた考察をすることが要請されている。開かれた構成要件を持つともいわれる過失犯の1つである業務上過失致死罪についても，犯罪の成立範囲を画する外延はおのずから存在する。生じた結果が悲惨で重大であることや，被告人に特徴的な言動があることなどから，処罰の要請を考慮するあまり，この外延を便宜的に動かすようなことがあってはならない。関係各証拠に基づき具体的に検討した結果によれば，本件公訴事実については，犯罪の証明がないものといわざるを得ない。

Ⅲ　本判決の意義と評価

1　基本的な理論構成——過失構造論との関係
(1)　過失判断の枠組み

　本判決は，過失の存否を判断するにあたり「結果回避義務」の違反があったかどうかを問い，一定の結果回避措置を義務づけるためにはどのぐらい高度の結果予見可能性があることが必要か，逆からいえば，低い程度の予見可能性があるにとどまるとき，どれだけの結果回避措置を義務づけ得るかを検討の対象とした。本件の事実に即していうと，検察官主張の「血友病患者の出血が生命に対する切迫した危険がないものであるときは外国由来の非加熱製剤の投与を控える」べく治療方針を変更するという結果回避措置をとることを義務づけるだけの高度の結果発生の予見可能性が本件当時にあったかどうか，いいかえれば，本件当時に存在した程度のHIVへの感染とエイズ発症の予見可能性を前提として，上述の治療方針の変更という結果回避措置を義務づけることまで可能かつ適切であったかどうかを問題としたのである。たとえば，道路交通事故の事案において，衝突事故を避けるためには減速するだけでは十分でなく，自動

車を完全に停止させることが必要であったことが事後に明らかにされたとき，はたして行為の時点において完全停止という結果回避措置まで義務づけ得るほどの高度の結果予見可能性があったかどうかが問題となることがあるかもしれない。本判決は，このような意味における「結果回避義務」の存否を検討し，前提とされるべき予見可能性の程度との関係でこれを否定したと理解することができよう。

(2) 結果回避義務の意義

判決のいう「結果回避義務」といわれるものの実体は，必ずしも明らかではない。かりに，これを治療方針を変更するという作為を行うべき義務と同一視するとすれば，この結果回避義務とは過失不作為犯における作為義務を意味することになる。しかし，本判決が作為か不作為かの区別に言及していないことからすれば，本判決がもっぱら過失不作為犯の成否を検討したと理解すべきではなかろう。むしろ被告人は帝京大学病院第1内科における血友病に係る基本的治療方針を決定しており，非加熱製剤を投与する体制を構築し，かつそのような体制を維持していたものであるところから，基本的な治療方針にもとづいて行われた内科医師の個別的な治療についても，被告人がそのまま刑事責任を問われ得ることになると考えられる。いいかえれば，被告人の権限・その意思決定の事実的貫徹力の強大さにかんがみて，同病院における血友病治療そのもの（作為または不作為）が背後の被告人の行為（作為または不作為）と捉えられ得るということである[4]。

そうであるとすれば，判決のいう「結果回避義務」とは，いわゆる新過失論が主張するような，違法要素（したがって，構成要件要素）としての結果回避義務[5]に親近性を有するものと理解することができる[6]。そのことは，本判決が，結果回避義務の内容を定めるにあたり，危険（リスク）と有益性の比較衡量を行っているところや，結果回避義務の判断基準を「一般通常人」，したがって通常の

---

[4] これに対し，被告人ほどの権限を持たない者については，病院における治療をその者の行為と同一視することはできない。このような場合，その者の刑事責任を明確化するためには，「全体の中でその個人が為すことができ，かつ為すべきであったにもかかわらず，為さなかったこと」を特定することが必要となる。したがって，不作為犯の理論構成が採られるべきことになるのである。この点について，井田良『犯罪論の現在と目的的行為論』（1995年）204頁以下を参照。

血友病専門医に求め，わが国における一般的な医療水準から外れているかどうかを問題としているところにも現れているといえよう。一定の危険を持った行為がいつ「許されない危険行為」とされ，逆にいかなる要件のもとで「許された危険行為」とされるのかの限界を明らかにするためには，結果回避義務違反の有無という新過失論の基準が適しているのである[7]。

そこで，次の問題は，この「結果回避義務」が厳密には何を意味するかということである。たとえば，押してはならないボタンを押して爆発を生じさせ人を死亡させたというとき，「ボタンを押すな」という義務に違反してボタンを押したことが結果回避義務違反なのではない。たしかに，ボタンを押してはなら

---

[5] 違法要素としての結果回避義務を論じて過失犯理論に影響を与えた文献として，井上正治『過失犯の構造』（1958年）特に50頁以下，大塚仁「過失犯における注意義務」『刑法講座・第3巻』（1963年）136頁以下，西原春夫『交通事故と信頼の原則』（1969年），同『交通事故と過失の認定』（1975年），福田平「過失犯の構造」『刑法講座・第3巻』（1963年）119頁以下，同『目的的行為論と犯罪理論』（1964年），同『刑法解釈学の基本問題』（1975年）36頁以下，藤木英雄『過失犯の理論』（1969年），同『過失犯──新旧過失犯論争』（1975年）特に22頁以下，不破武夫『刑事責任論』（1968年）180頁以下などが重要である。これに対し，旧過失論の立場からの批判としては，井上祐司『行為無価値と過失犯論』（1973年），平野龍一『刑法総論Ⅰ』（1972年）190頁以下，同『犯罪論の諸問題（上）総論』（1981年）79頁以下，91頁以下，同「過失についての二，三の問題」『井上正治博士還暦祝賀・刑事法学の諸相（下）』（1983年）292頁以下などが代表的である。

[6] わが国で新過失論を採るのは，注5に引用した文献のほか，阿部純二『刑法総論』（1997年）118頁以下，板倉宏『刑法総論』（1994年）254頁以下，大塚仁『刑法概説（総論）〔第3版〕』（1997年）216頁以下，大谷實『新版刑法講義総論』（2000年）206頁以下，川端博『刑法総論講義』（1995年）186頁以下，佐久間修『刑法講義〔総論〕』（1997年）132頁以下，土本武司『過失犯の研究』（1986年），西原春夫『刑法総論』（1977年）169頁以下，野村稔『刑法総論・補訂版』（1998年）174頁以下，平場安治「過失犯の構造」『井上正治博士還暦祝賀・刑事法学の諸相（上）』（1981年）310頁以下，福田平『全訂刑法総論〔第3版増補〕』（2001年）123頁以下，同「過失犯の構造とその問題点」現代刑事法2巻7号（2000年）34頁以下，船山泰範「新旧過失犯論争の総括──新過失論の立場から」現代刑事法2巻7号（2000年）50頁以下など。基本的に旧過失論の立場に立って結果回避義務を論じるのは，大塚裕史「過失犯における実行行為の構造」『下村康正先生古稀祝賀・刑事法学の新動向・上巻』（1995年）162頁以下，同「鼎談・過失犯論の課題と展望」現代刑事法2巻7号（2000年）22頁以下。

[7] 実務における過失の認定と過失構造論との関係については，土本『過失犯の研究』（前掲注6）12頁以下，内藤謙『刑法講義総論（下）Ⅰ』（1991年）1112頁以下，松本芳希「過失の個数」大塚仁＝佐藤文哉編『新実例刑法〔総論〕』（2001年）216頁以下など参照。

ない義務は存在するが，それは刑法規範から生ずる不作為義務であり，実行行為をやめることを要求する内容のものである。結果回避義務とは，結果回避のため，行為者の立場に置かれた一般通常人に遵守が要求される「行動基準」を想定したとき，それにかなった態度を採るべき義務のことをいう[8]。通常の交通事故の場合であれば，死傷結果を回避するために歩行者の動静を注視したり，車間距離を保持したり，減速や一時停止を行ったりする義務のことであり，そういう義務を怠って自動車を走らせるという「作為」が実行行為とされることになる[9]。本件に即していえば，治療方針を変更することが結果回避義務の内容であり，変更しないまま危険な治療行為を継続することが実行行為とされる。実行行為を禁止する内容の不作為義務およびこの結果回避義務という2種類の義務は，いずれも過失犯を処罰する刑罰法規から導かれる刑法的義務であり（行政法令，たとえば道路交通法にもとづく作為・不作為義務とは区別される），結果回避義務を履行することにより，規範による禁止が撤回され[10]，「許されない危険行為」が「許された危険行為」となる[11]。

(3) 予見可能性の結果回避義務関連性

本判決が採用する過失判断の枠組みにおいて，もっとも注目されるのは，要求される結果予見可能性の程度が，とられるべき結果回避義務に応じて相対的に定められることを正面から認めていることであろう。予見可能性の程度に応じてとられるべき結果回避措置が異なることを明示的に主張したのは，新過失論の陣営のなかの危惧感説（不安感説）の主張者であった[12]。結果回避義務違反を過失成否の判断の中核に据える立場を前提とすれば，結果予見可能性は，結

---

[8] 詳しくは，井田良「過失犯の基礎理論」現代刑事法1巻8号（1999年）72頁以下を参照。

[9] この点につき, Hans Joachim Hirsch, Strafrechtliche Probleme, 1999, S. 359 ff. を参照。

[10] その意味で，過失犯の規範は「条件付き禁止」である。平場「過失犯の構造」（前掲注6）332頁以下を参照。

[11] このような区別は，結果の帰属を考える際にも重要な意味を持つ。実行行為を禁止する不作為義務の違反がなかったとしても結果が発生していたであろうという場合には，条件関係が否定される。これに対し，結果回避義務違反がなかったとしても結果が発生したであろうときには，因果関係は肯定されるが，過失犯特有の要件である結果回避可能性が否定される。

[12] 藤木『過失犯の理論』（前掲注5）194頁以下，同『刑法各論』（1972年）136頁以下，同『過失犯』（前掲注5）34頁以下など参照。

果回避措置を義務づけるにあたっての１つの前提として位置づけられる。予見可能性はおよそあるかないかという形で抽象的にその有無を問い得るものではなく，とられるべき結果回避措置との関係で相対的に定められ，低い程度の予見可能性に対しては弱い結果回避措置が対応するというように，結果回避義務との相関関係が存在するのである。ここから，危惧感説の主張者は，課されるべき結果回避措置の内容いかんによっては，結果発生の蓋然性はかなり低いものであってもかまわない（たとえ結果発生の可能性が低くても，その低いレベルに対応する結果回避義務が課されてよい場合がある）と考えた。もちろん，危惧感説が「何らかの危険が絶無であるとして無視するわけにはいかない」「何が起こるかわからない，しかし何かは起こりそうである」という程度の危惧感があれば足りるとするのであれば，それではあまりに漠然としており結果回避のための具体的対応を想定することも困難となる[13]。理論的にいっても，いかなる法益との関係で結果発生の予見が可能であるのかが特定されなければならないはずであるから，予見可能性の「法益関連性」まで否定することはできないというべきであろう。しかし，この点を修正する限り，危惧感説は基本的に支持されるべき見解であると思われる[14]。たとえば，高速道路を走る際に，前方をまったく注視していなかったところ，たまたま酩酊して高速道路に入り込みそこで横たわっていた人をひいて死亡させてしまったとしよう。高速道路を運転するときに道路上に酩酊した人が横たわっている可能性は高いものではあり得ないであろう。それにもかかわらず前方を注視して運転をコントロールすることを義務づける前提としては，「路上に人がいること」の可能性はかなり低いものであっても差し支えないのである。およそ予見できるかどうかではなく，一定の注意義

---

[13] 危惧感説に対する詳細な批判として，前田雅英『現代社会と実質的犯罪論』（1992年）229頁以下，松宮孝明『刑事過失論の研究』（1989年）238頁以下，三井誠「予見可能性」藤木英雄編『過失犯――新旧過失犯論争』（1975年）144頁以下などがある。

[14] ただし，この点が修正されるとき，「未知の危険」が実現した場合，すなわち，過去に例のなかった事故が発生したケースに関し，危惧感説に立脚したとしても過失を肯定できない事例は増えることになろう。なお，これまで危惧感説が予見可能性を肯定してきた事例を「未知の危険」の類型と「既知の危険」の類型に分け，後者の類型であれば結果発生の可能性が低い場合でも結果予見可能性を認め得るとするのは，佐伯仁志「予見可能性をめぐる諸問題」刑法雑誌34巻１号（1995年）115頁以下である。

Ⅲ　本判決の意義と評価

務を課すことの前提としてどの程度の予見可能性がなければならないかという形で問題がたてられなければならない。本判決は，結果予見可能性が，課されるべき結果回避措置との相関関係で定まることを正面から認めている点においても，新過失論の判断枠組みを採用するものであるといえるように思われる。

　ちなみに，予見可能性が結果回避義務との相関関係で決められることを否定する学説は，デパートやホテル等の火災事件において先鋭化した形で問題となる管理・監督過失の事例の解決においてジレンマに逢着する。大きな建造物において何らかの原因で大規模な火災が発生したとき，消火・避難誘導等の義務履行にあたって不注意であった者を指導，監督する立場にある者の監督上の落度（監督過失）を理由として，または，火災による死傷との間に因果関係のある人的・物的な防火管理体制（たとえば，防火シャッターなどの防火設備，スプリンクラーや消火器などの消火設備，非常階段などの避難設備，火災報知器の設置，緊急時における行動に関するマニュアルの作成と避難訓練の定期的実施など）の不備について管理責任を負う者の落度（管理過失）を理由として，業務上過失致死傷罪の成立を認め得るかどうかが問題となることが多い。しかし，そこでは，火災の発生の可能性はそれ自体としてはかなり低いことがある。もし結果回避義務とは独立に，およそ予見可能性があるかどうかを問題とするのだとすれば，予見可能性そのものは低く，むしろ否定されざるを得ないことになろう[15]。これに対し，ここでは

---

[15]　この結論を認める見解として，大塚「鼎談・過失犯論の課題と展望」（前掲注6）30頁以下，神山敏雄『大コンメンタール刑法〔第2版〕第3巻』（1999年）328頁以下，酒井安行「管理・監督過失における実行行為」『下村康正先生古稀祝賀・刑事法学の新動向・上巻』（1995年）103頁以下，町野朔「『管理・監督過失論』の確立？――大洋デパート事件最高裁判決」法学教室139号（1992年）130頁，松宮『刑事過失論の研究』（前掲注13）282頁以下，292頁，306頁，361頁以下，375頁以下，同「大規模火災事件における予見可能性――川治プリンスホテル事件火災最高裁決定」法学教室126号（1991年）63頁，同「火災事故と管理・監督過失」立命館法学218号（1991年）450頁以下，456頁以下，同『刑法総論講義・第2版』（1999年）205頁，山口厚『問題探究・刑法総論』（1998年）176頁以下，米田泰邦「刑事過失論の今日的課題（3・完）――大洋デパート事件最高裁判決の残したもの」警察研究63巻8号（1992年）13頁以下など参照。これに対し，具体的予見可能性説の立場からも予見可能性の要件をクリアできるとするのは，井上祐司「監督者の刑事過失について（1）」法政研究48巻1号（1981年）17頁以下，同「『監督過失』と信頼の原則――札幌白石中央病院火災事故に関連して――」法政研究49巻113号（1983年）41頁以下，林幹人『刑法の現代的課題』（1991年）23頁以下，同『刑法の基礎理論』（1995年）115頁以下など。

万一の事態に対処することが要求される形の注意義務が問題となっていることから、それを課すために要求される予見可能性の程度はかなり低いものであってよいと考えてはじめて、過失処罰の要件としての予見可能性は肯定されるのである。

以上のように見てくると、本判決の基本的な理論構成ないし過失判断の枠組みは、新過失論のそれに正確に符合するものであり、私には正当なものであるように思われる。学説においては、このような形の過失構造論が必ずしも通説的見解とはなっていないが、本件のような事案について別の枠組みによる過失判断が可能であり、またより適切であるのかについて反省の必要があるというべきであろう。本判決は、新過失論による判断枠組みを必ずしも認めていない学説の大勢[16]にとり再検討の契機とされるべきものである[17]。

(4) 過失判断の対象

本判決が問題としたのは、あくまでも昭和60年時点の本件被害者の治療について過失があったかどうかであった。マスコミ報道やジャーナリストによる事件解説などでは大きく取り上げられ、また、検察官の主張にも含まれていた論点として、被告人が厚生行政を左右する立場にあり、国内における血友病治療の方法を決めるにあたり大きな影響力を持っていたところ、非加熱製剤の使用を抑えクリオ製剤への転換を奨励する方向への厚生省の方針変更を阻害したの

---

[16] 旧過失論の陣営に属するのは、たとえば、梅崎進哉＝宗岡嗣郎『刑法学原論』(1998年) 285頁以下、曽根威彦『刑法の重要問題〔総論〕補訂版』(1996年) 138頁以下、同「新旧過失犯論争の総括――旧過失論の立場から」現代刑事法2巻7号 (2000年) 42頁以下、同『刑法総論〔第3版〕』(2000年) 188頁以下、内藤『刑法講義総論(下)Ⅰ』(前掲注7) 1102頁以下、林『刑法の現代的課題』(前掲注15) 40頁以下、同『刑法総論』(2000年) 282頁以下、平野『刑法総論Ⅰ』(前掲注5) 190頁以下、同「過失についての二、三の問題」(前掲注5) 292頁以下、前田雅英「過失犯についての一考察」『平野龍一先生古稀祝賀論文集・上巻』(1990年) 301頁以下、同『現代社会と実質的犯罪論』(前掲注13) 229頁以下、同『刑法総論講義〔第3版〕』(1998年) 343頁以下、松宮孝明『刑法総論講義・第2版』(1999年) 186頁以下、山口『問題探究・刑法総論』(前掲注15) 156頁以下など。

[17] これに対し、板倉宏「薬害エイズ第一審判決について」現代刑事法3巻7号 (2001年) 51頁は、本判決が旧過失論の立場から具体的予見可能性説を採ったものと評価するが、疑問である。本文に述べたように、本判決の過失判断の枠組みはまさしく新過失論のそれである。なお、かりに危惧感説を採ったとしても、本件において治療方針の変更という結果回避措置まで当然に義務づけられることにはならないと思われる。

ではないかという問題がある。しかし，この点につき，本判決は「本件公訴事実との関係が明らかでないというほかない」とした。また，製薬会社から寄付を受け取って加熱製剤の治験を遅延させ，開発に遅れをとっていた会社が先行他社に追いつけるように配慮することにより，非加熱製剤の使用を継続させて被害の拡大を招いたのではないかとの点については，本件被害者の死亡との関係での因果関係を肯定できないとしている。

この点は証拠評価に関わることであり論評の限りではないが，多数者が関与する厚生行政の方向性に対し，被告人がどれだけの影響力を行使したのか[18]，また，被告人の作為・不作為と具体的な発生結果との間の因果関係があるか，またそこに過失を肯定できるかを具体的に明らかにすることがきわめて困難であることは容易に想像できるところである。本判決の争点が，帝京大学病院における治療方針の決定・指示をめぐる過失の存否とならざるを得なかったことは，事案の性質上やむを得なかったと思われる。

2 予見可能性の有無と程度

(1) 本判決における判断方法

本判決がもっとも詳細に論じているのは予見可能性に関する事実関係である。問題とされたのは，帝京大学病院での治療方針を決定ないし変更し得る時点における結果発生の予見可能性の有無と程度である。本判決に特徴的なことは，予見可能性の有無・程度を認定する手がかりとして，事件当時に公表されるなどして客観的な存在となっていた論文や学会報告など「確度の高い客観的資料」を重視すべきであるとしているところである。このような方法をとったことの理由として本判決があげているのは2つの事情である。まず，薬害エイズ問題をめぐっては無数に近い資料と文献が存在するが，そのなかにおいて事件の真相を明らかにするためには，とりわけ客観性の高い資料に依拠することが必要となり，それは当時の学術論文等だということである。また，事件後，公訴提起までにかなりの時間が経過し，事件の性質に照らして，関係者の証言

---

[18] 被告人の厚生行政に対する影響力の大きさにつき消極的な見方を示すものとして，たとえば，NHK取材班編・桜井均著『埋もれたエイズ報告』(1997年)，これひさかつこ「『安部英無罪』は開廷前から決まっていた」現代2001年6月号83頁以下などを参照。

については，時の経過による記憶の減退や変容という問題を避けて通ることは難しい状況にあるという事情も指摘されている。ここからも，関係者の証言については慎重な吟味が必要であり，むしろ当時公表されていた論文等の客観的資料を手がかりとすることが要請されるというのである。主として当時の学術論文に依拠して結果予見可能性の有無・程度を判断したことが結論の帰趨を決することとなったことに注目すべきである。

(2) 基準とされるべき法則的知識

ところで，結果発生の予見可能性の判断とは，行為と結果との間の法則的関係を認識し得るかどうかの判断である。自然科学の知識が不十分であった古い時代には，呪いをかければ人は死ぬと信じられていたかも知れない。現在の一般常識によれば，呪いをかける行為が原因となり死亡という結果が発生するという予見可能性は認められない。しかし，現在でも，ふつうの人の法則的知識と，最先端の科学者による法則的知識とは一致しない。そればかりか，科学者の間でさえ，一定の因果法則の存在をめぐり見解が分かれることはしばしばある。薬害エイズ事件についていえば，かりに当時の先端的ウイルス学者は非加熱製剤とエイズ発症による死亡との間の法則的関係についていまだ低い可能性の関係しか認識できなかったとしても，当時それほどの科学的根拠を持たずにかなり高度の法則的関係があると感じていた人も多かったかもしれない[19]。しかし，たとえそうであったとしても，刑法は，科学的根拠を持たないふつうの人が想定する法則的関係を問題とすべきものではなく，その時点で望み得る最先端の科学的知識を前提とすべきものであろう。かりに一定の感染症についてふつうの人々が科学的根拠のない迷信的な恐怖を抱いているというとき，刑法はそれを基準としてただちに高度の予見可能性を肯定すべきではない（さもなければ，科学的知識が普及すれば犯罪とはならない行為を処罰するおそれも生じる）。このように考えると，本判決が，その当時の科学の最高水準ないし先端的科学者の法則的知識を基準にしようとしたことは理論的に正しかったと思われる。

(3) 危険の予知と科学的メカニズムの解明

むしろ問題とされるべきことは，本判決が，結果予見可能性の判断にあたり，

---

[19] 現に，かなり早くから血友病患者およびその家族はエイズ罹患について強い恐怖心を抱いていた。たとえば，保坂渉『厚生省AIDSファイル』（1997年）155頁以下を参照。

当時において，結果発生の機序が科学的に解明されていなかったことに大きな意味を認めているように見える点である。死に至るメカニズムの科学的解明に注目するからこそ，被告人が通常の医師と比較して多くの情報を持っていたとしても，まさにそれゆえにメカニズムに関し未解明の部分が多いことを知っていたことになり，「結果の予見」がそれだけ困難であったということにもなるわけである。しかしながら，一定の薬剤についてかなりの程度の危険性が認識されていても，結果発生の機序が科学的には十分に解明されていない(少なくとも，解明の程度が科学論文に発表できる程度には至っていない)ことはあり得るのであり，大規模な危険を防止するという観点からは，その段階でも結果回避措置を義務づけることは十分に考えられる。薬害エイズ事件の過程でも，すでに1983年の段階で，汚染のおそれがあるとされた製品の一部について，製薬メーカーによる出荷停止や自主的な廃棄などが行われていたのであった[20]。本判決について疑問とし得る部分があるとすれば，想定される危険の規模によっては，一個の仮説にとどまり必ずしも科学的に証明されていない危険を理由として結果回避のための措置を義務づけることも可能であることが考慮されていない点であろう。単純化していえば，本当に危険かどうかが疑わしいときに，疑わしい薬剤は使用を禁止する方向で考えるか，それとも，科学的にはっきりするまで現状を維持する方向で考えるかが問題となるのである。そして想定される危険の規模によっては，「疑わしきは薬剤の不使用を」という方針をとることが考えられる。もし判決のような考え方によるなら，一定の危険を示す疫学的データがあったとしても，結果発生に至るまでの病理学的機序がかなりの程度に解明されない限り，結果回避措置をとる義務はない，ということにもなりかねない[21]。

　他方において，かりに「疑わしきは薬剤の不使用を」という基本的立場を採るとしても，現在の時点からさかのぼって当時の危険認識の程度を確認することはきわめて困難であることも否定できない。食品や飲料等に用いる薬剤であ

---

[20]　トラベノール社は，1983年5月から6月にかけて，汚染のおそれのある輸入非加熱製剤の一部の出荷を停止し，同11月，カッター・ジャパン社は，出荷前の非加熱製剤の一部を自主的に廃棄した。

[21]　なお，当該の病気に関する科学的な解明の度合いと結果回避のための臨床的な措置の関係について，島本慈子「薬害エイズ・安部無罪判決批判」世界2001年6月号21頁以下も参照。

れば，危険の確からしさがそれほどでなくても，ただちに不使用の方向で考えられるべきなのであろうが，本件においては，治療のために日々必要とされ，またその効能と有用性が高く評価されていた非加熱製剤の危険性が問題とされたのであった[22]。これに加えて，判決が指摘する本件の特殊性（上記(1)を参照）を考慮するとき，判決が主として学術論文に依拠して治療方法の危険性の程度を評価した上で，従来の治療方法を踏襲することが刑法的に許されないと考えられるほどの危険性の認識は本件当時において可能でなかった，としたことは，それなりに納得できるところである。いずれにしても，この点をどのように見るかにより，本判決に対する評価は正反対に分かれることであろう。

3　結果回避の義務づけをめぐる論点

(1)　結果回避義務違反の判断方法

本判決は，治療方法の変更という結果回避措置の義務づけの可否に関し，非加熱製剤の「治療上の効能，効果」と「エイズの危険性」との比較衡量，そして「非加熱製剤の投与」という医療行為と「国内血由来のクリオ製剤による治療等」との比較衡量がそれぞれ問題となるとし，結果発生の予見可能性が低いものであったのに対し，非加熱製剤の効能・効果が高く評価されていたこと，クリオ製剤には副作用や保管・投与の上での問題が多かったこと，このため，本件当時，わが国の大多数の血友病専門医は，非加熱製剤には感染症のリスクがあるという欠点があるにもかかわらず，血友病患者の通常の出血に対し非加熱製剤を投与していたことなどを指摘した。その上で，過失における注意義務は，「一般通常人」の注意能力を基準とすべきであり，本件では，「通常の血友病専門医」の注意能力がその基準となるとし，刑事責任が問われるのは，「通常の血友病専門医が被告人の立場に置かれれば，およそそのような判断はしないはずであるのに，利益に比して危険の大きい医療行為を選択してしまったような場合である」とする一般的な基準を示すとともに，検察官が主張する「血友病

---

[22]　結果回避措置を義務づけ得るかは，行為の危険性と行為の社会的有用性・必要性との相関関係によって定まる。この点につき，林『刑法の現代的課題』（前掲注15) 41頁以下，同『刑法総論』（前掲注16) 288頁以下（旧過失論の立場から），福田『全訂刑法総論』（前掲注6) 126頁（新過失論の立場から）を参照。

患者の出血が生命に対する切迫した危険がないものであるときは非加熱製剤の投与を控える」という治療方針は，本件当時のわが国のほとんどの血友病専門医もとっておらず，また，本件当時の被告人の立場に置かれたならば，通常の血友病専門医が非加熱製剤の投与をしなかったであろうと考えられる根拠もないことから，被告人が非加熱製剤の投与を原則的に中止するという判断をしなかったことが刑法上の過失の要件たる注意義務違反に当たると見ることには無理がある，としたのである。

(2) 過失判断の標準と行為当時の行動基準

本判決は，過失における注意義務の標準は「一般通常人」であるが，行為者の属性により類型化されることから，本件では，通常の血友病専門医の注意能力がその基準になると述べた上で，過失が認められるのは，通常の血友病専門医の医療水準を基準としてそれを逸脱した場合だけであるとする一般原則を示した。このように，行為当時の通常の血友病専門医の医療水準，より一般化すれば，行為当時に存在した，事実としての「行動基準」に注目したことが本判決の大きな特色となっており，また，この点において厳しい批判の対象となっている[23]。

この点は，過失犯処罰の本質に関わる困難な問題であるが，結論から述べれば，私は，行為当時の事実上の行動基準が一応の合理性を持っている限り，行動基準にしたがった行為について刑法的違法性を肯定することには慎重でなければならないと考える。過失犯の不法構成要件は「開かれた構成要件」とも呼ばれ，一般条項的な不明確さをともなっている。結果回避義務の内容をそれぞれの生活場面において満足のいく形であらかじめ類型化することはきわめて困難なことである。かりに類型化できたとしても，それらが過失結果犯を処罰する刑罰法規からただちに読み取れるものではないという点で，ここでは（不真正不作為犯の場合よりもなおいっそう強い意味において）罪刑法定主義との関係での疑義が出されることになる[24]。行為当時の行動基準は，行為者にとり法律の規定が

---

[23] 板倉「薬害エイズ第一審判決について」（前掲注17）53頁，加藤久雄「薬害エイズ裁判無罪判決」朝日新聞2001年4月13日夕刊，山科武司「薬害エイズ安部英判決──何が裁かれたか」法学セミナー558号（2001年）65頁など。

[24] この点につき，井田「過失犯の基礎理論」（前掲注8）78頁以下を参照。

頼りにならない状況においては、唯一可能な行動のよりどころである。法があらかじめ行動の基準を示さないところで、唯一の行動のよりどころであるものにしたがった行為者を事後的に処罰の対象とすることは妥当であるとは思われない[25]。とりわけ、治療行為のように反復継続される類型的行為については、行為当時の客観的・可視的存在としての医療水準は、医師にとっての行動基準として尊重されるべきものであり、過失犯における結果回避義務の内容を決する機能が認められるべきである。このような意味において、本判決の基本的な考え方は妥当であり、支持すべきものであると考える。

　行動基準の重要性は、従来のわが国の過失論においては必ずしも十分に認識されているといえない。しかし、それが決定的な意味を持ち得ることは、次のようなことを考えるとき、きわめて明らかであるといえよう。本件においては、非加熱製剤を用いた治療が一定の危険性を有することが認められつつ、クリオ製剤等による治療との比較が問題となり、医師による治療選択の妥当性が問われたのであった。しかし、治療の選択とそれぞれの危険の衡量が問題となるのであれば、もともとそれを患者の選択にゆだねなければならないはずである。その危険性を患者に告知することなく、治療方法の選択を患者に行わせなかったのであれば、それは、患者側から見れば、「危険の引受け」ではなく「危険の押し付け」なのであり、そのことを理由に行為の違法性が肯定されるはずである[26]。それにもかかわらず、本件において、検察側はそのような主張をしておらず、また、おそらくそのような理由で過失犯の成立を認めることも妥当ではないと思われる。それは、当時において、行動基準として、いいかえれば医療水準の問題として、危険な治療方法の間の選択を患者に認めるようなことが一般化しておらず、また、とりわけ血友病診療の実態においてそのようなことが一般的ではなかったからなのである。

---

[25] すでにこのことについては、Makoto Ida, Inhalt und Funktion der Norm beim fahrlässigen Erfolgsdelikt, in: Festschrift für Hans Joachim Hirsch, 1999, S. 238 において論じたが、そこでは、社会的行動基準を「立法者により不十分にしか行われなかった規範の具体化を補充するもの」として位置づけた。

[26] 加藤「薬害エイズ裁判無罪判決」（前掲注23）は、この点を強く主張する。

(3) 結果回避義務の相対化

さらに，本事件においては，被告人が当時の血友病治療の最高権威とされ，通常の専門医とは質量ともに異なった情報に接していたことから，通常の専門医を標準とする結果回避義務しか課されないのでは不合理ではないかが問題となった。もちろん，客観的注意義務といわれる結果回避義務も，行為者の属性ないし特別な事情により相対化・個別化される。すなわち，それは，行為者の立場に置かれた一般通常人の能力を基準として遵守が要求される行動基準といわれるが，「一般通常人」といっても，国民全員ではなく，当該の生活領域に限局された人の範囲が問題なのである。たとえば，脳外科の手術の際に要求される客観的注意義務は，内科医やましてや医師以外の人の能力や技術を勘案して定められるものではあり得ない。また，行為の時点での具体的事情を考慮すればするほど，注意の基準は個別化され相対化され得ることも当然である。大学病院で日常的な治療を行う医師の注意義務と，大災害のときに医師が不足する状況で，夜を徹して多くの患者を治療しなければならない医師の注意義務とは同じものではないであろう。また，「客観的」注意義務といっても，行為時に一般通常人なら認識し得たであろう事情のほかに，「行為者が特に知っていた事情」を考慮すべきだとするのが一般である[27]。以前からその車のブレーキの調子が思わしくないことを特に知っていた者には，それを知らなかった者に対するのとは異なった注意義務が課される得る。同様に，ボクシングや柔道の練習中に，練習の相手が隠れた怪我ないし病気を患っていることをたまたま特別に知っていた者に対しては，それを知らない者と比較して異なった注意義務が課せられ得るのである[28]。

本判決も，以上のような結果回避義務の個別化・相対化の可能性を当然のように考慮に入れている。ただし，判決は，本件当時の被告人の立場に置かれたならば，通常の血友病専門医が非加熱製剤の投与をしなかったであろうと考

---

[27] この点につき，井田『犯罪論の現在と目的的行為論』（前掲注4）46頁以下およびそこに引用された文献を参照。

[28] 「客観的」注意義務の理論に対しては，一般人以上の能力（たとえば，特にすぐれた技術）を持った人を不当に有利に扱うことになるという批判も展開されている。わが国では，たとえば，林『刑法総論』（前掲注16）298頁以下を参照。しかし，本文のように考える限り，不当な結論の生じる事例は想定しにくいであろう。

られる根拠もないとし,また,部下による「進言」があったことは認められるが,いずれも切羽詰まったものではなかったと評価した。さらに,全国の血友病専門医についても,被告人との情報格差が解消された後でさえ,加熱製剤の承認・供給に至る以前の段階で非加熱製剤の使用を中止した例はほとんど見られなかったとしたのであった。判決は,およそ結果回避義務は客観的義務であるから行為者ごとの相対化・個別化を許さないというような固い考え方を採ったのではなく,被告人をめぐる特殊事情にもかかわらず,本件においては特別に義務が加重される理由はないとしたのである。判決の事実認定を前提とする限りは,判決の論理は,新過失論の基本思想に忠実であり,導かれた結論も納得できるものである[29]。

Ⅳ 結びにかえて

マスコミの論調からは有罪判決が当然視されていたなかで,明晰な論理を積み重ねつつ過失を否定する結論を導いた本判決は,刑法の理論が社会の側からの処罰の要求の歯止めとなり得ることを公にはっきりと示したものである。もちろん,処罰の抑制はそれが合理的なものである限りにおいて意味を持つ。しかし,以上論じてきた通り,本判決の理論構成と結論を導いた論理について見ると,そこには破綻がないばかりでなく,一定の留保が必要な部分があるものの,いずれも高度の説得力を持ち,そればかりか,過失犯理論の発展の契機となり得るような知見と示唆を多く含んでいるといえよう。ただし,冒頭に述べたように,事実認定の当否については論評の限りではない。検察側は本判決を不当として控訴を申し立てたが,控訴審においては,被告人の影響力の大きさ,結果発生の予見可能性の程度,代替的な治療方法の選択可能性に関する評価の

---

[29] 板倉「薬害エイズ第一審判決について」(前掲注17) 53頁は,本件における客観的注意義務の基準は,「厚生省エイズ研究班長として国内外の最新のもっとも詳しい情報に接し,最高権威者として,血友病の基本的治療方針を決定しうる指導的立場にいるような専門医としての平均人」であるとする。しかし,本件の事実認定を前提とする限り,そのような基準を採ったとしても,検察官主張の結果回避措置を義務づけることはできないであろう。判決は,通常の血友病専門医が「被告人の立場に置かれた」としても,非加熱製剤の投与を差し控えたであろうとは認められないとしているのである。

いかんにより異なった結論に至る可能性もあろう。

　それにしても，本件ほど，刑事裁判の機能について考えさせられる事件は少ないであろう。これほどに社会的関心を集める事件について，他に適切な真相究明の場が存在しないのであれば，その機能が刑事手続に期待されることは当然である。その意味において，本件のように，多数の人の作為・不作為が複合的に関与し，構造的原因を濃厚に持つ薬害事件において，特定個人を切り離してその刑事責任を明らかにするという刑事責任追及の困難性にもかかわらず（「綱渡りの立証作業」ともいわれた），本件は起訴されるべき事件であった。このような事件との関係では，被告人の最終的な有罪・無罪にかかわらず，刑事裁判は真相の究明の場を提供することを自己目的とする側面を持つとさえいえるのである。本件に関わった法曹三者が，各自の社会的使命を自覚し，それぞれの立場において想像を絶するような努力を積み重ねたことに対し，心からの敬意を表さざるにはいられない。そして，そうであるからこそ，本件のような事件については，過去に向けての刑事責任の追及がそれ自体は非生産的で不毛な側面を有することもまた痛感されるところである。被害者の救済と同種事件の再発の防止のためにいかなる建設的な対応が可能であるのか，法律家はこの点についても衆知を集める必要があるだろう。

［後記〈2007年〉］

　本件事件は，控訴審の東京高裁に係属していたが，公判停止中に被告人が死亡したため，2005（平成17）年5月，決定で公訴棄却が言渡された。なお，本論文注1との関連で補足すると，製薬会社社長らが業務上過失致死罪に問われた事件（「ミドリ十字ルート」）では，控訴審でも有罪の実刑判決が維持され（大阪高判平成14・8・21判例時報1804号146頁），2005年6月，最高裁が上告を棄却して，実刑判決が確定した。当時の厚生省生物製剤課長が不作為過失を問われた事件（「厚生省ルート」）では，2005年3月の控訴審判決において原審の一部有罪判決（東京地判平成13・9・28判例時報1799号21頁）が維持され，現在，上告審に係属中である。

第11章

過失犯における「注意義務の標準」をめぐって

Ⅰ 本稿の目的
Ⅱ 問題の提起——「一般通常人」の意義
Ⅲ 客観的注意の主観化
Ⅳ 「下」に向かっての主観化の限界？
Ⅴ 「上」に向かっての主観化の限界
　　——本人の注意能力が一般通常人を上回る場合

Ⅰ　本稿の目的

　過失犯における注意義務の内容を決める基準に関し，判例は「客観説」を採っているといわれる。すなわち，過失があるかどうかは，「行為当時において一般通常人に要求される注意を払ったかどうか」により決められる，というのである。しかし，判例がなぜ「一般通常人の注意能力」を基準とするかの理由は明らかでなかったし，そのこともあって，過失の認定にあたり，行為当時の個別的事情や主観的能力がどこまで考慮に入れられるのかも明らかにされてはこなかった。しかし，帝京大学病院事件についての東京地裁判決[1]は，この点に関して1つの有力な手がかりを与えているように思われる。この判決の基本的な考え方は，行為の時点においてしたがうことの要求される行動基準ないし行動準則が注意義務の内容を決める，というものであった。この判決を紹介する判例時報のコメントには，より明確に，次のように述べられている。すなわち，「開かれた構成要件を持つ過失犯において，行為当時には現実に想定し難かったような行動準則を事後的に設定し，それに従わなかったとして当時の行為を処罰するようなことは罪刑法定主義の趣旨からも相当でない」とするのが本判決の基本的立場である，と[2]。

---

(1) 東京地判平成13・3・28判例時報1763号17頁。
(2) 判例時報1763号20頁。

もしそうであるとすれば，それは，新過失論の主張の中核部分と符合するものにほかならない。新過失論のいう客観的注意義務とは，行為者の立場に置かれた一般通常人に遵守が要求される行動準則のことだからである[3]。それが過失判断の基準とされるべきであるのは，国民に対し可罰的違法行為の内容を告知し，事前における刑罰権発動の予測可能性を保障するという罪刑法定主義の要請と，一般通常人に対する法益侵害行為の回避の義務づけを通じての一般予防の要請とを，過失犯処罰の場面においても（困難ではあるが，それでも可能な限り）実現しようとするためである。たしかに，判例理論を，無理に学説の議論の枠組みに押し込むべきではない。しかし，行為当時における行動準則違反の有無を過失判断の中核に据える本判決が，新過失論と問題意識を共有していることは，私には疑いようもないことであるように思われる。

　新過失論ないし行為無価値論型の過失犯論に対しては，学説上，異論も強い。しかし，判例が採るような，一般通常人を基準とする過失論が，この行動規範論ないし行動準則論により，1つの首尾一貫した理論的説明を与えられることも事実である。以下では，東京地裁判決が採用したような過失判断の枠組みに賛成する立場から，その基本思想を徹底して考え抜いたとき，どのような具体的な帰結が導かれるか，また，どのような問題が出てくるかについて論じたいと思う。

II　問題の提起——「一般通常人」の意義

　東京地裁判決は，刑法上の過失における注意義務の内容を検討する場合には，「一般通常人」の注意能力を基準としてこれを検討すべきであり，この「一般通常人」は，行為者の属性，ここでは，医師という職業やその専門分野等によって類型化される，とした[4]。このように，「一般通常人」とは，国民全員を母体とする平均人のことなのではなく，そこでは，当該の社会的活動の領域に限局された人の範囲，たとえば脳外科医が想定されていることについては，新過失論の主張者の内部でコンセンサスがある[5]。

---

[3]　詳しくは，井田良「過失犯の基礎理論」現代刑事法1巻8号（1999年）72頁以下を参照。
[4]　判例時報1763号165頁。

しかし、ここでは2つの問題が生じてくる。まず第1に、「一般通常人」といいながら、行為者の属性等の個別的事情を考慮することが、そもそもどうして許されてよいのか、が問われなければならない。そして第2に、行為の時点での行為者の属性等の個別的事情を考慮することは、客観的注意義務の内容を個別化し主観化することであり、いわば「客観説が主観説に近づいて行く」ことを意味するが、客観説は主観説に解消されてしまうのか、それともどこかに踏みとどまる限界があるのかが問題となる(6)。

Ⅲ　客観的注意の主観化

　まず、上の第1の問題から検討したい。もし注意義務の内容を明らかにすることが行為当時における行動準則の設定の問題であるとすれば、それは、設定されたルールを手段として人々に法益侵害を回避させるためである。刑法の規範は人間行動に影響を与えたいがために設定されるのであり、そもそも、それが影響を与え得る要素にだけはたらきかけることが可能である。いいかえれば、刑法は、一定の知識や能力を持った人が現に存在し、社会において現に活動していることを前提とした上で、その知識を活用し能力を発揮して法益侵害の結果を回避することを義務づけるのであって、その逆ではない。刑法は、知識のない人に知識を与え、能力のない人に能力を与えることはできないのである。この社会には、医師の手術のように、一定の学識を有し技能を修得し経験を積んだ専門家だけが行うことを許されている一連の危険行為が存在する。刑法は、そのことを前提として、法益侵害を回避するため、必要な能力を持たない人に対しては、当該危険行為を行うことそれ自体を禁止し、能力を持つ専門家であればそれを行う際に専門家としての注意を払うことを要求するのである。この単純な例からもわかるように、まったく同一の危険行為であっても、各人の有

---

(5)　たとえば、脳外科の手術の際に要求される客観的注意義務の内容を決めるにあたっては、そういう手術を日常的に行っている脳外科の専門家の知見や技能が基準とされなければならず、内科医や、ましてや医師以外の人の能力を勘案して決められるものではあり得ない。
(6)　それは、過失犯における注意義務の内容を検討する際に、「何を客観的に考え、何を主観的に考えるのか」という、周知の境界設定の問題を（いわば違法論レベルで）パラフレーズした問いにほかならない。

する注意能力の違いに応じて，刑法は異なった注意義務の遵守を要求する。つまり，過失の内容が異なるのである。こう考えるならば，「一般通常人」とは国民全員を母体とする平均人のことではあり得ず，当該の社会的活動の領域に限局された人の範囲が問題であるのは当然のことであろう。

　ここからは，重要な帰結が導かれる。すなわち，刑法は，行動基準を設定しようと思ってもそれが影響を与え得ない要素，刑法規範を作用させようと思っても変えようがない事情については，現実のそれをそのまま前提として受け入れるほかはないということである。したがって，客観的注意義務の内容を決めるにあたっては，行動規範が影響を与え得る事情をのぞいては，行為の客観面・主観面に関わる全個別事情を考慮し，現実のそれに近づけること，すなわちその意味で「主観化する」ことが不可避である。たとえば，刑法規範が影響を与え得ない身体的能力ないし運動能力に関わる事情については，行為者を標準としなければならない。自動車運転手が，突然に激しい胃の痛みに襲われたため，適切なハンドル操作ができなかったというとき，「激しい胃の痛みに襲われた」という事情を捨象して「客観的に」注意違反を考えることはできない。新過失論によれば，それは，行動規範にしたがって行為するための能力ないし行為の可能性の有無・程度の問題であり，違法レベルの問題である。ドイツでは，後に述べるように，過失犯の不法構成要件該当性の判断において行為者の「主観的注意能力」を考慮すべきかどうかをめぐり見解が対立しているが，上のような「行動規範にしたがうために必要な能力」を違法レベルで考慮することについては反対する人はいない。

　刑法規範がダイレクトに影響を与え得ないという点では，行為者の認識事情も同じである。かつて田宮裕が，過失行為の場合，刑罰の「威嚇はいわば行為者の周辺を無益に通過するのみ」と書いたのは[7]，まさにその事態を指摘したものである。ただ，行為者本人が現実に認識していなくても，認識可能性があったというのであれば，それに対応した行動を義務づけることは可能である。それは，まさに行動規範が影響を与え得る要素，すなわち一般予防効果を持ち得る要素にほかならない。その限りでは，客観化された基準ないし規範的な基

---

[7]　田宮裕『刑事法の理論と現実』(2000年) 103頁。

準が適用され得る。

　また，行為者が，特にある稀有な事情を知っていたというのであれば，そういう行為者の行動をコントロールするため，この「特別認識事情」も勘案した上で，「客観的」注意義務の内容が決められる。たとえば，以前からその自動車のブレーキの調子が思わしくないことを特に知っていた者には，それを知らなかった者に対するのとは異なった注意義務が課され得るということである。判例が，以前から，「行為当時において一般通常人が認識することができた事情および行為者が特に認識していた事情を」基礎として予見可能性の有無を決める[8]としているのは，以上のような行動規範論から説明し，少なくとも理解することは可能である。東京地裁判決も，被告人が，帝京大学病院に固有の情報に接していたこと，たとえば，ギャロ博士の抗体検査結果やエイズが疑われる2症例の存在を知っていたことなどを勘案した上で，予見可能性がどの程度あったか，またそれに対応した結果回避義務の違反があったといい得るかを検討したのである。

　なお，この点に関し，林幹人は，違法レベルの作為可能性要件については行為者の主観的能力を基準とすべきであるとしながら，行為の危険性ないし客観的予見可能性については「当時の最先端の科学水準」を基準として判断すべきだとする[9]。しかし，予見可能性は，行為者の置かれた状況ごとに相対的なものであるはずである。行為の時点において人類最高の知識をもって，この世界のどこかからながめれば，急に車道に飛びだしてくる人の存在が予見できるとしても，行為者の置かれた場所から予見がおよそ不可能なのであれば，違法性を肯定すべきではない。ここでも，行動規範論の基本思想を徹底すべきである。

IV 「下」に向かっての主観化の限界？

　さて，以上のように考えると，行動規範が影響を与え得る事情については客観的基準が適用されるが，それをのぞいては，行為の客観面・主観面に関わる全個別事情を考慮し，現実行為の時点での行為者の属性等の個別的事情も大幅

---

[8] 大判昭和4・9・3大審院裁判例（三）刑法27頁。
[9] 林幹人「エイズと過失犯」判例時報1775号（2002年）11頁以下，16頁以下。

に考慮されるということになる。それは，客観的注意義務の内容を個別化し主観化して行くことにほかならない。そうなると，客観説は主観説に接近していき，いや主観説に解消されてしまうのではないか，という疑問が生じるのももっともである。それは違法と責任という区別を廃棄して主観的違法論に至ることにならないか。また，別の疑問として，規範とか行動基準といわれるものは，一般予防目的で設定されるのであるから，一般化・類型化の可能性を持たなければならず，他の人々の行動基準として役立ち得るものでなければならないのに，個別化された行動基準はそういうこととも矛盾してしまうのではないか。まさに，これが冒頭に提起した2つの問題のうちの第2の問題であった。

1 主観的違法論か？

　まず，違法と責任の区別を否定することにならないかという点であるが，そのようなことにはなるはずはない[10]。行動規範論を中核とする行為無価値論の主張によれば，違法判断の対象は，意思にもとづく「行為および結果に至る因果過程」の制御であり，責任判断のそれは，規範意識による「意思決定に至る心理的過程」の制御であって，評価の対象が異なる。行動規範にしたがうために必要な能力とその可能性は違法要素であり，これに対し，違法行為に向かう動機づけを規範意識により制御するために必要な能力とその可能性は責任の要素である。いいかえると，法が求める規範遵守の意思を持ち得たかどうかは責任の問題であるが，規範遵守意思を仮定したときでも，要求された規範に適合した行動に出ることができないような内部的・外部的状況における身体的な動作・不動作，すなわち行動規範によりコントロールできない行為については違法性が否定されるということである。

　ちなみに，責任の段階においては，規範意識にしたがって動機づけのプロセスをコントロールし違法行為への意思決定を回避し得たのにそうしなかったことが非難される。そこで，非難の理由になり得ない事情については，行為の個別的な全事情をそのまま前提に置く必要がある。行為者の属性，具体的な行為状況，身体的・生理的条件等については行為者のそれを基準にしなければなら

---

[10] 以下に述べる点については，井田良「行為論の意義と機能」現代刑事法1巻2号（1999年）76頁以下，同「責任要素の理論」現代刑事法2巻10号（2000年）94頁以下を参照。

ないことになる。しかし，まさに非難を基礎づける部分，すなわち，当該行為事情のもとで法益尊重のため規範意識をどのぐらいはたらかせることを期待するかについては，客観化された規範的基準が適用される[11]。これを「一般通常人としての注意」といいかえることもできよう。ここでは，刑法がおよそ国民に何を要求するかが問題なのであって個別化は意味をなさない。すなわち，通常の自動車運転手とか，通常の専門医とか，通常の建設工事担当者とかいった個別化は問題になり得ないのである[12]。したがって，東京地裁判決が，「通常の血友病専門医」の注意能力というとき，このような責任レベルの過失基準を考えているのではないことは明らかであろう[13]。

2　「主観的注意能力」の考慮？

客観的注意義務の問題に立ち戻ると，ドイツで激しい論争があるのは，行為能力ないし行為可能性はあるが，すなわち，作為犯についていえば，その作為をやめることのできる主観的能力はあるが[14]，しかし，結果回避義務の前提としての注意能力がないという場合である[15]。ドイツの議論を理解するためには，実行行為の前提となっている不作為義務と，結果回避義務とを区別する必要がある。交通事故の場合でいえば，死傷結果を回避するために歩行者の動静を注視したり，車間距離を保持したり，減速や一時停止を行ったりする義務があり，それが結果回避義務である。そういう義務を怠って自動車を走らせるという「作為」が実行行為とされ，そこに不作為義務が生じるのである。帝京大学病院事

---

[11] この点につき，松宮孝明「『過失の標準』再論」刑法雑誌32巻3号（1992年）49頁以下，53頁以下。

[12] この点につき，林「エイズと過失犯」（前掲注9）18頁を参照。

[13] これに対し，島田聡一郎「薬大エイズT大学病院事件一審判決」判例セレクト'01（2002年）29頁は，「結果回避のための規範心理のあるべき姿」について「通常の専門医」を基準にすべきだとする。

[14] たとえば，バスの運転手が急な心臓発作のためにブレーキを踏み込んで急停車したために乗客に傷害を与えたというケースにおいて，その作為をやめられなかったとか，やめることが困難であったという事情は，違法性の有無・程度に影響する事情である。このことは，ドイツの通説の認めるところである。

[15] この区別を明らかにして，主観的注意能力の問題は責任の問題だとしたのは，アルミン・カウフマンの古典的論文「過失犯」であった。Armin Kaufmann, Das fahrlässige Delikt, Zeitschrift für Rechtsvergleichung, 1964, S. 47.

件の事案に即していえば，病院の血友病治療に関する従前までの治療方針を変更することが結果回避義務の内容なのであり，変更しないまま危険な治療行為を継続することが実行行為とされるわけである。実行行為を禁止する内容の不作為義務と結果回避義務という2種類の義務は，いずれも過失犯を処罰する刑罰法規から導かれる刑法的義務である[16]。ドイツの通説は，実行行為をやめることのできる主観的能力についてのみ違法レベルで考慮するが，これに対し，少数説は，それに加えて結果回避義務の前提であるところの主観的能力も違法レベルで考慮しようとする[17]。これが対立のポイントなのである。

　ここで私の結論をいえば，結果回避義務も，具体化された規範の一内容と考えることができるのであり，それに応じるための主観的能力も勘案した上で，具体的な結果回避義務の内容を決めるべきであろう。実行行為能力のみを考慮するドイツの通説は不徹底である。実行行為の前提たる不作為義務であれ，具体化された結果回避義務であれ，すべて行動規範が前提とせざるを得ない主観的能力については，行為者を基準とすることで首尾一貫させるべきなのである。私は，この点では，ドイツの少数説の方が妥当だと考える。

3　見解の対立の意味

　ただし，見解の対立の実際的意味はそれほど大きくないであろう。ふつうは一般通常人の能力と個別行為者の能力は一致するであろうし，ズレが生じる場合でも，必要な注意能力がないのであれば，およそその危険行為に出るべきではないといえるはずだからである。遡及的認定ないし「引受け過失」の理論構成の可能性を考えれば，見解の対立は実際上殆ど結論に影響しないとさえいえるであろう。

　また，このことに関連して，そこまで個別化・主観化された行動基準ということになると，ルールとしての一般予防効果を持ち得ないのではないかという（想定される）批判に対しても応えておきたい。たしかに，過失犯の行動規範は，

---

[16]　それらは，行政法令，たとえば道路交通法にもとづく作為・不作為義務とは区別される。
[17]　この見解を採るのは，たとえば, Walter Gropp, Strafrecht, Allgemeiner Teil, 2. Aufl. 2001, S. 435 ff.; Günter Stratenwerth, Strafrecht, Allgemeiner Teil I, 4. Aufl. 2000, S. 411 ff. など。

故意犯のそれに比べて大幅に個別化されざるを得ない。故意犯の場合であれば，具体的な行為は右手でピストルの引き金を引いて目前の被害者を撃ち殺したことだとしても，「殺意をもって人を殺す行為をするな」という，かなり一般的な行動準則がそこから引き出される。過失犯の場合には，それほど一般的な規範は考えられない。「人の生命との関係で不注意に行動するな」というのでは，あまりに漠然としていて行動の指針にはできないからである。しかし，それにしても，自動車の運転に際して，そういう具体的な状況のもとでは，こういう特定の結果回避措置をとるべきであり，また，その際に胃の痛みが生じたのであれば，こう具体的に行動すべきであるという程度の行動基準を示すことは可能であるし，そこから一定の（限定された）一般予防効果が生じることを期待できるのである。

V 「上」に向かっての主観化の限界
——本人の注意能力が一般通常人を上回る場合

ここまでは，行為者の注意能力が一般通常人のそれを下回るとき，それにあわせて注意義務の内容は個別化・主観化されなければならない，と論じてきた。いわば「下の方向」に向かって，過失認定のミニマムについては行為者の主観的能力がその限界を画する，すなわち，法は行動基準としては個人に不可能なことを求めないということを述べてきたことになる。これに対し，行為者の注意能力が一般通常人のそれを上回る場合には，別の考慮も必要になってくる。帝京大学病院事件では，まさにこのことが問題とされた。被告人は当時の血友病治療の最高権威であり，通常の専門医とは質量ともに異なった情報に接していたことから，加重された注意義務を課せられるのかどうかが問われたのであった。

原則論としては，行為者の注意能力が一般通常人のそれを上回るのであれば，その行為者の能力に応じた結果回避措置を求めるのが当然であるように思われる。特別の知識を持っていたり，特別の事実を認識していたというとき，それを考慮すべきことは当然であろう。行為者の技能や運動能力についても，行為者のそれを前提とすることは可能であろう[18]。かりに，機械や道具がそばにあ

って使えるというケースであれば，それを使えばできた，ということが考慮されるはずである。人並外れた能力を持つ人というのは，いわば機械や道具が身体の一部として備わっている人であるから，別に扱う理由はないと考えられるのである[18]。もちろん，行為者が一般通常人を超える能力を持ち，それを行為時に活用・発揮できたことを実務上証明できることは比較的稀であろうが，それは訴訟法上の証明の問題にすぎない。

　しかしながら，ここで考えるべきことは，新過失論における結果回避義務の位置づけである。新過失論は，結果が予見可能で，かつ回避可能であったとしても，それでも結果回避義務をただちには課さない理論である[20]。たとえば，信頼の原則が適用される場合，結果が予見可能であり回避可能であるにもかかわらず（または，予見可能であるかどうかにかかわらず）結果回避義務が否定される。それは，社会的に不可欠な共同作業を可能にするための共働者間の役割の分担に関する社会的ルールを基礎として，予見可能性の有無にかかわらず結果回避義務を限定するものとして理解できる。このような社会的な行動準則の類型化は，一定の危険性を持った活動が反復して行われる場面においておのずと進められていく。そうだとすると，行動基準の類型化が進んでいない領域においては，行為者の主観的な注意能力の限界と結果回避義務の限界とが一致する傾向にあるとしても，この種の状況ではこう行動すべきだという形で行動基準の類型化が進んでいる領域においては，「一般通常人」を超える行為者の主観的注意能力が問題になる以前のところで，規範的にあるいは客観的に，注意義務の限界が画されることにもなる[21]。

---

[18]　この点につき，林「エイズと過失犯」（前掲注9）17頁以下を参照。なお，Claus Roxin, Strafrecht, Allgemeiner Teil, 3. Aufl. 1997, S. 935 ff. は，行為者の能力が一般通常人を下回るときには一般通常人を基準とし，行為者の能力が上回るときには行為者の主観的な能力を基準とする。このような形の折衷説が可能であるかどうかには疑問がある。

[19]　そのときには，適法行為の競合という問題も生じ得るが，およそ行動規範論を採るときにはそれは不可避のことであると思われる。

[20]　この点につき詳しくは，井田「過失犯の基礎理論」（前掲注3）72頁以下，77頁以下を参照。

[21]　ただし，この場合でも，行為者が特に認識した事情は，注意義務の内容および行為の違法性の有無・程度を決めるにあたって大きな意味を持つであろう。井田「過失犯の基礎理論」（前掲注3）73頁の事例を参照。

V 「上」に向かっての主観化の限界——本人の注意能力が一般通常人を上回る場合

　私は，観念的な危険の衡量により判断することなどできない，まさに，刑法学が社会の現実を見ることを要求される，この大きな射程を持つ問題の一側面が取り上げられたのが，帝京大学病院事件であったと理解している。そこでは，非加熱製剤の使用とエイズ発症による死亡との間の法則的関係に関する知識の扱いが問題とされた。当時の先端的ウイルス学者でも，非加熱製剤とエイズ発症による死亡との間の法則的関係についていまだ低い可能性の関係しか認識できなかったというのが裁判所の認定であったし，また，被告人はウィルス学の専門家でもなかったということも重要かもしれない。しかし，特に考えなければならないことは，過失判断との関係では，非加熱製剤の使用とエイズ発症による死亡との間の法則性に関わる知識そのものの適用が問題だったのではなく，その法則的知識が，臨床的な治療手段の選択に関する行動準則の基礎となっていたということである。基礎医学のレベルにおける新しい法則的知見は，臨床的な医療水準の変化をただちに生じさせるというものではない。それは一定の手続を経て専門家の間において検証され，学界において承認を受けるなどの「客観化」を必要とする。ある医師が新しい法則的知識にもとづき一定の病気に対する画期的な治療方法を開発したというとき，その治療が一定の危険性を持ち，その効果になお不明なところがあるというのであれば，ただちにこれを使うことは許されないし，ましてやその段階で，この治療法を使うように治療方針を変更せずに従前の治療を継続したため患者を救命できなかったというときでも，事後に過失犯の刑事責任を問われてはならないはずである。判決は，このように，基礎医学のレベルでの法則的知識の変化と，臨床のレベルでの治療方法の選択に関する行動準則の変化とが直結せず，そこに客観化の過程が必要であることにも考慮を払った上で，被告人の特別な地位とその特別な情報にもかかわらず，一病院における臨床的な治療方針の決定が問題である以上は，加重された結果回避義務を課すことはできないという結論を導いたのであった。

　さらに，判決は，全国の血友病専門医の対応にも注目し，被告人との情報格差が解消された後でさえ，加熱製剤の承認・供給に至る以前の段階で非加熱製剤の使用を中止した例は殆ど見られなかったことを特に考慮している。本判決が，危険性の評価を前提とする医療行為の選択に関する，当時の通常の血友病専門医の判断，いいかえれば，行為当時に存在した事実としての行動基準に注

目していることについては，厳しい批判がある[22]。しかし，私は，判決と同じく，行為当時の事実上の行動基準が一応の合理性を持っている限り，行動基準にしたがった行為について刑法的違法性を肯定することには慎重でなければならないと考える。結果回避義務の内容をそれぞれの生活場面において満足のいく形であらかじめ類型化することはきわめて困難なことである。かりに類型化できたとしても，それらが過失結果犯を処罰する刑罰法規からただちに読み取れるものではないという点で，ここでは罪刑法定主義との関係での処罰の正当性という疑義が出されることになる。行為当時の行動準則は，行為者にとり法律の規定が頼りにならない状況においては，唯一可能な行動のよりどころなのである。このことには，民事の過失認定の場合と異なり，刑事の過失判断においては特に留意されなければならない。しかも，医療の領域で，それぞれに危険性を持つ治療行為の間の選択が問題となる場面においては，行為当時の客観的・可視的存在としての医療水準は，行動基準として重要性を認められるべきである[23]。

　行動基準が決定的な意味を持ち得ることは，また，次のようなことを考えるとき，明らかであるといえよう。本件においては，治療方法の選択とそれぞれの方法の持つ危険の衡量が問題であった。現在の考え方では，そのようなとき，患者の選択にゆだねることが必要である[24]。しかし，当時において，行動基準として，いいかえれば医療水準の問題として，危険な治療方法の間の選択を患者に認めるようなことが一般化していなかったのであれば，それぞれの治療方法の持つ危険性につき説明し，選択を患者にゆだねなかったことの一事をもって過失犯の成立を肯定することはできないのである[25]。

---

[22]　たとえば，甲斐克則「薬害と医師の刑事責任」広島法学25巻2号（2001年）80頁以下，北川佳世子「薬害エイズ三判決における刑事過失論」法学教室258号（2002年）46頁以下，船山泰範「薬害エイズと過失犯」現代刑事法4巻6号（2002年）21頁，前田雅英・判例評論516号（2002年）192頁以下を参照。

[23]　以上の点について，井田良「薬害エイズ帝京大学病院事件第一審無罪判決をめぐって」ジュリスト1204号（2001年）35頁（本書第10章177頁以下）を参照。

[24]　これに対し，林「エイズと過失犯」（前掲注9）19頁以下は，現在の問題としても，治療行為の危険性につき説明しなくても業務上過失致死傷罪の違法性は生じないとする。

[25]　この点において事実としての行動基準に注目することに対し批判的なのは，山口厚「薬害エイズ事件三判決と刑事過失論」ジュリスト1216号（2002年）15頁以下。

いずれにしても，東京地裁判決は，被告人をめぐる特殊事情にもかかわらず，行動規範論の立場からの実質的な検討を経て，過失を否定したのであった。判決の事実認定を前提にする限り，判決の採った論理は，行動規範論の立場から首尾一貫したものであったと評価することができると考える。

第12章

カール・ポパーの非決定論と刑事責任論

Ⅰ 課題の設定
Ⅱ 刑事責任論のジレンマ
Ⅲ ポパーの非決定論

Ⅰ 課題の設定

　刑法学の立場から，ポパーの非決定論はどのように評価されるのか——これが私に与えられた課題である。しかし，いうまでもなく，ポパーの学説は，刑法の責任論の問題解決のために提示されたものではない。それを刑法学者の問題意識と基準によって「評価」するというのはおそらく適切なことではないであろう。むしろ，ここでは，刑法学者が責任論の問題に取り組もうとするとき，ポパーの理論から何を学ぶことができるのかについて論じてみたいと思う。責任概念の基礎には根本的なジレンマというべきものが存在する。はたして，ポパーの所説は，難問に直面する法律家にとっての「福音」たり得るのであろうか。

　本稿においては，まず，私のいう「責任論のジレンマ」とは何なのか，その内容を明らかにし，それを前提として，ポパーの見解の問題点と思われる部分を指摘し，そのような問題点にもかかわらず，ポパー哲学がわれわれに与える示唆についても触れることにしたい。

Ⅱ 刑事責任論のジレンマ

1 非決定論と刑事責任

　刑罰は行為者に対する非難を本質的内容とする制裁であるから，行為者に「責任」を問い得るときに限って刑を科すことが許される（すなわち，正当化される）と考えられている。これを責任主義の原則という。この場合の「責任」がある

かないか,そしてどの程度にあるかの判断は,その行為の選択を思いとどまり別の適法行為に出ることを意思決定することも可能であったのかどうか,どの程度可能であったかという判断,すなわち,意思の自由ないし他行為の可能性(Andershandelnkönnen)の有無,そしてその程度の判断にほかならないように見える。もしそうだとすれば,このような責任の観念を承認することは,自由意思を肯定し,非決定論を支持することを意味する。刑法学における従来からの通説は相対的非決定論といわれる見解であり,人間の行為は素質的・環境的要因によって強く影響を受けるものの,完全に決定されてしまうものではなく,制限された範囲内で自由な意思決定を行い,主体的に行為を選択することが可能であるとする[1]。この見解によれば,因果律によって制約を受けない自由な行為に対しては,その限度において倫理的見地からの非難が可能であり,それが責任の本質である(道義的責任論),そして,責任判断の基準は,行為者個人にとって適法な行為への意思決定が可能であったのかどうか,どの程度可能であったのかということでなければならない(行為者標準説),ということになる。

　このような,非決定論を基礎とする責任論に対しては,刑法学の内部でも,厳しい批判が加えられてきた。ここでは特に重要な批判を5つにまとめて示したい。まず,第1に,意思の自由の存在は科学的に証明不可能であるから,これを刑事責任の基礎とすることはできないとする批判がある。刑事責任を問おうとするとき,その具体的な行為者が当該の行為の時点で他の行為の選択も可能であったことを裁判の場で明らかにする必要がある。しかし,それは科学的に不可能なのであるから,「疑わしきは罰せず」の原則にしたがい,その犯罪者の処罰を,ひいてはすべての犯罪者の処罰をあきらめなければならないはずだとする。第2に,刑事責任の根拠とされるべき「自由意思」が,因果的要因により左右されず因果法則を超越するものだとすれば,刑罰という制裁によってこれに影響を与えることもできず,将来の人々の行動をコントロールして犯罪を予防するという功利的効果を刑罰に期待することはできなくなるとする批判がある。いいかえれば,非決定論は,刑罰制度を功利主義的に構想することを不可能にする不毛な考え方だというのである。第3に,たとえば,出来心で,

---

[1]　特に,団藤重光『刑法綱要総論・第3版』(1990年) 12頁,34頁以下,258頁以下。

生まれてはじめて窃盗をした犯人Ａと，犯行を重ねて規範意識が鈍磨した常習窃盗犯人Ｂとでは，初犯のＡの行為の方がより「自由」で，常習犯のＢの行為の方がそれだけ選択の余地が狭まっており責任がより軽くなるというのは結論として不当だとする批判がある[(2)]。第4に，意思決定や行為の因果的な決定要因はつねに責任を否定する方向ではたらくわけではなく，因果的決定要因のなかに責任を重くするものと軽くするものの2つが存在するのではないかとする批判がある。そのように考えないと，次のことが説明できないという。すなわち，①たとえ意思決定に対する影響の程度は同じでも，憐憫の情に動かされて犯行を決意するに至った場合と，利欲的動機から行為に出た場合とでは，行為に対する非難の程度は異なること，そして，②犯罪をやめようとする反対動機が強くはたらいたならば非難は弱まるし，犯意が強く持続的であるほど非難の程度は強まること，さらに，③ふつうの人ならその感情・欲求を抑制し得ると考えられる状況で抑制できずに犯行に及んだ場合でも，行為状況が日常的にしばしば生じ得るものである限り，ただちに責任が軽くなるとすることはできないこと，などである。第5の批判として，非決定論に対するイデオロギー批判とでもいうべき批判がある。すなわち，犯罪の原因には家庭の問題性から社会の問題性に至るまで様々なものがある，それにもかかわらず，無原因とされる犯人の自由意思を責任の根拠とすることは，犯罪の真の原因から目をそらせ，むしろそれらを隠蔽することになるという。自由意思に対する倫理的非難の集中は，いわばそこに「強いスポットライトを当てることによって周囲の暗闇を拡大する」ものにほかならないとするのである。

　以上，5つの批判を見てきた。これらの批判のなかには，必ずしも説得力がそれほどないと考えられるものも含まれているかもしれない。しかし，全体として見ると，これらはかなり強力な批判であり，もはや(事実的な)因果的非決定性を責任の根拠にする考え方を採ることはかなり困難であるように思われる。それでは，決定論を前提に責任論を構想すれば，あらゆる問題は雲散霧消

[(2)] ちなみに，このような問題に対処するため，非決定論の立場から，「悪い人格」の形成にまでさかのぼって責任を問う人格形成責任論という見解もかつて有力に主張されたが（団藤『刑法綱要総論』〔前掲注1〕258頁以下），種々の難点があり現在では一般に否定されている。

するのであろうか。

2 決定論と刑事責任

　現在，有力に主張されている，決定論にもとづく責任論は，人間の意思決定および行為は因果法則により原理的に説明・予測可能であることを前提とするが，決定性と自由そして責任とは矛盾せず，むしろ決定論のもとではじめて責任というものは意味を持つとする。そこで，「やわらかな決定論」とか「両立可能説」と呼ばれる⑶。この見解によると，人間の意思決定および行為選択が自由であるということは，その行為が強制されていないことをいうのであって，その行為に原因がないこと，それが因果法則で説明できないことを意味するものではない，ということになる。人の決断や行動を因果的に規制する要因のなかには，自由と責任を排除するものとそうでないものとが存在するという。それでは，その2つはどのように区別されるのであろうか。論者によれば，区別のための1つの確定した基準といったものはない。区別の基準は，われわれが何のために自由や責任について語るのかによって目的論的に決められるとする⑷。刑法においては，非難としての刑を科すことによって将来の行動をコントロールすることが問題なのであるから，行為の決定要因をその人の規範意識，すなわち刑罰的非難によって影響を与えることが可能な人格の層に求めることができる場合が自由であり責任を問うことができ，刑罰によって影響を与え得ない部分，たとえば第三者の強制といったような外部的な要因や，行為者の内部にある事情でも身体的障害や精神病等の生理的な要因に規定されて行為した場合が不自由であり責任を問い得ないということになる。たとえば，ある人が大きな事故を起こし，多くの人を死亡させたとする。事故の原因がその人が盲目であったことにあるというとき，あるいはその人が手足が不自由であったことが原因であったというとき，たとえ刑罰を科しても目が見えるようになった

⑶　わが国では，特に平野龍一『刑法の基礎』(1966年)。そのほか，碧海純一『新版法哲学概論・全訂第2版』(1989年) 205頁以下，216頁，森村進「責任論における『自由意志』問題」上原行雄＝長尾龍一編『自由と規範』(1985年) 41頁以下などもこの立場である。
⑷　倫理学の分野における諸見解については，たとえば，モーリス・クランストン (小松茂夫訳)『自由――哲学的分析』(1976年) 160頁以下を参照。

り，手足の障害がなくなったりすることがないからこそ，責任を問えないとする。これに対し，行為者の軽率な性格が原因で事故になったというときには，刑を科すことによって将来同じ状況で注意深く行為するようになることが期待されるので責任を問うことができるとする。抽象的にいえば，行為者の「性格の歪み」ないし「規範意識の弱さ」が犯罪として現われた（すなわち，犯罪の原因が，その行為者の「性格の歪み」ないし「規範意識の弱さ」にある）といい得る限りで，責任は肯定されるのである。このような考え方は，通常の道徳的判断にも一致するといわれる。たとえば，最後の最後までためらいつつも結局は実行に出た殺人犯人と，何らためらわず心のおもむくままに人を殺した犯人とで，規範意識の法則性・傾向性を強く肯定できる後者の場合の方が責任が重いとしなければならないだろうというのである[5]。

　要するに，この見解によると，刑法上の責任非難は，過去に向けられた回顧的叱責を内容とするものではなく，展望的見地から将来に向けて「より強い規範意識を持つべきであった」という判断を告知することによって，将来の行為者および同様の状況における一般人の犯罪を抑止するための功利的手段であり（展望的・功利主義的責任論），そして，行為者の規範意識が犯罪に親しみやすいものであればあるほど，すなわち犯罪がその反法律的な規範意識の必然的な表現であればあるほど（たとえば，常習犯）否定的評価も強まり，責任も刑罰も重くなる（性格相当性の理論），とするのである。

　以上のような責任論のすぐれた点は——このことがそれほど強調されないのは奇異なことであるが——証明することも反証をあげることも不可能な形而上学的前提に立脚する必要がないというところである。なぜなら，論者の見解によると，意思の自由ないし他行為可能性の存否とは無関係に，行為の決定要因が行為者の「性格の歪み」にあることが明らかにされる限り，責任を問い得ることになるからである。犯罪行動にいくつかの因果的要因を考え得ること自体は誰も否定しないが，犯罪の原因が行為者の規範意識に求められる限度で，刑事責任を肯定しようとする。そこには一片の仮説もフィクションも介在しない。そればかりか，この見解は決定論である必要もなく，「すべては決定されてい

---

(5)　森村「責任論における『自由意志』問題」（前掲注3）54頁を参照。

る」とか「すべてのことは原理的に予測可能である」などと主張することも不要で，ただ「行為者の性格の歪みが，意思決定ないし行為選択の1つの要因となっている」という経験的に証明可能な命題のみを前提とすれば足りる。この点に，証明不可能な意思自由の存在をそのよりどころにせざるを得ない非決定論的責任論との大きな違いがある。このように考えると，人間の意思決定ないし行為選択を予測することが「原理的に不可能」であるとするポパーやドナルド・マッケイ，クランストン，わが国の上原教授の論証[6]は——たとえそれが正しいと仮定しても——いま述べてきたような責任論に対する反駁とはなり得ないように思われる。

　それでは，やわらかな決定論ないし両立可能説にもとづく責任論は刑法学における支配的学説となったであろうか。いや，刑法学においては，それはなお少数説にとどまっている。そして，それは理由のないことではないと私は考える。ここでは，決定論にもとづく責任論の持つ問題点を3つにまとめて指摘したいと思う[7]。

　まず第1に，もし選択可能性がない形で現在の性格がその行為を決定しているとすれば，これに責任を問い得るといえるのかどうか疑問である。極端な事例になるが，両親2人とも窃盗の常習者で，この両親に「どろぼう」となるべく育てられた子供が成長して窃盗を行ったとしよう。この場合，行為が性格に相当であるから，決定論によれば責任は重くなる。しかし，何不自由なく幸福な家庭に育ってそれでも窃盗を行った者と比べたとき，責任がより重いといえるだろうか。もし劣悪な環境に育ったことを責任を軽減する方向で考慮するためには，性格形成の場面における選択の可能性を考慮する必要があるが，それは非決定論的思考方法以外の何ものでもない。第2に，決定論にもとづく功利

---

[6] Ulrich Pothast, Die Unzulänglichkeit der Freiheitsbeweise, 1987, S. 183 ff.; クランストン『自由——哲学的分析』（前掲注4）171頁以下，上原行雄「非決定論と自由の構図素描」『自由と規範』（前掲注3）76頁以下などを参照。
[7] なお，いうまでもなく，決定論に対しては，言語哲学的な批判，すなわち人間行動を記述する語彙として原因・結果の因果論的語彙を用いることは可能な記述方法の1つにしかすぎず，たとえば道徳的語彙といった別の言語体系が同等の権利をもって存在し得るとする批判もあり，刑法学の分野でもこれに注目する人がいる。しかし，ここでは立ち入らないことにする。

主義的責任論を採用するとき，従来の責任主義の原則をそのままでは維持できないことになる。責任主義，したがって自由意思を想定することがどのような機能を持っていたかといえば，それは国家刑罰権の行使を枠づけ，人権を保障する機能を持っていたのであった。われわれはもはや物事の是非善悪を理解しない子どもとか精神病者を罰しないが，それは彼らには他の行為が可能であったとはいえない，まさに自由な意思がなかったと考えられるからである。また，故意犯よりも過失犯を軽く罰するのも，自由意思の程度がより低いと考えられるからであり，故意も過失もない結果について処罰しないことも，それは自由な行為により回避できない結果だと考えるからである。抽象的にいえば，自由と責任による刑罰の限定は，犯罪予防目的からする功利主義的な科刑の要求を，功利主義的考慮とは矛盾・対立する原理によって遮断することを意味するのであって，そのためには，責任判断に功利主義的考慮をストレートに持ち込んではならないはずである。回顧的な責任と展望的な犯罪予防とが異なった内容を持ち矛盾することを承認する二元的な理解を前提としなければ，責任主義の刑罰限定機能（すなわち，人権保障機能）は失われるとわれわれは危惧する。いいかえれば，「たとえ刑罰を科すことに功利的な効果が認められるとしても，責任がないから刑罰を科さない」というのでなければならない。そうだとすれば，効果がある限りで責任があるとする考え方は採れないということになる。第3に，功利主義的な見地から，犯罪予防のために刑を科すことが必要であるかどうか，どの程度の刑を科すことが必要であるのかについて確実なことがいえるほど，われわれは刑罰の経験的効果について知らないということも，決定論を前提に功利主義的に責任論を再構成する立場を採用する際の大きなネックとなっている。個別の事例における経験的な犯罪予防効果を基準とする，いわば行為功利主義的刑罰論は，机上の理論としてはともかく，いわば実践のレベルでは，刑罰の効果の経験的不確実さのために大きな困難に逢着すると考えられる。

III　ポパーの非決定論

　以上のように見てくると，非決定論を基礎として刑事責任論を構想しても，決定論を前提にして責任論を功利主義的に展開しようとしても，それぞれに大

きな問題にぶつかる。このような責任論のジレンマを解消しようとするにあたって、ポパーの見解は有効なものであるのかどうか、これを次に検討することにしたい。

1 「柔軟規制」の理論とその問題点

　ポパーは、この世界のすべてのことが物理的に決定されており、人間の目的、意図、計画、価値といった「意味的なもの」が何らの影響も持ち得ないとする物理的決定論（それはむしろ宿命論と呼ぶべき見解であろう）を断固として否定する[8]。この点にポパーはもっとも力を注いでいる印象を受ける。しかし、他方で、ヒューム的な決定論、すなわち因果関係に関する規則性説にもとづく心理学的決定論には反対しないようである。しかも、自由が偶然ないしチャンスの問題にすぎないとすれば、人は行動の結果について何らの責任も問われないことになり、非決定論は不十分であるともいう。ポパーのモデルは、われわれの行動は「自由と規制の混合物」であり、物理的要因により規制されつつも、しかし目的や行動基準といった「意味的なもの」によってこれを規制することも可能だというものである。どちらか一方が他方を正確に一義的に決定するものではない。このような相互作用が行われ、「意味的なもの」が行動に規制を及ぼすこともできるのは、言語の持つ4つの機能のうちの最上位の機能、すなわち「討論的機能ないし批判的機能」にもとづくものである。この場合の相互作用をポパーは柔軟規制と呼ぶ。

　しかしながら、以上のようなポパーの理論が、法律家にとり問題解決の手助けになるかどうかは疑問である。刑事責任を考える場合の決定的問題は、すでに見たように、犯罪が行為者の性格や規範意識によって因果的に説明できる限りにおいて、自由が排除され、したがって責任が軽減されると考えるべきかどうかである。たとえば、夫から日常的に迫害を受けていた妻が耐えかねて夫を殺害するに至ったとき、そのような事情は自由の可能性を狭めるものであり責任を軽減させるといってよいであろう。それでは、人並み外れて怒りっぽい人が、通行人とのちょっとした諍いに腹を立ててこれを殺害したというとき、「非

---

[8]　カール・ポパー（森博訳）「雲と時計」『客観的知識』（1974年）246頁以下。

常な怒りっぽさ」は責任を軽くする方向で考慮されるものであろうか。さらには，他者の「痛み」に驚くほど鈍感な人が利欲的動機から残忍な強盗殺人を犯したとき，「自己の利益のためなら他者の痛みなど意に介さない」という行為者の性格は責任を軽くする方向で考慮されるであろうか，それとも責任をむしろ重くする方向で考慮されるであろうか。

このように，性格や規範意識の因果性ないし（ポパーのいう）「傾向性」[9]は自由と責任を排除するのか(そう考えるのであれば非決定論である)，それともむしろ責任を重くする方向でも作用し得るのか（それを認めれば決定論にもとづく責任論を支持することになる)，答えはそのどちらかであって「中間」はないと思われる。しかし，この点についての解答をポパーから聞くことはできない。ポパーの非決定論に，このような曖昧さないし二義性があることは，ポパーの理論が，碧海教授のような（やわらかな）決定論の立場からも肯定的に評価され[10]，同時に，上原教授のような非決定論の立場からも支持されている[11]という事実にはっきりと示されているといえよう。

2 ポパー哲学が示唆するもの

それにもかかわらず，ポパーの主張のうちには，刑事責任論を構想する上で多大の示唆を与えるところがある。それは，人が討論的機能・批判的機能を持つ言語を道具として，外界から与えられる情報との「対話」を行い，これに批判的態度をとることができるとしているところである[12]。われわれは，言語を媒介として，われわれを一定の行動に駆り立てる因果的要因に対しても批判的な態度をとることができ，そこから決断にあたって選択の自由の意識・自律的決定の意識を持っている。われわれはあえて意識的に自律的な選択を行うよう

---

[9] カール・ポパー＝フランツ・クロイツァー（小河原誠訳）『開かれた社会──開かれた宇宙』（1992年）99頁以下など，カール・ポパー（森博訳）『果てしなき探求』（1978年）221頁以下；Karl Popper, A World of Propensities, 1990 を参照。
[10] 碧海純一『法哲学論集』（1981年）110頁以下を参照。
[11] 上原「非決定論と自由の構図素描」（前掲注6）78頁以下。
[12] 言語の討論的・批判的機能については，カール・ポパー（藤本隆志ほか訳）『推測と反駁』（1980年）219頁以下，546頁以下，同『客観的知識』（前掲注8）138頁以下，265頁以下などを参照。

に行為することはできるが、あえて意識的に因果的な要因に身をまかせ、すべて因果的に決定されているように意思決定しようとしても不可能である。かつてドイツの刑法学者M・E・マイヤーが述べたように、決定論は「実践的行為の格率」になり得ないということもできるであろう。

　他方において、現行の刑罰制度のように、犯罪行為に対し否定的評価（これを非難といってもよいであろう）をともなった不利益（すなわち制裁）を課すことによって社会秩序を維持するという制度はどうしても必要不可欠である。そうした制度を構想するとき、2つの可能性がある。すなわち、功利主義的な行動の条件づけを基本原理とするのか、それとも、——ハートが述べたように——個人個人に対し処罰の可能性を警告するにとどめ、法を守るかどうかは個人の自由な選択にまかせることを基本原理とするか[13]である。そのいずれが憲法の予定するような諸々の価値（たとえば、個人の自由と権利の重視、人道性、合理性、寛容性、公正さなど）[14]とより整合的であるかはいうまでもないであろう。そのような制度は、個人の有する選択の自由の意識・自律的決定の意識を前提としつつ、まさに法の価値決定にそって人間行動を「柔軟規制」しようとするものにほかならない。ポパー哲学はこのような刑罰制度を構想するための前提たる人間像を明らかにしたものとして重要な意味を持つように思われる。

　もちろん、問題は、そのような刑罰制度のもとにおける責任非難の根拠は何かである。これまで述べてきたところから、あるべき責任論がどのようなものでなくてはならないかは明らかである。まず、刑事責任の本質は将来のための功利主義的な条件づけの手段であるところに求められるべきではなく、回顧的非難でなければならない。回顧的に行為の時点で別の意思決定ができたと考えられる限度で責任を問うというのであるから、基本的に非決定論の思考モデルを採用することになる[15]。しかし、その回顧的非難の基準となるのは、行為者

---

[13]　H.L.A.Hart, Punishment and Responsibility, 1968, p. 23 を参照。

[14]　刑法学者が依拠すべき価値の問題については、ハイケ・ユング（井田良訳）「21世紀における刑法と刑事科学」『慶應義塾大学法学部法律学科開設100年記念国際シンポジウム・21世紀における法の課題と法学の指命』（1993年）251頁以下を参照。

[15]　決定論の立場を前提にこのような回顧的な思考モデルを採ることはできないはずである。その意味で、森村「責任論における『自由意志』問題」（前掲注3）49頁以下、52頁以下には疑問がある。

が現に有する事実的能力と可能性であることはできない。むしろ，社会生活を営む上で，当該の状況ではいかなる行為をどの程度に期待されるかという規範的考慮とならざるを得ない。たしかに，犯罪の原因としては，個人の責めに帰し得ない様々な環境的要因もあり，犯罪に対し社会の側が負うべき共同責任も無視できないであろう。しかし，それでも法は，社会の構成員としての「平均的な要請」に応えることを行為者に期待せざるを得ないと考えられるのである。

　そのような責任帰属の可能性をいかにして理論的に正当化できるであろうか。ここに真の問題がある。行為者本人に——事実の問題として——選択の自由と能力があるのかないのかわからないとすると，その者に平均的な要請を向けることはやはり正当化されないのではないかという疑問が残る。ここにおいては，いかにも法律家らしい解決が提案されている。それによると，自由意思の想定は，責任主義を基礎づけ，国家刑罰権行使の枠づけに役立つものであるから，人権保障のための仮設，つまり，もっぱらわれわれに利益な方向ではたらくフィクションだというのである。いいかえれば，われわれが本当の自由かどうかはわからないが，決定論に立って刑罰制度を考えると個人を一方的な「条件づけ」の客体としてしまうことになるから，むしろ個人は行動において自由であると仮定して制度を組み立てる方がより適切だというのである。

　このような説明が十分に満足のいくものでないことはいうまでもない。しかし，現在のところ，法律家の知恵はこのあたりに尽きるように思われる。ライプニッツは，「哲学なき法律学は出口なき迷宮である」と述べたという。この迷宮から脱出するためには哲学者の知恵を借りるほかはないであろう。

・

第13章

量刑をめぐる最近の諸問題

Ⅰ　はじめに
Ⅱ　危険運転致死傷罪の新設
Ⅲ　法定刑上限の引上げ
Ⅳ　量刑判断の基本的枠組み
Ⅴ　幅の理論
Ⅵ　法定刑と量刑実務
Ⅶ　裁判員制度の下での量刑

Ⅰ　はじめに

　現在，日本の刑事実体法は大きな変革の時代を迎えているが，とりわけ顕著な変化が認められるのは量刑[1]の領域である。かつて1970年代以降の日本では，とりわけ量刑の基準をめぐり，ドイツの量刑理論の影響を受けつつ，学説上の議論が展開された[2]。それは，刑罰をめぐる基礎理論が量刑の場面においてどのように具体化されるかという関心（いわば演繹的思考による問題関心）にもとづくものであり，実務における量刑の在り方に理論的見地から見直しを迫ろうとするものではなかった。また，実務の法律家たちも，量刑は実務慣行と実務感覚が支配する場面であると考えており，量刑理論による基礎づけや検証が必要だ

---

[1]　なお，ここにおいて「量刑」というとき，裁判所による刑量の決定や執行猶予の許否の判断ばかりでなく，それに先行する立法機関による法定刑の定め方の問題を含めた広義の量刑が考えられている。
[2]　刑罰理論との関係での量刑の基準をめぐる日本における議論について，阿部純二「刑の量定の基準について」法学40巻3号（1976年）1頁以下，41巻1号（1977年）1頁以下，41巻4号（1978年）41頁以下，井田良「量刑理論の体系化のための覚書」法学研究69巻2号（1996年）293頁以下，岡上雅美「量刑判断の構造――序説」早稲田大学大学院法研論集48号（1988年）93頁以下，城下裕二『量刑基準の研究』（1995年）およびそこに引用された文献を参照。

という認識には乏しかった。ところが，1990年代に入り，犯罪被害者の権利保護の必要性が強調されるにともない，量刑に対する社会的関心が強まり，とりわけ人身犯罪に対する刑が軽すぎることが社会の側から強く批判されるという事態が生じるに至った。このような社会の側からの批判は，まずは実務における量刑水準の上昇をもたらし，次いで立法による「厳罰化」ないし「重罰化」[3]，すなわち一連の刑法一部改正による刑の引上げという結果となって現れた[4]。

　このような変化の過程で，学界においても実務界においても，量刑への強い関心が呼び起こされた。その背景には，近年における学説と実務の相互的歩み寄りの傾向もあるだろう。司法制度・法曹養成制度の改革（とりわけ法科大学院制度の創設）に関連して，学者と実務家とが協力する機会が増加しており，学者が実務に関心を持ち，実務家が理論に関心を持つというように，学説と実務とが接近し問題関心を共有するという現象が見られる。そのことも，学者・実務家双方の立場からの量刑への関心の高まりと無関係ではないと考えられるのである。それに加えて，2009年から導入されることを予定されている裁判員制度の下では，現在の実務における量刑の在り方も大きく変化せざるを得ないと見られる。この制度が実施に移されたとき，職業裁判官の側は，量刑基準，量刑判断の枠組み，量刑事情の範囲とその評価の方向等の問題に関し，素人にも平易・的確に説明することができなければならず，従来のように，実務慣行と実務感覚のみで対応することはできないはずである。裁判員制度の導入は，量刑判断の構造と理論的枠組みを反省するための絶好の機会を提供するものである。

　このようにして，現在の日本において，量刑はもっとも盛んに議論されている刑事法のテーマの1つである[5]。本稿においては，まず，一連の刑法改正による刑の引上げとその背景について説明し，次いで，量刑の理論と実務の関わりの中でまさにいま検討が求められている（と私が考える）重要論点を選び，現段階での私の考え方（むしろ感想に近いもの）を述べてみたい。そこでは，量刑判

---

(3) 従来の科刑は軽すぎたと考える人にとっては，近年における刑の引上げは「厳罰化」でも「重罰化」でもなく，むしろ刑の「適正化」にほかならないということになる。

(4) まず，大きな意味を持ったのは，2001年の刑法一部改正による危険運転致死傷罪の処罰規定（刑法208条の2）の新設であった（後出Ⅱを参照）。そして，2004年と2005年の2度にわたる刑法一部改正により，全体として現行刑法典の法定刑がかなり大幅に引き上げられた（後出Ⅲを参照）。

断の基本的枠組み，幅の理論の意義，量刑相場の法的性格，裁判員制度の下における量刑の在り方等が検討の対象となる。

II　危険運転致死傷罪の新設

　現在までの立法による「重罰化」の過程で大きな意味を持ったのは，2001年の刑法一部改正による危険運転致死傷罪の処罰規定（刑法208条の2）の新設であった[6]。それは，悪質な交通犯罪に対する刑が軽すぎ，とりわけ被害者とその遺族の納得が得られないとする世論の強い批判を背景としたものである。新規定の適用により，4輪以上の自動車の危険運転行為（たとえば，アルコールの影響で正常な運転が困難な状態での走行行為）を通じて意図せずに人を負傷させたときには懲役10年まで，死亡させたときには懲役15年までの刑を科し得ることとなった。なお，後述のように（III 1および2を参照），2004年の刑法一部改正により，法定刑の上限がさらに引き上げられ，負傷させたときには懲役15年，死亡させたときには懲役20年までの刑を科すことが可能となっている。

　従来は，たとえば，酩酊運転の途中で事故を起こして人を死亡させると，道路交通法に規定された酒酔い運転の罪（その刑は，2001年の道路交通法の改正以前は最高2年の懲役であった）と，刑法の業務上過失致死罪（刑法211条により最高5年の懲役）の併合罪となり，したがって科し得る刑の上限は7年の懲役であり，かなり悪質な事案であっても，実際の量刑においては，刑は懲役5年前後となるの

---

(5)　原田國男の画期的な著書である『量刑判断の実際〔増補版〕』（2004年）およびそれ以降の研究（たとえば，「法定刑の変更と量刑」刑事法ジャーナル1号〔2005年〕50頁以下，「量刑理論と量刑実務」『小林充先生・佐藤文哉先生古稀祝賀刑事裁判論集・上巻』〔2006年〕279頁以下など），判例タイムズ誌に断続的に掲載されている大阪刑事実務研究会による包括的な研究，小池信太郎の一連の理論研究（「量刑における消極的責任主義の再構成」慶應法学1号〔2004年〕213頁以下，「量刑における犯行均衡原理と予防的考慮（1）――日独における最近の諸見解の検討を中心として――」慶應法学6号〔2006年〕1頁以下など）を通じて，わが国の量刑研究は飛躍的な進展を遂げつつある。私自身も，最近，井田良「量刑をめぐる理論と実務」司法研修所論集113号（2004年）203頁以下を書いた。
(6)　危険運転致死傷罪の処罰規定の新設の立法論的背景およびその解釈については，井田良「危険運転致死傷罪の立法論的・解釈論的検討」法律時報75巻2号（2003年）31頁以下およびそこに引用された文献を参照。

が普通であった[7]。改正のきっかけとなったあるケース[8]は，職業運転手であった被告人が，多量の酒を飲んで大型貨物自動車を運転し，高速道路上で，酔いのために的確な運転操作が困難な状態に陥って，渋滞のために減速進行中であった自動車に背後から衝突して，当時3歳と1歳の2児を死亡させ，5名に傷害を与えたというものであった。東京高等裁判所は当時の現行法の下で科すことが可能な7年までの懲役の範囲内で，懲役4年の刑を言渡すのがせいぜいであると考えた。2001年の法改正（刑法および道路交通法の改正）の後では，このケースでは，結果的加重犯としての危険運転致死傷罪の規定を適用することにより，懲役18年までの刑を科すことが可能となった。なお，2004年の刑法一部改正により，法定刑の上限がさらに引き上げられ，現在では懲役23年まで科すことが可能となっている。

　当初，法律専門家は，新規定は稀にしか起こらない無謀運転による死傷事故を予定したものであり，実際にはごく例外的にしか適用されないであろうと予想していた。ところが，現実に施行されると，この規定は頻繁に適用された。毎年90万件を超える交通事故（死傷事故）が起こるが，検察統計年報によると，年間300人以上の人が危険運転致死傷罪により起訴されるに至っている。この種の事件に対する量刑の水準も大幅に上昇し，被害の重大なものについて懲役20年の刑を言渡した裁判例も（私の知る限り2つ）出されている[9]。

　危険運転致死傷罪の新設につき評価するにあたっては，次の点に注意を払う必要があると考える。すなわち，酩酊や無謀運転にもとづき死傷の結果を引き起こす悪質な交通事犯においては，死傷結果との関係では故意がないとはいえ，

---

(7) 量刑の軽さが指摘された事件として，酩酊して自動車を運転し，祭りの人ごみに突っ込み，5名を死亡させ，29名に傷害を与えた事件（懲役4年6月），酩酊して自動車を運転し事故を起こした上，逃走中にさらに事故を起こして，2名を死亡させ，1名に傷害を与えた事件（懲役3年6月），飲酒した上，無免許で，無車検かつ無保険の車を運転し，2名を死亡させた事件（懲役5年6月），飲酒して大型貨物自動車を運転し，2名を死亡させ，5名に傷害を与えた事件（懲役4年）などがあった。
(8) いわゆる東名高速事件（東京高判平成13・1・12判例時報1738号37頁＝判例タイムズ1064号218頁）。
(9) 仙台地判平成18・1・23公刊物未登載（3人を死亡させ，15人に傷害を負わせたケース），千葉地判平成18・2・14判例タイムズ1214号315頁（4人を死亡させ，4人に傷害を負わせたケース）。

危険な運転をあえて行っている(そして,その危険が直接に結果として実現している)のであり,それは故意の危険運転罪(すなわち,一種の交通危険罪)としての実質を持っている。従来の日本法においては,この種の交通危険罪を処罰する規定が存在しなかった。そこで,悪質な交通事犯は,純然たる過失犯としての過失致死傷罪と,故意犯ではあるが行政犯としての道路交通法違反の罪のみによって評価されてきた。ここに,刑法的評価の空白部分が存在しており,危険運転致死傷罪の処罰規定がその空白部分を埋めるものであったことは否定することができないのである。

III 法定刑上限の引上げ

1 概　要

2004年と2005年の2度にわたる刑法一部改正により,全体として現行刑法典の法定刑がかなり大幅に引き上げられた。2004年の改正[10]は「凶悪犯罪に対する科刑の適正化」を意図したものであり,これにより,殺人罪,傷害罪,強姦罪等の法定刑(その上限または下限)が引き上げられ,また,一般的に,有期自由刑の最上限が20年(これまでは15年)となり,併合罪等の場合に加重するときにはこれを30年(これまでは20年)にまで上げることができるようになった[11]。2005年の改正[12]は,ある国際条約[13]の締結にともなう国内法整備を目的としたものであるが,人身の自由の刑法的保護を強めるため,人身売買罪(226条の2)を新設するとともに,従来の監禁罪および略取誘拐罪の法定刑を引き上げた。

---

(10) この改正については,たとえば,髙﨑秀雄「凶悪・重大犯罪に対処するための刑事法の整備に関する要綱(骨子)」ジュリスト1276号(2004年)46頁以下を参照。

(11) 他方において,強盗致傷罪(240条前段)の法定刑の下限は懲役6年とされ,酌量減軽(66条)を行えば,刑の執行を猶予することが可能となった。

(12) この改正については,たとえば,島戸純「『刑法等の一部を改正する法律』について」刑事法ジャーナル1号(2005年)77頁以下を参照。

(13) 2000年に国際連合で採択された国際組織犯罪防止条約(TOC条約)を補足する議定書(「国際的な組織犯罪の防止に関する国際連合条約を補足する人(特に女性及び児童)の取引を防止し,抑止し及び処罰するための議定書」)。なお,TOC条約については,日本も署名ずみであり,国会でも承認されているものの,国内法整備のための刑法および組織的犯罪処罰法の改正が実現されておらず,批准には至っていない。

2　一般的な自由刑上限の引上げ

このうちもっとも大きな意味を持つのは，一般的に有期自由刑の最上限が20年に引き上げられ，併合罪等の場合に加重するときには，これを30年にまで上げることができるようになった点である[14]。法務省が法定刑引上げの根拠としてあげたのは，刑法が制定された100年前（現行刑法典は1907年に公布され，1908年に施行されている）と比べて現在では人の平均寿命が延びたことである[15]。人の寿命が長くなるにともない，同一の長さの自由刑が相対的に刑罰効果を減じたことから，それを埋め合わせるため自由刑の期間を長くすべきだとするのである。しかしながら，この100年の間には，世界的な刑罰の人道化と緩和の傾向が見られたのであって，そのような流れを無視して，過去と現在を単純に比較し自由剝奪の持つ感銘力が異なることのみをもって法定刑引き上げの理由となし得るものかどうかは疑問であろう。また，その見解を前提に置くと，法定刑の最上限のみならず，すべての犯罪につき法定刑を一律に引き上げなければならないということにもなりかねず，影響が大き過ぎるであろう[16]。

ただ，今回の改正による法定刑の引上げにはそれなりの理由があったことも事実である。特に，有期刑の上限を上げることにより，従来は無期刑を適用せざるを得なかった領域において有期刑を選択することが可能となり，有期刑と

---

[14]　刑法12条1項，13条1項，14条を参照。

[15]　それは，有期自由刑の上限を一般的に20年（加重する場合は30年）に引き上げることの1つの根拠として法務省の立案当局により示されたものであった。たとえば，髙﨑「凶悪・重大犯罪に対処するための刑事法の整備に関する要綱（骨子）」（前掲注10）47頁以下を参照。これに賛成するのは，今井猛嘉「刑法総則の罰則整備」ジュリスト1276号（2004年）56頁，57頁以下である。なお，村越一浩「法定刑・法改正と量刑」判例タイムズ1189号（2005年）27頁は，立法資料にもとづき，現行刑法の処断刑の上限が懲役20年とされたことの背景には，それが刑法制定当時の人々の感覚からすると無期に匹敵するほどの相当に長い期間と受け止められたことがあると推測している。

[16]　他方で，学説の中には，法定刑引上げに「科学的・実証的根拠」がなければならないとし，それが明らかにされていないことを理由として今回の改正に対し批判を加えるものがある（たとえば，斉藤豊治「刑事法学の動き」法律時報77巻12号〔2005年〕95頁以下，城下裕二「法定刑の引上げと立法政策」犯罪社会学研究30号〔2005年〕7頁以下）。たしかに，法定刑引上げを主張する者に対し，そのための十分に納得できる根拠の提示を求めることは当然であるが，「科学的根拠」まで求めることは行き過ぎであろうと考える。もしそこまで求めるのであれば，批判する論者のほうも，もとの法定刑の在り方を「科学的根拠」をもって正当化できなければならないであろう。

無期刑の間の大きなギャップが埋められたことが大きい。従来の実務では，殺人罪や強盗殺人罪のケースで，無期懲役か有期懲役かの選択が問題となるとき，無期か15年（まで）の有期懲役かでは間が開きすぎており，懲役15年では少し軽すぎると考えられるところから無期刑を選択するということがあったという。ここから，同じ無期刑を言渡されるケースでも，死刑相当の事案に近いものと，かなり軽いもの（すなわち，懲役15年よりは少し重いもの）とか混在することになってしまっていたのである。また，犯情の重さからすると無期相当のケースだが法律上の減軽事由があるため刑の減軽を行わなければならない事案においても，一挙に懲役15年まで刑が下がってしまう不合理があった。そこで今回の改正は，刑事裁判官の立場から，「大変な苦悩を強いられてきた」「裁判官の長年の懸案を解決する」ものであり，「刑事裁判官はほぼ一致してこの点の改正を歓迎している」と評価されている[17]。

　また，最近の量刑水準の上昇傾向の中で，従来の有期自由刑の上限を超える刑が適切とされるケースがかなり生じてきたことも事実である。とりわけ複数回の凶悪な犯罪が繰り返された併合罪の事案においては，20年を超える長期自由刑が（従来の量刑基準に照らして）適切とされるケースが少なからず存在することが，今回の法定刑の引上げを正当化する根拠として指摘されているところである。

　このような形での一般的な有期刑上限の引上げに対してはいくつかの批判がある。まず，20年を超える長期自由刑の特別予防効果への疑問が上げられよう。たしかに，この点は大きな問題となり得るが，現行刑法そのものがより長期の自由刑，すなわち無期自由刑を認めていることからすれば，一般予防効果を含む長期自由刑の刑事政策的効果をおよそ否定することは現行刑法が採らない立場であるように思われる。また，改正が必要なのはむしろ犯罪競合に関する規定（現行法は，併合罪のほか，実質的には数罪であるが科刑上は一罪として扱われる観念的競合と牽連犯とを認めている）の在り方のほうではないかとする批判も提起されている。同様に，今回のような一般的な形での法定刑の引上げは適当でなく，特に引上げを必要とする犯罪類型を選択した上で例外的な上限の設定を考えるべ

---

[17]　杉田宗久「平成16年刑法改正と量刑実務の今後の動向について」判例タイムズ1173号（2005年）4頁以下，原田「法定刑の変更と量刑」（前掲注5）58頁を参照。

きであるとの批判もある。

　しかし，犯罪競合に関する規制の在り方はそれ自体大きな問題であり，反対者により具体的な改正提案が示されている訳ではない。また，例外的な刑の上限の設定ということについても立法技術的に可能なのか，またどの範囲で例外を設けるかなどの問題を含んでいる。

3　個別規定ごとの法定刑上限引上げ

　今回の改正による個別規定ごとの法定刑引上げの具体例を2つだけ選んでコメントを加えたい[18]。まず，傷害罪について見ると，刑の上限が10年の懲役から15年の懲役とされた。この改正は，各則の一連の結果的加重犯たる致傷罪(たとえば，往来妨害致傷罪，遺棄致傷罪，逮捕監禁致傷罪，建造物等損壊致傷罪など)の規定に波及するので，その影響には大きなものがある[19]。かなり例外的なケースであるとしても，長期10年の懲役では適切な反作用といえない場合がある程度の現実性をもって想定できるというのであれば，法定刑の1ランクの引上げ(ちなみに，現行刑法典の法定刑を見ると，10年の1つ上の重さの刑は15年となっている)は正当化できると考えられる。そうであるとすれば，被害者を植物状態にしてしまうような重い傷害を加えるとか，熱湯や薬剤等で被害者の顔に後々まで残る傷害を与えるとか，両目の視力を完全に失わせるとかの事例を考えたとき，さらに，同時に複数の被害者に同じような重大な被害を与えたケースでも観念的競合として刑が加重されないということをも考え合せるとき，長期10年という上限の見直しには合理性がなかったといえない[20]。

　逮捕監禁罪の法定刑の上限は，懲役5年から7年に引き上げられた[21]。逮捕監禁罪は「自由に対する罪」と呼ばれるのが普通である。現に，多くのケース

---

[18]　なお，殺人罪の規定については，法定刑の下限が3年の懲役から5年の懲役に引き上げられた。改正前においては，殺人のケースについて，特別の減軽事情の存在を認定しなくても執行猶予を認めることができたし，そもそも強盗罪よりも刑の下限が軽かった（強盗罪の刑の下限は5年の懲役である）。

[19]　刑法124条2項，219条，221条，260条後段などを参照。

[20]　ちなみに，ドイツ刑法も，一定の重い障害を意図的に引き起こしたときなどには，上限15年の自由刑を科し得るようにしているところである（ドイツ刑法226条1項・2項を参照）。

では，文字通り「自由」を害する罪にすぎないかもしれない。しかし，この犯罪は，被害者本人の人生を破壊し，そして被害者を奪われ残された両親等の家族の人生そのものを破壊するだけのポテンシャルを持っている。このことがはっきりと示されたのが，社会的に注目された，ある監禁事件であった[22]。2000年に発覚したこの事件は，当時9歳の女子小学生を略取しそのまま9年2か月もの長期にわたり自宅の部屋内に監禁し続けたという他に類例を見ないものであった。当時の刑法典の規定によれば，監禁罪の法定刑の上限は5年の懲役であり，監禁の過程で健康障害を生じさせても監禁致傷として10年の懲役までしか科すことができなかった。そこで，監禁罪や傷害罪に関する現行法の法定刑が低すぎるのではないかということが社会的に問題とされた。監禁罪を単に「自由に対する罪」として，傷害罪を「身体に対する罪」として把握するだけでは不十分ではないかとする社会の側からの批判を法律専門家はかわしきれなかったのである。

Ⅳ 量刑判断の基本的枠組み

次に，量刑判断の基本的枠組みに関して問題となるところについて述べたい。学説が構想する量刑判断の枠組みは，これまで責任と予防の二分論によって規定されてきた。ただ，「責任」というと違法の分量とは無関係という誤解を生むおそれがあり[23]，また，行為責任に関係せず，予防的考慮にも還元できないが，それでも刑量に大きな影響を持つ要素があるので，ここではあえて「応報」(ないし「応報的科刑要求」)という言葉を用い，応報と予防の二分論といいかえるこ

---

[21] ちなみに，フランス刑法も上限は20年の自由刑を規定しているし（フランス刑法224-1条），ドイツ刑法も1週間以上の期間の逮捕監禁については10年の自由刑を科すことを可能にしているので（ドイツ刑法239条3項），これらと比べれば日本の改正法はなお謙抑的ということになるであろう。

[22] 最判平成15・7・10刑集57巻7号903頁（本書第14章229頁以下を参照）。

[23] 「責任」というと，違法量とは切り離されたものがイメージされるおそれもある。ここにおける責任の分量には違法量が反映しており，より正確には，違法の量が基本になっていることに注意しなければならない。そのことをいおうとして，ドイツにおける量刑研究の第一人者であったブルンス（Hans-Jürgen Bruns）は，量刑における責任とは「帰責可能な不法」であるとする古典的定義を与えた。

とにしたい。以前に私は，この2つの関係を「応報を基本とし，予防により修正する」「大枠と微調整」というように表現した[24]。これは実務にも理解可能な形で学説の最大公約数を示したいと思ったからである。

問題となるのは，学説による量刑判断の枠組みをこのように要約できるとしたとき，実務における「犯情（狭義の犯情）」と「一般情状」の区別との関係いかんである[25]。誤解をおそれずに述べれば，量刑との関係では，前者が「法が認める処罰の根拠を与えるもの」，後者が「それ以外の考慮要素」という意味において，刑量の基本を決めるものと，一定限度で微調整を可能にするものとの関係として理解されているのではないだろうか[26]。仮にそうであるとすれば，たしかに，それは学説の判断枠組みが予定するものと重なり合うように見える。

しかしながら，重要なところで相違もある。学説では，責任と予防の二律背反（アンチノミー）ないし刑罰の回顧的側面と展望的側面の矛盾を前提として，責任により刑罰を限定し，予防的見地からの刑の引上げに歯止めをかけるという問題意識から二分論が採られている。ここにはドイツの量刑理論の影響もあるが，刑法の大原則たる責任主義の原則の具体化として演繹的にそのような判断枠組みが支持されており，しかも，責任と予防とをなるべく明確に切り分けて対立させるべきであるとする考え方，すなわち，責任概念を予防的考慮により汚されないように「純化」して予防と対立させ，それにより刑罰限定機能を営ませることが量刑判断を合理化する鍵であるとする考え方が採られているのである。このような枠組み内部での責任概念の機能には2つのものが認められることになろう。1つは，予防的考慮に基づいて責任を超えた過剰な刑が科されないようにするという刑罰限定機能である。もう1つは，一般予防および特

---

[24] 井田「量刑をめぐる理論と実務」（前掲注5）215頁を参照。ただ，それはあくまでも単純化した大きな枠組みにすぎない。

[25] もちろん，犯情と一般情状をどのように区別するかは問題である。たとえば，窃盗のケースでの行為者による盗品の損壊のような，いわゆる共罰的事後行為については，器物損壊行為も処罰対象に含まれるという意味では「犯情」に属すべき事情ということになろうが（この点につき，山口厚＝井田良＝佐伯仁志『理論刑法学の最前線Ⅱ』〔2006年〕229頁以下を参照），そのような理解に対しては異論も生じるであろう。

[26] この点については，遠藤邦彦「量刑判断過程の総論的検討［第1回］」判例タイムズ1183号（2005年）18頁以下が示唆に富む。

別予防の必要性（特に後者）は，事例ごとの個別的判断であり，それが正面に出ると量刑はばらつくので，責任に応じた刑を科すことにより平等・斉一な刑を実現するという機能である。

これに対して，実務では，責任と予防とを切り分け，責任を純化した上で，これにより予防刑による行き過ぎに歯止めをかけるという発想はそれほど強くないのではないかと思われるのである。

1つ例を挙げて論じたい[27]。仮に全く同一の状況下で全く同じ犯罪を行った2人の行為者AとBとがいる（すなわち，「犯情」は同一とする）として，Aは事件を起こしたことを深く反省しており，進んで自白をしたが，Bは証拠からは有罪であることが明白であるにもかかわらず否認を貫き，そこから被害者への謝罪の言葉も口にしていないとする。学説の立場からは，こういう説明になるであろう。すなわち，Aについては責任刑の幅の下限まで，さらには事情によりもっと下まで刑を下ろしてもよいが，Bについては再犯のおそれないし特別予防の必要性という観点から，責任刑の幅の上限に近いところまで刑が上がると考えるのである。

これに対し，実務の考え方はどうであろうか。想像するに，刑事裁判官の立場からAとBに対する刑の違いを説明するときには，2つの異なった説明があり得よう。1つの説明は次のようなものである。AもBも責任に相応する刑ということでは同一である。たとえば，懲役5年である。そこで，Bは懲役5年の刑を科せられる。しかし，Aについては反省に基づく自白という特有の事情があるため，片面的に，応報的科刑の要求が打ち消されてぐっと低くなる。そこで懲役3年とかさらに低い刑を科すことが可能となる，というものである。そこでは，「刑を根拠づける責任」と「応報的科刑の要求を打ち消す責任」という，プラス・マイナスの関係にある，2つの責任概念が認められているということができるかもしれない。もう1つは，より端的に，最初からAの方が責任が軽い，Bの方が責任が重いとする説明である。行為後の事情により，一定の範囲内で責任の分量は上下すると考えるのである。この場合の責任は，学説のいう「行為責任」よりは「刑事責任」という言葉に近いイメージがある。

---

[27] 井田「量刑をめぐる理論と実務」（前掲注5）221頁を参照。

もし以上のような分析が的外れではないとすると，実務における量刑判断の枠組みについては，ひとまず次のようにまとめることができるのではないだろうか。
　①「責任」は，犯情と一般情状にまたがった要素であり，それが刑の重さ・軽さを基本的に決定するものである（その意味での「責任」は「刑事責任」と同義である）。
　②責任概念（行為責任の概念）を純化し，これにより予防的考慮の歯止めとするという発想はない。
　③他方で，刑罰が行為責任を超えてもかまわないとは考えていない。その意味では，行為責任の刑罰限定機能は（暗黙のうちに）承認されている[28]。
　④予防判断はばらつくのでなるべく責任（行為責任あるいは刑事責任）により刑量を決めようとする発想は強い。とりわけ，応報ないし責任と離れて，特別予防の必要があるから刑を重くする，という発想はしない。
　学説の側からは，実務においては（承認されているとしても）暗黙のうちにとどまっている行為責任の刑罰限定機能をより明確に打ち出すべきである，という要望ないし批判が出されるかもしれない。これに対しては，行為責任に対応する刑量がはっきりと一義的に定まるものではない以上，実務においては強い問題意識にはなり得ないのではないかと推測できる。しかし，そのことを措くとすれば，学説の判断枠組みと実務の判断枠組みの間にはかなり顕著な共通性・同質性があることが判明するのである。
　とはいえ，以上のような歩み寄りが達成され，学説と実務との間に共通の基盤が確保されるのは，学説がいわゆる「幅の理論」を採って量刑の判断枠組みを構想するときに限られるように思われる。「点の理論」を採るときは，責任に影響する事情以外の量刑事情はすべて刑を軽くする方向にしかはたらかない事情とされることとなり，きわめて硬直化した判断枠組みとなってしまう。次に述べるように，幅の理論は理論的にも正しいものであるが，実務との共通の基盤を求めるという問題意識からも幅の理論が採られるべきであると考えるのである[29]。

---

[28]　この点につき，原田「量刑理論と量刑実務」（前掲注5）295頁，松本時夫「刑事裁判官らの量刑感覚と量刑基準の形成」刑法雑誌46巻1号（2006年）8頁以下などを参照。

V 幅の理論

　幅の理論とは，責任（行為責任）が数量化された刑の量は「点」としてではなく，「幅」（たとえば，3年から5年の懲役）としてのみ定まるとする理論である[29]。ドイツの通説であり，かつ判例の立場でもある[31]。幅の理論の根底には，「世俗化・社会化された責任概念」があると言われる。責任の有無と程度は，当該の具体的状況に置かれた者が，その社会の一員としていかなる意思決定をどの程度期待されているかという「社会的期待」の有無と程度によって決せられると

---

[29] なお，学説が「責任と予防」という二分論を展開するとき，とりわけ実務の量刑判断と照らし合わせると，「責任」という言葉を用いる点で狭すぎることが明らかとなろう。たとえば，不注意で惹起した事故で自分の子供を失ったり，みずから大ケガをしたというように，犯罪により被告人に思わぬ過酷な結果が生じたという事情（なお，ドイツ刑法60条を参照），長期にわたり未決勾留を受けたという事情，被告人の地位に置かれたことにより（失職するなど）かなりの社会的制裁を受けたという事情，懲戒罰などを課されたという事情，多額の損害賠償金を支払ったという事情などは，行為者に有利な方向で考慮し得るであろう。これらの事情は，個別行為の責任に影響する事情や，予防的考慮に影響する事情とは区別し，「刑の必要性ないし刑に対する感応性に関する事情」と呼ぶべきものである。そもそも，量刑事情を「責任」に関係する事情と「予防」に関係する事情との2つに分配するというのは不当な単純化であり，犯罪の成否の判断以上に複雑な量刑の判断を，犯罪論の判断枠組み以上に単純な図式にあてはめようとすることである。すでに社会的制裁を十分に受けているとか，長期にわたって未決勾留されたという事情などは，明らかに行為責任とは無関係であろうし，予防の必要性の考慮にただちに影響するものでもない。しかし，行為に対する制裁を受けたことによって，応報的科刑の必要性（ないし要罰性）は明らかに減弱する。このような考慮を，責任判断に還元しようとすると，責任概念は輪郭を失ったルーズな概念になってしまうであろう（なお，これらの事情を，制裁の必要性の程度に関する事情として不法と責任の補充として位置づけ，それは異質なものを取り入れることにならないとするのは，Wolfgang Frisch, Straftatsystem und Strafzumessung, in: 140 Jahre Goltdammer's Archiv für Strafrecht, 1993, S. 16 ff. である）。このような意味において，学説も，自己の量刑判断の枠組みを反省する必要がある。以上の点について，井田良「量刑理論と量刑事情」現代刑事法3巻1号（2001年）40頁以下を参照。

[30] 詳細な研究として，遠藤「量刑判断過程の総論的検討［第1回］」（前掲注26）20頁以下，小池「量刑における犯行均衡原理と予防的考慮（1）」（前掲注5）12頁以下がある（そこに文献も詳細に示されている）。最近の論文の中で，幅の理論に対し批判的なものとして，浅田和茂「量刑基準」『量刑法の総合的検討・松岡正章先生古稀祝賀』（2005年）32頁以下，鈴木茂嗣「犯罪論と量刑論」同書10頁以下などがある。

[31] この点につき，たとえば，Gerhard Schäfer, Praxis der Strafzumessung, 3. Aufl. 2001, S. 191 ff., Rdn. 461 ff. を参照。

する責任概念[32]によれば，意思決定に対する非難の程度に見合った刑とは，社会心理を基礎として大方の国民が受容できるような刑にほかならない。ドイツでは，責任刑の数量化とは，社会の中に存在する文化の相違を吸い上げつつ刑の中に反映させ，合意可能な刑量へと収斂させる作業にほかならないともいわれる[33]。そのように考えると，責任刑とは，「犯罪への正当な対応物として国民が納得のできる刑」にほかならないのであり，そこに一定の幅があるのも当然であるということになるであろう[34]。

　なお，私は，幅の理論を方法論的ないし哲学的にも根拠づけ得ると考えている。刑の量定（ここでは責任に相応する刑量の確定）は，価値判断が大きく作用する作業であり，結論が一義的には定まらないという点において，法規の解釈におけるのと同じである。しかし，法規の解釈については，主張可能な一定の幅があるにもかかわらず，なお1つの結論に落ち着き得る（落ち着くべきであり，また落ち着かせることができる）のは，相互に異なった解釈に対し異なった理由づけ・論拠を与えることができるからであり，またその限りにおいてのことなのである[35]。そうであるとすれば，異なった理由付けを与え得ない2つの命題（価値判断を含む命題）に決着を付けることは原理的にできない。ある事情の下における強盗致傷の具体的ケースについて責任に相当する刑が3年6月の懲役であるか，それとも3年10月の懲役であるかが議論されるとき，結論を差別化し得るような論拠をあげ得るとは思われない。2つの選択肢の間で決着がつかないのであれば，より軽い刑を選ぶべきであるということはいえるかも知れないが，それは責任刑の確定とは関係のない外在的考慮にもとづく主張である。このようにして，責任に対応する刑量に幅があることの根拠は，「点」で定めることが可能な程度に刑量を差別化する規範的論拠をあげることが原理的に不可能であるところに求められるのである。

----

(32) 井田良『刑法総論の理論構造』（2005年）226頁以下を参照。
(33) Franz Streng, Strafrechtliche Sanktionen, 2. Aufl. 2002, S. 253, Rdn. 481 u. S. 266, Rdn. 508 を参照。
(34) 井田「量刑理論の体系化のための覚書」（前掲注2）295頁以下を参照。
(35) 価値判断については論拠・理由付けが結論の当否を決するという点で，私はハーバマス（Jürgen Habermas）の理論の支持者である。その理論の平易・周到な紹介として，James Gordon Finlayson, Habermas, 2005, pp. 28 ff., 76 ff. がある。

このようにして，幅の理論が正しいとしても，責任幅の範囲内での刑の決め方が問題となる。その幅の範囲内では，もっぱら予防的考慮で決めるとする見解はおそらく維持できないであろう。ドイツでは，基本的に責任幅の下限のあたりから出発し，一般予防ないし特別予防上のはっきりした理由がある限度で，上のほうに微修正していくという考え方が主張されており，非対称的 (asymmetrisch) 幅の理論と呼ばれている[36]。すなわち，一般予防・特別予防の際立った理由がなければ，刑は行為者に対し悪い影響を持ち得るし，そもそも不必要な刑は科すべきではないのであって責任刑の下限のほうまで軽くすべきだとするのである。こういう考え方が実務の指針になるかどうかは別として，量刑に携わる者の「心構え」の問題としては正しいというほかはないであろう。

Ⅵ　法定刑と量刑実務

1　量刑枠論と量刑スケール論

　前述のような2004年および2005年の刑法一部改正による法定刑の引上げは，学界と実務界における盛んな議論を呼び起こした[37]。その過程では，法定刑が量刑において持つ機能についての検討が行われた。法定刑が量刑を規制する機能を果たしていることは明白であるが，その内実がどのようなものであるのか，法定刑と量刑の関わりを厳密な形で明らかにすることが必要だと認識されたのである。

　この議論の過程で，法定刑をめぐり「量刑枠論」と「量刑スケール論」という2つの基本的見解の対立があることが明らかにされた[38]。法定刑がその上限と下限により裁判所による量刑を枠づける機能を持つことは当然である。法定

---

[36]　この点につき，Streng, Strafrechtliche Sanktionen（前掲注33）S. 254 ff., Rdn. 484 を参照。

[37]　刑法雑誌46巻1号（2006年）の法定刑に関する特集およびそこに掲載された論文に引用された文献を参照。

[38]　杉田「平成16年刑法改正と量刑実務の今後の動向について」（前掲注17）6頁以下，原田「法定刑の変更と量刑」（前掲注5）52頁以下，村越「法定刑・法改正と量刑」（前掲注15）29頁以下，安田拓人「コメント・村越一浩『法定刑・法改正と量刑』」判例タイムズ1189号（2005年）54頁以下などを参照。

刑の引上げは，従来は科せなかった刑を科すことができるようにし，または従来は科せた刑を科すことができなくするものにほかならない。量刑枠論が，法定刑の機能はその上限と下限により裁判所による量刑を枠づける機能に尽きるとするのに対し，量刑スケール論は，量刑実務に対するより強い規制機能を法定刑に認めようとするものである。

量刑スケール論は，実務の量刑においては，犯罪の相対的な重さを明らかにし，それに応じて法定刑の幅の中の一点に位置づけることにより（半ば自動的に）刑量を導くべきだとする考え方である。この考え方は，実務において形成された慣行である「量刑相場」ではなく，立法者の設定する法定刑の幅をスケールとして刑量を決定しようというのであるから，立法により量刑をダイレクトに規制しようとするものであり，罪刑法定主義の原則として表現される，立法による司法のコントロールを量刑の分野においても徹底して浸透させようとするものである。量刑スケール論を採るならば，立法者による法定刑の上限の引上げは，そのまま直接に実務における量刑水準の上方に向けての変更を引き起こすべきものとなる。

日本においては，このような意味における量刑スケール論は不当であるとされ，量刑枠論が正しいとされている。それは，現行法の法定刑の定め方はスケールのような形で量刑を規制できるようなものとなっていない（そもそも法定刑には，量刑のためのスケールという機能とは独立した一般予防機能があるのではないかと考えられる）し，もし今回のような法定刑引上げがただちに当該犯罪の量刑水準全体を上昇させるべきだと考えるならそれはかえって不当だからである。量刑枠論によれば，今回の法定刑の引上げは，従来の量刑実務においてより重い刑を科したいのに科せないという現実があったという限りで，より重い刑を科すことを可能にしたところに意味があるということになる。

しかし，量刑枠論は，法定刑の上限と下限の枠以上の立法による規制から量刑を解放することになるので，量刑の分野における立法による司法のコントロールという見地からは不十分さを感じさせるという問題があろう。また，最近では，ドイツの量刑理論の影響を受けて，二重評価禁止(Doppelverwertungsverbot)の原則の重要性が認識されるようになっているが[39]，この原則も，量刑枠論を採る以上はもはや語り得ないことになると思われる。なぜなら，二重評価禁止

原則は，一定の事情が法定刑の形成にあたりすでに考慮されていることを根拠として，法定刑のスケールの中に位置づけるときには同じ事情を再び考慮することはできないとする考え方に立脚しているからである。法定刑は単に上限と下限で量刑を規制するにすぎないとすれば，法定刑の形成にあたりすでに考慮されていることを理由に量刑事情から排除する理由はないことになろう。

2 量刑相場の法的性格

　量刑枠論から生じる1つの問題は，刑の数量化を可能とするものが法定刑ではないとすれば何であるのかである。この点については，それはいわゆる量刑相場[40]であるといわれる。日本の実務の量刑においては，量刑相場がかなり強い規制力を持っている。裁判官たちは，検察官による求刑を参考としながらも，過去の裁判例における量刑に関する膨大なデータの集積（一部は電子データ化されている）を資料として，いま担当している事件にもっとも近い過去の裁判例を探し出し，そこで言い渡された刑に微修正を加えながら最終的な刑を決めているとされる。これにより，日本全国にわたりかなり統一的な量刑が行われている。

　しかし，量刑相場の法的性格は何であるのか，それが量刑を規制する根拠はどこにあるのかが問題となる。それは慣行にすぎず，慣習法として法的規制力を持つものではない。それは裁判官のみに向けられたものであり一般的に人を拘束するものではないし，具体的ケースの個別的事情によりそこから若干離れることは問題とされないところからすると，それは個々の事例についての妥当な刑量に関する平均的な考え方を多少なりとも反映した手がかりにすぎないものといえよう[41]。それに反するから量刑不当になるというものではなく，量刑不当になるとすれば，量刑感覚に照らして著しく不当であるからであって，その量刑感覚が事実上量刑相場に反映している（それを手がかりとしてそこからうかがい知ることができる）というにすぎない。この量刑相場が，裁判員が加わった量刑

---

[39]　原田『量刑判断の実際』（前掲注5）349頁，395頁以下を参照。
[40]　量刑相場についての詳細な分析として，遠藤邦彦「量刑判断過程の総論的検討［第2回］」判例タイムズ1185号（2005年）36頁以下がある。
[41]　松本「刑事裁判官らの量刑感覚と量刑基準の形成」（前掲注28）9頁以下は，量刑相場の根底には「国民一般の価値基準」「正義感覚」があるとする。

においてどのような機能を持つべきかが，いま検討を必要としている1つのテーマである。

VII　裁判員制度の下での量刑

　裁判員制度の下では，量刑の在り方も従来とはかなり異なったものとならざるを得ないと考えられる。従来の実務慣行と実務感覚にしたがうことを裁判員に求めることはできない。裁判員に量刑判断の大枠に関する素人的な理解を持ってもらうため，職業裁判官の側から，刑罰論と量刑基準についての基本的説明を行うことは必須であろう。また，量刑事情に関しても，「考慮してよい事実」と「考慮してはいけない事実」の区別，また考慮する際のそれぞれの事情の重み等についても，これをまとめて説明するかどうかは別として，裁判官の側は一定の共通したガイドラインを持っていなければならないと思われる。そうであるとすれば，裁判員制度の下では，従来の実務慣行と実務感覚のみで対応することはできず，量刑に関する基本的考え方と量刑判断の枠組みに関する職業裁判官の間での合意とその平易な客観化を要求すると思われる。裁判員制度の導入は，量刑判断の構造と理論的枠組みについて再検討する絶好の機会を提供するものでもある。

　裁判員制度の下での量刑は，従来の量刑相場からの離反，また同時に，量刑の相互的ばらつきをもたらすであろうことが予想される。従来の量刑相場からの離反は，前述のように，それが法的な拘束力を持つようなものではない以上，ただちには問題視するには当たらないし，とりわけ市民の司法参加の制度を導入する以上は，それが「一般市民の常識的な感覚により法律専門家の偏見を是正する」というその趣旨において，積極的に意図されているとさえいうべきであろう。同時に，量刑に相互的なばらつきをある程度生じることも「織込み済み」というべきであろう。このような量刑判断のばらつきは，責任の刑の幅として認識される幅の範囲内におさまる程度のものであれば，理論的には許容できるものといえよう。逆に言うと，責任刑の幅の範囲内におさまらない程度の量刑のばらつきが生じるとすれば，量刑における責任主義の原則からすれば，法的に容認できない事態である。

裁判員制度の下での量刑の大ざっぱなイメージは，検察官の求刑があり，弁護人が被告人に有利な情状を指摘・強調するであろうから，裁判員の意見としても，それらを参考としつつ，求刑よりもいくぶん低いところに落ち着くというものであろう。検察官による求刑も，地域差のない，かなり統一的なものである。そこで，量刑のばらつきはそれほど生じないであろうと予測できるのである。ただ，一般市民がつねに厳罰ないし重罰の傾向を持つとは限らないとしても，事例により，被害者またはその遺族の処罰感情の表明が裁判員の量刑判断に影響力を持ち，全体としてさらに量刑水準が上昇する可能性があることは否定できないであろう。裁判官が，従来からの量刑相場以外のよりどころを持たないとすれば，世論の応報的な厳罰要求が多かれ少なかれ合理性のチェックを受けずに刑量に反映していくおそれがある。

　量刑のばらつきと過度の上昇を抑制するため，裁判所としては，従来からの平均的な量刑感覚を反映させた尺度として，経験的検証をある程度経たものとしての量刑相場が存在しているのであるから，それをひとまずの基準として，そこで許容される幅の中におさまるように努力すべきであると思われる。ただし，実際の量刑評議においては，これまでの量刑相場の使い方に近い方法，すなわち，現在の事件に最も近い過去の裁判例の事案を探し出し，そこで言い渡された刑に微修正を加えながら最終的な刑を決めるというような方法は採るべきではない。量刑相場にはもともと強い規制力を認めることはできないのであるし，これまでの実務慣行で裁判員の判断を拘束するとすれば，裁判員制度導入の趣旨にも反するであろう[42]。そこで，事例をある程度，抽象化・類型化して，当該の事例と同じ犯行類型グループに属すると考えられる複数先例に対する宣告刑の枠を示すという方法が考えられる。最高裁判所が企画制作した，裁判員制度広報用映画である『評議』では，量刑評議において，類似先例のグループにおける量刑のレンジをグラフとして示したものを裁判員が参照している。たしかに，従来の量刑相場をこのような形でガイドライン的に用いることが適切であるといえよう[43]。

---

[42]　この点につき，後藤貞人「裁判員裁判と情状弁護」自由と正義57巻11号（2006年）51頁を参照。

[後記〈2007年〉]

　2007（平成19）年5月17日，国会で刑法一部改正法が成立した。この改正法は，自動車運転過失致死傷罪の処罰規定を新設し（新しい211条2項），また，「4輪以上の自動車」とされていた危険運転致死傷罪（208条の2）の対象を自動2輪車にも拡大した。従来は，自動車運転の際に過失で死傷事故を起こしたとき，業務上過失致死傷罪（211条1項前段）とされたが，今後は，自動車運転過失致死傷罪として処罰されることになる。

---

(43)　なお，松本「刑事裁判官らの量刑感覚と量刑基準の形成」（前掲注28）15頁の提案する「量刑ガイドライン」も，ほぼ同様の趣旨に出たものであるように思われる。

第14章

併合罪と量刑
――「新潟女性監禁事件」最高裁判決をめぐって

Ⅰ　はじめに
Ⅱ　事件の概要と最高裁判決
Ⅲ　検　　討
Ⅳ　結　　語

Ⅰ　はじめに

　最高裁判所第一小法廷は，平成15（2003）年7月10日，いわゆる新潟女性監禁事件に関し，被告人を懲役11年に処した控訴審判決を破棄し，懲役14年の刑を言い渡していた第一審判決を維持する判断を示して，これを確定させた。この事件は，下校途中の女子小学生（当時9歳）を略取しそのまま9年2か月もの長期にわたって自宅の部屋内に監禁し続けたという他に類例を見ないものであり，新潟県警の対応の不適切さが問題視されたこととあいまって，広く社会的に注目された[1]。起訴後は，刑罰法規の想定外ともいえるこのケースについてどのような量刑判断が示されるかの点に関心が集中したが，ここでは，事案の特異さとは裏腹に，刑法解釈論としては，併合罪の場合の科刑の根幹に関わる原理的な問題が正面から問われていたことに留意する必要があろう。本稿においては，各審級裁判所の判決内容を検討するとともに，最高裁判決に対し量刑理論の観点からの評価を加えることとしたい。

---

[1]　この事件に関するノンフィクションの書物として，毎日新聞新潟支局編『新潟少女監禁事件――空白の9年2カ月』（2000年），松田美智子『カプセル――新潟少女監禁事件密室の3364日』（2002年）などがある。

Ⅱ 事件の概要と最高裁判決

1 第一審判決

　第一審判決（新潟地判平成14・1・22）[2]によると，本件の事実は以下の通りである。被告人は，平成元年6月に行った，女子小学生に対する強制わいせつ事件により，同年9月19日，懲役1年・執行猶予3年の判決を受けていた者であるが，平成2年11月13日午後5時頃，独りでドライブをしていた際，通りかかった農道上で，下校途中の女子小学生A（当時9歳）の姿を認めるや，同女を無理矢理さらって連行しようと決意し，ナイフを胸部に突きつけて脅迫し，自車のトランク内に押し込めてそのトランクパネルを閉めて同車を発進させ，その運転を継続して，Aを略取するとともに逮捕監禁した上，自宅2階の自室洋間に連れ込み，その頃から平成12年1月28日午後2時頃まで約9年2か月にわたり，継続的に脅迫や暴行を加えつつ，被害者Aを同所に監禁し続け，Aに治療期間不明の両下肢筋力低下，骨量減少等の傷害を負わせた（以下，これを「第1犯行」という）。また，被告人は，平成10年10月上旬頃，監禁中のAに着用させるため，キャミソール4枚（時価合計2464円位）を店頭で万引きしている（以下，これを「第2犯行」という）。

　新潟地裁は，第1犯行につき，略取の手段として逮捕・監禁という一連の継続した行為がなされ，略取行為と逮捕監禁行為を「1個の行為」と評価できることから，未成年者略取罪（刑法224条）と逮捕監禁致傷罪（同221条，220条）とは観念的競合の関係にあり，重い逮捕監禁致傷罪の刑で処断されるとし（したがって，その限りでの処断刑は3月以上10年以下の懲役となる），これと第2犯行の窃盗罪とが併合罪となるとして，刑法47条本文，10条により重い第1犯行の罪の刑に加重した懲役15年までの範囲内で，懲役14年の刑を言い渡した[3]。同裁判所は，量刑の理由として，第1犯行に関し，犯行の動機，略取・逮捕監禁の犯行態様，

---

[2] 判例時報1780号150頁。
[3] なお，弁護人は，①第1犯行につき，被告人が被害者の身体を抱きかかえてトランク内に入れたことはない，②未成年者略取罪については公訴時効が完成している，③被告人は，本件各犯行当時，心神耗弱状態にあったと主張したが，判決はいずれの主張も採用しなかった。

監禁中のAに対する脅迫や暴行等の態様や程度，本件監禁がAに与えた傷害やその他の影響，Aの両親等家族らが受けた被害，被告人の犯行後の態度などの点で，まれに見るほど極めて悪質な事案であると論じ，第2犯行についても，その窃盗の犯情は悪質であり，犯行には常習性がうかがわれるとし，さらに，執行猶予期間中に第1犯行に出ているなどその規範意識が欠如しており再犯のおそれが高いこと，異常なまでの長期にわたる監禁事件として社会に与えた影響も軽視し得ないことなどを指摘した上で，処断刑の範囲内における刑の決定に関し，次のように述べた。「これらの情状をもとにして被告人に対する量刑を検討すると，本件のうち，未成年者略取及び逮捕監禁致死傷罪の犯情がまれにみる程極めて悪質なのに対して，窃盗の犯行は，その犯行態様が同種の事案と比べても，非常に悪質とまではいえず，またその被害額が比較的少額であり，しかもその犯行後被害弁償がなされ，その被害者の財産的な被害は回復されて実害がない等の事情があり，このような場合の量刑をどのように判断すべきかが問題になる。この点，刑法が併合罪を構成する数罪のうち，有期の懲役刑に処すべき罪が2個以上含まれる場合の量刑については，加重単一刑主義を採り，その情状が特に重いときは，その各罪の刑の長期の合計を超えることはできないとしつつ，その長期にその半数を加えた刑量の範囲内で最終的には1個の刑を科すとした趣旨を勘案すると，併合罪関係にある各罪ごとの犯情から導かれるその刑量を単に合算させて処断刑を決するのではなく，その各罪を総合した全体的な犯情を考慮してその量刑処断すべき刑を決定すべきものと解される。」被告人による本件各犯行，とりわけ未成年者略取および逮捕監禁致傷の犯行は，「刑法がその構成要件として想定する犯行の中でも最悪の所為ともいえること，また，本件窃盗の犯行は，逮捕行為の継続中に成長した同女に着用させるための衣類を盗んだという点で監禁の犯行を継続し，その犯行に資するがために敢行されたもので，その動機及び態様等は相当に悪質であって，未成年者略取及び逮捕監禁致傷の犯情を一層悪化させているといわざるを得ず，このように本件の処断刑になる逮捕監禁致傷罪の犯情には特段に重いものがあるといわざるを得ず，その犯情に照らして罪刑の均衡を考慮すると，被告人に対しては，逮捕監禁致傷罪の法定刑の範囲内では到底その適正妥当な量刑を行うことができないものと思料し，同罪の刑に法定の併合罪加重をした刑期の範囲内で被告人

を主文掲記の刑に処することにした。」

2 控訴審判決

　弁護人の控訴趣意は，本件窃盗罪の刑は最大限に重い評価をしてもせいぜい懲役1年であり，これと逮捕監禁致傷罪の法定刑の上限である懲役10年とを合算しても懲役11年にしかならないのに，原判決がこれを大幅に上回る懲役14年に処したのは，本件逮捕監禁致傷罪について，法定刑の上限を超える量刑をしたことによるのであって，併合罪につき加重主義をとった刑法47条の趣旨および逮捕監禁致傷罪の刑の上限を定めた同法221条，204条に反するというものであった。控訴審の東京高裁は，この主張を容れ，第一審判決には「法令適用の誤り」があるとして，これを破棄し，あらためて懲役11年の刑を言渡した（東京高判平成14・12・10）[(4)]。同裁判所は，「原判決は，併合罪関係にある2個以上の罪につき有期懲役に処するに当たっては，併合罪中の最も重い罪の法定刑の長期が刑法47条により1.5倍に加重され，その罪について法定刑を超える刑を科する趣旨の量定をすることができる，と解していることが明らかである」とした上で，次のように述べる。「併合罪に関する諸規定の内容及びそれらの立法の沿革に照らせば，刑法47条が2個以上の罪につき有期の懲役又は禁錮に処する場合に加重主義をとった趣旨は，吸収主義を廃して併科主義により有期刑を併科するとした場合に，処断刑の上限が余りに長期になって犯人に過酷な結果となるので，これを避けることにあったと解される。すなわち，刑法47条本文が，併合罪を構成する罪のうち『最も重い罪について定めた刑の長期にその2分の1を加えたもの』を併合罪全体に対する刑の長期としたのは，最も重い罪の刑の長期が併合罪全体に対する刑の上限になるという吸収主義の不合理を克服しつつ，刑の上限を併科主義による場合よりも短く限定するためであって，それ以上の意味はなく，最も重い罪について法定刑そのものを文字どおり加重するものではない。そして，刑法47条ただし書が，『ただし，それぞれの罪について定めた刑の長期の合計を超えることはできない。』とするのは，同条本文に定める方式で刑の長期を定めた結果，併科主義の場合よりも刑の上限が長くなるこ

---

(4) 判例時報1812号152頁。

とを避けたものであって，この点からも，併科主義の場合よりも犯人に厳しい刑を可能とするわけではないことが明らかである。犯人にとって最も厳しい併科主義の場合でも，個々の罪に対する刑が積み重ねられるだけであって，法定刑そのものが加重されることはないのに，それを緩和しようとする趣旨の加重主義（併科主義に比べれば減軽主義）において，法定刑そのものが加重されるいわれはない。」「以上のような刑法47条の趣旨からすれば，併合罪全体に対する刑を量定するに当たっては，併合罪中の最も重い罪につき定めた法定刑（再犯加重や法律上の減軽がなされた場合はその加重や減軽のなされた刑）の長期を1.5倍の限度で超えることはできるが，同法57条による再犯加重の場合とは異なり，併合罪を構成する個別の罪について，その法定刑（前同）を超える趣旨のものとすることは許されないというべきである。これを具体的に説明すると，逮捕監禁致傷罪と窃盗罪の併合罪全体に対する刑を量定するに当たっては，例えば，逮捕監禁致傷罪につき懲役9年，窃盗罪につき懲役7年と評価して全体について懲役15年に処することはできるが，逮捕監禁致傷罪につき懲役14年，窃盗罪につき懲役2年と評価して全体として懲役15年に処することは許されず，逮捕監禁致傷罪については最長でも懲役10年の限度で評価しなければならないというわけである。原判決は，併合罪全体に対する刑を量定するに当たり，再犯加重の場合のように，刑法47条によって重い逮捕監禁致傷罪の法定刑が加重されたとして，同罪につき法定刑を超える趣旨のものとしているが，これは明らかに同条の趣旨に反するといわざるを得ない。」「なお，原判決は，本件逮捕監禁致傷罪の『犯情に照らして罪刑の均衡を考慮すると，被告人に対しては，逮捕監禁致傷罪の法定刑の範囲内では到底その適正妥当な量刑を行うことができない』とするが，そのような状況にあるのは，本件逮捕監禁致傷罪が法の予想するものを超えて著しく重大で深刻なものであることによるのである。本件のような犯行が生じ得ることを前提としたときに，国民の健全な法感情からして，逮捕監禁致傷罪の法定刑の上限が懲役10年では軽すぎるとすれば，将来に向けて法律を改正するほかない。」

なお，東京高裁は，懲役11年の刑とした理由として，第一審判決と同様の量刑事情を指摘するとともに，「本件逮捕監禁致傷における被害の重大さと深刻さに照らせば，未成年者略取及び逮捕監禁致傷については，法の許す範囲内で

最も重い刑をもって臨むほかない。他方，窃盗については，逮捕監禁致傷との関連性等を踏まえつつ，同種事犯における量刑との均衡も考慮しなければならない。」と述べている。

3 最高裁判決

　最高裁第一小法廷は，検察官による上告審としての事件受理申立てを受けて，平成15年7月10日，原審判決を破棄し，第一審判決を維持する判決を言い渡した。その理由は次の通りである。すなわち，第一審判決の説示は「措辞がやや不適切であるといわざるを得ないが，その趣旨は，本件の犯情にかんがみ，逮捕監禁致傷罪と窃盗罪という2つの罪を併せたものに対する宣告刑は，逮捕監禁致傷罪の法定刑の上限である懲役10年でもなお不十分であるので，併合罪加重によって10年を超えた刑を使わざるを得ない旨を述べたものと解される。……第一審判決が，刑法47条による併合罪加重に関し，併合罪中の最も重い罪について法定刑を超える刑を科する趣旨の量定をすることができると解していることが明らかであるなどと評するのは，相当でない。」「刑法47条は，併合罪のうち2個以上の罪について有期の懲役又は禁錮に処するときは，同条が定めるところに従って併合罪を構成する各罪全体に対する統一刑を処断刑として形成し，修正された法定刑ともいうべきこの処断刑の範囲内で，併合罪を構成する各罪全体に対する具体的な刑を決することとした規定であり，処断刑の範囲内で具体的な刑を決するに当たり，併合罪の構成単位である各罪についてあらかじめ個別的な量刑判断を行った上これを合算するようなことは，法律上予定されていないものと解するのが相当である。また，同条がいわゆる併科主義による過酷な結果の回避という趣旨を内包した規定であることは明らかであるが，そうした観点から問題となるのは，法によって形成される制度としての刑の枠，特にその上限であると考えられる。同条が，更に不文の法規範として，併合罪を構成する各罪についてあらかじめ個別的に刑を量定することを前提に，その個別的な刑の量定に関して一定の制約を課していると解するのは，相当でないといわざるを得ない。」「これを本件に即してみれば，刑法45条前段の併合罪の関係にある第一審判決の判示第1の罪(未成年者略取罪と逮捕監禁致傷罪が観念的競合の関係にあって後者の刑で処断されるもの)と同第2の罪(窃盗罪)について，

同法47条に従って併合罪加重を行った場合には，同第1，第2の両罪全体に対する処断刑の範囲は，懲役3月以上15年以下となるのであって，量刑の当否という問題を別にすれば，上記の処断刑の範囲内で刑を決するについて，法律上特段の制約は存しないものというべきである。」「なお，訴訟記録及び関係証拠に基づいて検討すると，第一審判決は，被告人に対し懲役14年を宣告した量刑判断を含め，首肯するに足りると認められ，これを維持するのが相当である」。

III 検　討

1　問題の所在

本件事案については，未成年者略取罪（刑法224条）と逮捕監禁致傷罪（同221条）とが観念的競合（同54条1項前段）の関係において成立し[5]，これと窃盗罪（同235条）とが併合罪（同45条前段）となるというのであり，懲役3月以上15年以下が処断刑の範囲となることについては異論がなく（同47条本文および10条2項を参照），第一審判決の宣告刑たる懲役14年はその枠内に収まっている。問題は，逮捕監禁致傷のみであれば最も重くても懲役10年にしかならないのに，それ自体としては比較的軽微な窃盗が追起訴されたことにより，刑が「4年もかさ上げ」される結果となったところに生じた。はたして，この4年はどこから来たのか。それが逮捕監禁致傷（および未成年者略取）から来たのであれば，実質的に法定刑を超える刑を科したことになる。もし窃盗から来たのであれば，被害額約2500円の窃盗を根拠に懲役4年の刑を科したことになる。それらは違法ないし不当なことではないか。この一見もっともな疑問に対し，第一審判決とこれを維持した本最高裁判決がどう応える（であろう）かが問題となるのである。

2　第一審判決の理解

控訴審の東京高裁は，「4年のかさ上げ」の根拠を逮捕監禁致傷に求めるのが第一審判決の立場だとした上で，そこに「法令適用の誤り」があるとした。すなわち，第一審判決は，「原判決は，併合罪関係にある2個以上の罪につき有期

---

[5]　なお，この点について，土本武司「新潟少女監禁事件」捜査研究583号（2000年）23頁以下も参照。

懲役に処するに当たっては，併合罪中の最も重い罪の法定刑の長期が刑法47条により1.5倍に加重され，その罪について法定刑を超える刑を科する趣旨の量定をすることができる，と解していることが明らかである」というのである（強調は引用者による）。いいかえれば，A罪とB罪とが併合罪となるとき，A罪にもとづいて（B罪の実行をその量刑事情に加えつつ）その法定刑を超える刑を科すことをも許すのが併合罪加重の趣旨だと解するのが第一審判決の立場だということになろう[6]。

かりに第一審判決がそのような見解によるものであれば，東京高裁が法令適用に誤りがあると断じたことも当然のことであったであろう。これまでそのような見解が存在したとは思われないし，理論的にも，B罪が別途実行されたことにより，A罪に対する評価が大幅に（法定刑の上限を踏み越えるほどに）重くなると考えることは，責任の加重を根拠とするにしても，予防的考慮を根拠とするにしても，いずれにしても困難であろう。たしかに，わが刑法は，その立法論としての当否は別にしても，再犯者につき法定刑の長期を2倍にした範囲内で処断するという大幅な刑の加量を認めている（刑法56条以下を参照）。これは，ある罪を実行しそれを理由に刑の執行を受けた者が，5年以内に犯罪を行ったとき，その新たな犯罪についてその法定刑を超える量刑を行うことを認めるものである。しかし，それは過去に有罪判決を受け刑の執行を受けたにもかかわらずまた犯罪を行ったという場合であって，併合罪のケースとは全く異なった状況にある。

問題となるのは，第一審判決をそのように理解するのは正しいか，すなわち，それが本当に（併合罪規定の解釈として）逮捕監禁致傷についてその法定刑を超える刑を科す趣旨の量刑を行うことを認めるものであったのかである。たしかに，新潟地裁が「本件の処断刑になる逮捕監禁致傷罪の犯情には特段に重いものがあるといわざるを得ず，その犯情に照らして罪刑の均衡を考慮すると，被告人に対しては，逮捕監禁致傷罪の法定刑の範囲内では到底その適正妥当な量刑を行うことができない」としている部分などはそのように理解することも不可能ではないが，それ以前に，併合罪の量刑に関する一般論として，「併合罪関係に

---

[6] なお，前原宏一「新潟女性監禁事件判決のとらえ方」法学セミナー572号（2002年）72頁の理解もこれと同じであるといえよう。

ある各罪ごとの犯情から導かれるその刑量を単に合算させて処断刑を決するのではなく，その各罪を総合した全体的な犯情を考慮してその量刑処断すべき刑を決定すべきものと解される」と明言している（強調は引用者による）ところからすると，窃盗とは別に逮捕監禁致傷にもとづく量刑にあたりその法定刑を超える趣旨の刑を予定することができるとする見解を採っているものとは解しがたいのである。本最高裁判決も，第一審判決の説示は「措辞がやや不適切であるといわざるを得ない」が，「刑法47条による併合罪加重に関し，併合罪中の最も重い罪について法定刑を超える刑を科する趣旨の量定をすることができると解していることが明らかであるなどと評するのは，相当でない」としている（それでは，第一審判決および最高裁の併合罪規定の理解がどのようなものであるか，また，どのようなものとならざるを得ないかについては，後述4を参照）。

3 控訴審判決の論理

このようにして，控訴審判決による第一審判決の理解に対しては異論を提起し得る。しかし，控訴審判決の示した刑法47条解釈の評価は，またそれとは別問題である。東京高裁は，現行法が併合罪について採る「加重単一刑主義」の意味するところは，最も重い罪の法定刑を加重して，その罪につきそれを超える刑を科す趣旨の量刑を行うことを可能とするところにあるのではなく，各罪の刑を併科したときには刑が重くなりすぎるという併科主義の弊を避けるところにあるにすぎないとする。そこで，刑法47条の解釈上，併合罪全体に対する刑の量定の前提として，個別の罪についてその法定刑を超える刑を予定して宣告刑を定めることは許されない（さもなければ，併科主義を採るときにも許されない結論を認めることとなってしまう）とするのである。このような解釈を前提とすれば，第一審判決は，懲役14年という宣告刑に至る前提として，未成年者略取および逮捕監禁致傷につき10年という制約を超える刑を科す趣旨の量定を行っていることから，刑法47条の解釈を誤った結果，科すことの許されない刑を科したことになるのである。

はたして刑法47条（およびその他の諸規定）の解釈論としてこのような法的制約を読み取り得るかどうかの問題をひとまず措くとしても，控訴審判決の見解を支える基本思想は正当というほかないであろう[7]。単一の罪について量刑が行

われるとき，処罰の対象はその罪であり，数量化の尺度としての法定刑の範囲内で刑が決められる。複数の罪が併合罪の関係で処断されるときにも，処罰の対象 (すなわち，科刑の根拠) は併合罪を構成するそれぞれの罪以外のものではあり得ず，そうであるとすれば，最終的な宣告刑の由来するところはそれぞれの処罰規定による個別の犯罪に対する数量的評価にほかならないと考えるべきである。それは，現行刑法の解釈としてストレートに導かれるものではないかもしれない[8]。しかしながら，それは，一罪の量刑の延長線上に併合罪の量刑を構想し，数罪の量刑を可能な限り正確かつ合理的に行うため必要不可欠な基本前提にほかならないと考えられるのである。このような前提を否定するとき，「処罰の対象はあくまでも刑法各則に類型化された個別行為であり，科刑は個別行為の不法・責任評価に対応するものでなければならない」とする原則が揺らぎ，量刑判断の内実が不可視的となり，事後的な再検討も困難なものとなるおそれがあろう。このように考えるとすると，個別の犯罪について予定される科刑がその法定刑を超えることが許されないのはもちろん，後述のように，宣告刑が個々の罪について予定される刑の合算を上回ることも認められないであろう (ただし，そのことは，次に述べる併合刑主義におけるように，判決の中で個別の犯罪に対する刑を数値的に確定して示すべきことを意味するものではない。控訴審判決の見解も同じであろうと解される)。

　この点については，ドイツにおいて，併合刑ないし総合刑 (Gesamtstrafe) か，それとも統一刑ないし単一刑 (Einheitsstrafe) かをめぐって展開された議論が参考になる[9]。今日までのドイツ刑法では，併合罪につき，個別の罪に対する刑をそれぞれに量定することが予定され，複数の有期自由刑が得られたときには，そのうちの最も重い刑 (Einsatzstrafe) に加重して，全ての刑を合算した刑量に至るまでの範囲で (ただし，15年を超えてはならない) 最終的な宣告刑を定めるものとされ，個別の罪に対する刑はそれぞれ (判決主文中には現れないが) 判決理由中に

---

[7] 曽根威彦「刑法判例の動き」『平成14年度重要判例解説』ジュリスト1246号 (2003年) 138頁も，控訴審判決の解釈を妥当なものとしている。
[8] ただ，そのように考えてはじめて，47条ただし書も内在的に理解可能なものとなることは，控訴審判決の述べる通りであろう。
[9] 立法主義としての「併合刑」および「統一刑」とそれらの相互関係については，平野龍一『犯罪論の諸問題 (上) 総論』(1981年) 224頁以下，228頁以下を参照。

示されるのである(現行ドイツ刑法53条以下を参照)⁽¹⁰⁾。このような併合刑主義に対しては，はじめから１つの処断刑の枠内で単一の刑を量定すべしとする統一刑の主張が有力に展開されてきたが，それが斥けられ，現在に至っている。その理由は，個別行為の不法と責任の重さを独立に評価することを義務づけないと，量刑判断の慎重さと正確さが損なわれ，行為主義・責任主義の原則から離れるおそれがあり，また，事後的な審査が難しくなるところにあった⁽¹¹⁾。注意すべきことは，ドイツにおける統一刑の主張も，併合罪の扱いと科刑上一罪の扱いとを厳然と区別することの当否や，個別の罪に対する刑をそれぞれ数値的に定めた上で，さらに併合刑を形成することの煩瑣さを問題としており，統一刑主義に移行したときにも，量刑理由のなかでは最終的な宣告刑の確定における各犯罪の重みを明らかにすることは当然の前提とされていることである。加重された処断刑の枠内における量刑にあたり，個別の犯罪に与える重みに関し法的制約がないとすることなど，ドイツにおける統一刑論者にとってもまったく論外のことである。

　なお，控訴審判決の基本的見解を正当とするときには，併合罪を構成する個別の罪について予定される刑はその罪の法定刑を超えてはならないだけでなく，それ以前に，その個別の罪に対する量刑として許される刑量を超えてはならないという法的制約も加わることとなろう。本件の事案に即していえば，被害額の軽微な万引きに対して１年の実刑を量定し得るのでなければ，懲役11年の結論もまた正当化し得ないということである。もちろん，その罪（Ｂ罪）がそれ自体としてはそれほど重くはないとしても，同時に審判される罪（Ａ罪）の実行という事実との関係でより重く評価されるということはあり得る（Ａ罪の実行との関係でＢ罪が重く評価される理由としては，それがＢ罪についての責任を加重するという考え方と，Ｂ罪の量刑にあたり特別予防の理由にもとづいて刑が重くされるという考え方が可能であろう）⁽¹²⁾。極端なケースではあるが，それだけでは起訴されることはな

---

(10) その概要について，たとえば，Bernd-Dieter Meier, Strafrechtliche Sanktionen, 2001, S. 161 ff.; Gerhard Schäfer, Praxis der Strafzumessung, 3. Aufl. 2001, S. 305 ff., 381 ff.; Franz Streng, Strafrechtliche Sanktionen, 2. Aufl. 2002, S. 271 ff. などを参照。

(11) たとえば，Peter Bringewat, Die Bildung der Gesamtstrafe, 1987, S. 1 ff. による議論の総括を参照。また，この点につき，平野『犯罪論の諸問題(上)総論』(前掲注9) 225頁も見よ。

いであろうそれぞれ軽微な犯罪を10件行って，これらが併合罪の関係で起訴されたというときには，およそ刑を科すことは許されないというような結論にはならないのである。控訴審判決が，「窃盗については，逮捕監禁致傷との関連性等を踏まえつつ，同種事犯における量刑との均衡も考慮しなければならない」と述べるのはその趣旨のものと理解することができる。本件の窃盗について，逮捕監禁致傷との関連を考慮し，常習性がうかがわれるという事情をも勘案するときに，懲役１年の実刑を量定し得るかどうかは量刑判断の当否の問題に帰着することになる。

4 最高裁判決の評価

　最高裁判決が法律論として述べるところは，控訴審判決が刑法47条に読み込んだような，併合罪の量刑に対する書かれざる法的制約（「不文の法規範」）は解釈上認めることができない，ということに集約されるであろう。最高裁によれば，併合罪の量刑にあたり，その構成単位である各罪についてあらかじめ個別的な量刑判断を行った上これを合算するようなことは法律上予定されていないのである。ここで，本件において逮捕監禁致傷罪の法定刑を超える「４年のかさ上げ」がどこから生じたのかと問うとすれば，おそらく最高裁は，そのような問いの前提自体が成り立たないと応じることであろう。その基本的な考え方は次のように表現できるかもしれない。すなわち，併合罪の量刑にあたっての処罰対象（科刑の根拠）は，単にＡ罪とＢ罪とを加算したものではなく，Ａ罪とＢ罪が合一して形成された新たな実体であり，それはＡ罪とＢ罪とに単純に分離・解消可能なものではなく，その全体について1.5倍の加重された処断刑が対応するのである，と。

　もちろん，このような「全体的アプローチ」と，控訴審判決のような「分析的アプローチ」との間の実際上の差異はそれほど大きなものではない。後者によるとしても，前述のように，個別の罪に対する刑を想定する際に，それぞれ他に犯罪が実行されたことも考慮されるのであるから，単純な加算のようなこ

---

(12) なお，Ａ罪の実行にもかかわらずＢ罪の責任の重さは不変であり，かつ，特別予防の考慮から責任刑を上回ることは許されないとする固い行為責任主義の立場も不可能ではなかろうが，それが唯一の見解ではあり得ないのである。

とにはならず，本件のような限界的ケースをのぞいて，宣告刑の際立った差異が生じるようなことは考えにくいのである。しかし，その基本思想においては，2つのアプローチの違いは決定的であるといえよう。全体的アプローチは，併合罪の量刑判断に対する法的コントロールをなるべく排除して裁判所の裁量を広く認めようとする立場と整合的である。最高裁が，現行刑法典の規定中に，控訴審判決が読み取った「不文の法規範」を認識できなかったことも偶然ではない。現行法が行為主義や責任主義といった原則について特定の立場を採っているかどうかは明らかでないし，いずれにせよそれは量刑に関する法的規制を最小限のものとして裁判所の裁量を広く認めるものであることは疑いないからである。むしろ最高裁の「不文の法規範」に対する消極的態度は，現行法の法文の字句およびその基本思想に忠実なものと評することができるのであり，そのことは正当に認識されなければならない。そして，それにもかかわらず，その刑法47条解釈は，処罰対象を個別行為から解き放って曖昧・不明確なものとするおそれがあり，量刑判断の法化と合理化の障害となり得るものである。そのことは，本件において，この解釈により「検察側の裏技」[13]に正面からお墨付きが与えられる結果となったところにも示されているように思われるのである。

Ⅳ 結　語

　現行刑法は，量刑判断に関する法的規制において控え目であり，裁判所に広い裁量の幅を認める基本姿勢をとっているといえる。併合罪の量刑に関し，これを個別の犯罪に対する科刑の集合とは見ず，処断刑の枠内で複数所為全体の犯情に対応する刑を定めることを許す最高裁判決の解釈は，法文に忠実というだけでなく，現行法の基本的立場に整合的である。逆にいえば，控訴審判決のように，量刑判断を規制する「不文の法命題」を刑法47条に読み込むことは，現行法の解釈としては1つの飛躍を意味するものとならざるを得ない。それは，現行法が必ずしも予定していない思想，すなわち，抽象度を異にする種々の法

---

[13]「司法記者の眼・新潟監禁事件の量刑をめぐって」ジュリスト1218号（2002年）5頁。

的ルールのネットワークにより裁判所の量刑判断をさまざまに規制しようとする思想につながるものであろう。実は，本事件は，現行刑法のもとにおいても，そのような思想を取り入れ，根づかせる方向に大きく一歩を踏み出すための好機であった。それにもかかわらず，最高裁は，その手堅い，優等生的ともいえる現行法解釈により，量刑判断の法化と合理化に向けての発展の芽を摘んでしまったのである。

初出一覧

序　章　「変革の時代における理論刑法学——著者による解題」
　　　　：書き下ろし

第1章　「社会の変化と刑法」
　　　　：三井誠ほか編『鈴木茂嗣先生古稀祝賀論文集・上巻』（2007年，成文堂）1頁以下所収

第2章　「最近における刑事立法の活性化とその評価——ドイツとの比較を中心に」
　　　　：刑法雑誌43巻2号（2004年，日本刑法学会編）268頁以下掲載

第3章　「犯罪論と刑事法学の歩み——戦後50年の回顧と展望」
　　　　：法学教室179号（1995年，有斐閣）14頁以下掲載

第4章　「刑法と判例と学説——刑法判例の読み方」
　　　　：法学教室222号（1999年，有斐閣）16頁以下掲載

第5章　「犯罪論をめぐる学説と実務——ドイツの状況を中心として」
　　　　：廣瀬健二＝多田辰也編『田宮裕博士追悼論集・下巻』（2003年，信山社）535頁以下所収

第6章　「刑事実体法分野における実務と学説」
　　　　：法律時報79巻1号（2007年，日本評論社）43頁以下掲載

第7章　「いわゆる違法二元論をめぐる一考察」
　　　　：岡本勝ほか編『阿部純二先生古稀祝賀論文集・刑事法学の現代的課題』（2004年，第一法規）123頁以下所収

初出一覧

第 8 章 「緊急避難の本質をめぐって」
　　　　：『宮澤浩一先生古稀祝賀論文集・第 2 巻』（2000年，成文堂）273頁以下所収

第 9 章 「過失犯理論の現状とその評価」
　　　　：研修686号（2005年，誌友会研修編集部）3 頁以下掲載

第10章 「薬害エイズ帝京大学病院事件第一審無罪判決をめぐって」
　　　　：ジュリスト1204号（2001年，有斐閣）26頁以下掲載

第11章 「過失犯における『注意義務の標準』をめぐって」
　　　　：刑法雑誌42巻 3 号（2003年，日本刑法学会編）333頁以下掲載

第12章 「カール・ポパーの非決定論と刑事責任論」
　　　　：Popper Letters（日本ポパー哲学研究会機関誌）Vol. 6　No. 2（1994年，日本ポパー哲学研究会）23頁以下掲載

第13章 「量刑をめぐる最近の諸問題」
　　　　：「わが国における量刑法改革の動向」慶應法学 7 号（2007年，慶應義塾大学大学院法務研究科）1 頁以下掲載および「量刑をめぐる最近の諸問題」研修702号（2006年，誌友会研修編集部）3 頁以下掲載

第14章 「併合罪と量刑――『新潟女性監禁事件』最高裁判決をめぐって」
　　　　：ジュリスト1251号（2003年，有斐閣）74頁以下掲載

井田　良（いだ　まこと）
慶應義塾大学大学院法務研究科教授，日本学術会議会員（第20期）
1956年　東京に生まれる
1978年　慶應義塾大学法学部法律学科卒業
1989年　法学博士（ドイツ・ケルン大学）
2006年　フィリップ・フランツ・フォン・ジーボルト賞 (Philipp Franz von Siebold-Preis) 受賞
主要著書
Die heutige japanische Diskussion über das Straftatsystem, Berlin: Duncker & Humblot, 1991
『犯罪論の現在と目的的行為論』（成文堂，1995年）
『刑事法講義ノート［第2版］』（共著，慶應義塾大学出版会，1996年）
『理論刑法学の最前線』（共著，岩波書店，2001年）
『ケーススタディ刑法［第2版］』（共著，日本評論社，2004年）
『刑法総論の理論構造』（成文堂，2005年）
『基礎から学ぶ刑事法［第3版］』（有斐閣，2005年）
『理論刑法学の最前線Ⅱ』（共著，岩波書店，2006年）
『刑法各論』（弘文堂，2007年）　他

変革の時代における理論刑法学

2007年7月20日　初版第1刷発行

著　者――――井田　良
発行者――――坂上　弘
発行所――――慶應義塾大学出版会株式会社
　　　　　　〒108-8346　東京都港区三田2-19-30
　　　　　　TEL〔編集部〕03-3451-0931
　　　　　　　　〔営業部〕03-3451-3584〈ご注文〉
　　　　　　　　〔　〃　〕03-3451-6926
　　　　　　FAX〔営業部〕03-3451-3122
　　　　　　振替 00190-8-155497
　　　　　　http://www.keio-up.co.jp/
装　丁――――土屋　光
印刷・製本――総印
カバー印刷――太平印刷社

Ⓒ 2007　Makoto Ida
Printed in Japan　ISBN978-4-7664-1386-1